アメリカで育つ
日本の子どもたち

バイリンガルの光と影

佐藤郡衛　片岡裕子 編著

明石書店

はじめに

私は、2005年３月からしばらくロサンゼルスのある高校に通っていました。日本から来た生徒たちの学校生活を観察するためです。日本の子どもといっても多様です。アメリカ生まれのアメリカ育ちの生徒もいれば、日本から来たばかりの生徒もいます。もちろん英語の力も全く違いますし、交友関係も異なっています。私が、関心を持ったのは、英語の力が十分でない子どもたちがどのようにして、学校生活に適応していくかでした。英語のための特別クラスに生徒と一緒に参加することにしました。そこで、なかなかおもしろい体験をしました。まずは、英語がよくわからないことがどのようなことかということです。教科の学習では、全く聞いたことのない語彙がたくさん出てきますし、アメリカの地理や歴史にも疎いため授業についていけませんでした。しかも、アメリカの授業では、スキルの習得が不可欠なことも実感しました。

アメリカの学校ではいろいろな事例を積み上げて、そこから法則・規則性を見出すという学習の方法が重視されているように感じました。そのために多様なスキルを身につけなければいけません。「ライティング・スキル」（書き方）や「リーディング・スキル」（読み方）などです。英語の特別クラスでも、生徒たちは、物語、詩、説明文のほか、エッセイ（小論文）、手紙、レポート、インタビュー、広告、自伝、本の紹介など多様な形態の文章にふれます。なかでも、エッセイ（小論文）が重視されていました。最初に自分の主張をして、それを裏付ける証拠をあげ、最後に結論で主張を繰り返すという論理構造の習得を図るためです。アメリカの学校生活に適応するというのは、単に英語だけでなく、こうしたスキルや論理などを習得していくということです。

しかし、一方で、日本語や日本の学習スタイルも保持しようとしています。現地の学校への適応だけでなく、２つの言語と文化を自分の中に取り込んでいます。それは決して容易なことではありません。こうした子どもたちの適応を支える必要を改めて痛感しましたが、いままでのように日本に帰ることを前提したものではないように思います。そのためには、まず、アメリカで育つ日本の子どもたちの姿を浮き彫りにすることが必要です。

では、アメリカで育つ日本の子どもたちは、はたして、どのような生活を送っているのでしょうか。意外にも子どもたちの様子はよく伝わっていません。日本から来て英語で苦労している子ども、流ちょうに英語を操る子ども、補習授業校で日本語で勉強をしている子ども、地域でスポーツにいそしむ子どもなど、多様な姿が浮かんできます。どれも日本の子どもの一側面を表しています。

私たちは、こうしたアメリカで育つ日本の子どもの多様な姿に焦点を当てようと思いました。ただ、そうはいっても、アメリカで育つ日本の子どもをどうとらえるかは難しいものがあります。というのは、「日本」という枠がグローバル化の中で多様化しているためです。親の海外勤務などでアメリカに渡り間もない子ども、滞在が長期化し日本のことを知らない子ども、アメリカ生まれの子ども、国際結婚家庭の子どもなど、その生活背景や教育環境が大変多様化しています。これまで、アメリカで育つ子どもたちは、「海外子女」と呼ばれ、やがて日本に帰国する子どもをさすことが多かったように思います。もちろん、こうした子どもたちも多く住んでいますが、こうした枠では対応できなくなっています。そこで、私たちは、日本の子どもを一義的に定義することをやめ、さまざまな子どもを取り上げました。

また、この本では、特に言葉の問題とアイデンティティに焦点を当てました。日本の子どもですから、今までは日本語の習得は自明のこととされてきたように思います。しかし、アメリカの生活が長くなれば英語が第一言語になり、日本語は第二言語、さらには継承語になっている子どもも出てきており、日本語の力をどうつけるかが課題になります。逆に、日本から来たばかりの子どもにとっては、英語の習得が迫られます。アメリカで育つ日本の子どもは多様化していますが、日本語と英語の２つの言葉をどのように獲得するか、親の立場からすればどのように２つの言葉の力を育てるかが重要な関心事になります。つまり、どのように子どもが多様化しようが、共通な課題が２つの言葉をどのように育てるかということです。また、アメリカの学校に通うようになると、学校では当然、アメリカの価値を内面化していきます。アメリカの学校は、文化的な多様性を尊重しますが、アメリカの国の一員として子どもたちを育てようとします。つまり、子どもたちのアイデンティティの問題です。この言葉とアイデンティティという２つのテーマをこの本では取り上げました。アメリカの学校に通えば、誰でも「バイリンガル」になれるわけではありませんし、いわんや「国際人」になれるわけでもありません。子ども自身と親や家庭での努力も必要です。

これまでも、海外で生活する日本の子どもたちについてはいくつかの書籍が刊行されていますが、本書はこれまでにない特徴があります。第１に短期滞在から、長期滞在・永住者の子ども、国際結婚の子ども、二重国籍の子どもなど、多様な子どもを対象にし、それぞれの教育の課題を取り上げました。これまでのように、一時的にアメリカに滞在し、やがて日本に戻ることを前提した子どもだけを対象にしたのでは、現実をとらえられないためです。

第２は、アメリカの子どもの教育に長年関わってきたメンバーが、アンケート調査やフィールドワーク、インタビューなどの調査を実施し、その結果に基づいて議論をしているということです。これまでの、ステレオタイプ化された見方ではなく、データや観察結果をもとに子どもの発達とその教育の姿に迫っています。また、子どもたちが置かれている学校や家庭環境、さらには地域社会との関連で広い視野から議論しています。このことで、多様な支援の可能性を示しています。

第３は、子どもたちの教育の問題を指摘するだけでなく、可能な限り解決に向けた具体策も示しました。アメリカでの子育てや教育のヒントを得られるようにしました。本書は、アメリカを事例にしていますが、これからの「トランスナショナリズム」という流れの中で、一国だけにとどまらない子どもの発達や教育の枠組みを考える上で、大いに役立つように思います。

＊　＊　＊

この本は、私と片岡さんとの出会いの中で実現しました。私の在外研究の窓口になっていただき、その後、機会を見つけ議論を重ねていく中で、どうしても子どもたちの様子を伝える必要を感じ、アメリカで育つ日本の子どもの教育を研究している方々に声をかけました。早速、主旨に賛同いただき、刊行が実現しました。執筆者には早い段階で原稿をいただきましたが、編集に手間取り刊行まで時間を要したことをお詫びいたします。この本が、広く文化移動をする子どもたちの教育に一石を投じることになればと願っています。

佐藤　郡衛

アメリカで育つ日本の子どもたち
――バイリンガルの光と影

目次

第1部

文化間移動する子どもたちと教育環境

補習授業校で
写真提供レイ・コールマン氏

第1章

海外で育つ子どもの教育

佐藤郡衛

1 海外に住む日本の子ども

アメリカには、多くの日本人が住んでいます。海外勤務などで短期に滞在する人、仕事や国際結婚などで長期に滞在する人、さらにはアメリカの永住権を持つ人などです。外務省が発表している「海外在留邦人数統計」によると、アメリカには約35万人の日本人が住んでいるということです。その中には、海外勤務などで一時的にアメリカに滞在し、数年後に日本に帰国する人も多くいます。こうした人たちにとり、一緒に連れて行く子どもの教育は大きな関心事です。また、長期滞在・永住する人でも、子どもに日本の教育を受けさせたいという方が少なくないでしょう。では、アメリカに住む日本の子どもたちは、一体、どのような教育を受けているのでしょうか。

まずは、海外に住む日本の子どもたちの教育についておおよそのイメージをつかむことから始めましょう。海外に住む日本の子どもたちの教育は、全日制の日本人学校に行くか、現地の学校に行くかに二分されます。後者の場合、週末を利用し日本の国語や算数・数学などの授業を受ける補習授業校に通っている子どももいます。日本人学校は、日本から派遣された先生により、日本語で日本の教科書で日本国内とほぼ同じ教育を行う学校のことです。アメリカには、日本人学校はニューヨーク、ニュージャージー、それにシカゴ（この他、グアムにもあります）だけで、そこに通う子どもの数はごくわずかです。日本人学校は、日本の政府が教員を派遣している学校ですが、この他、日本国内の私立学校がアメリカにつくった日本人学校もあります。ニューヨークやロサンゼルスなどにあります。これらを含めても、日本人学校に通う子どもの数はわずかです。

その他の多くの子どもたちは、アメリカの地元の学校に通っています。ですから、すべて英語で勉強をしており、英語が第一言語になっている子どもも多くいます。このため、日本語の保持をはかる場として補習授業校が存在しています。補習授業校は、土曜日１日のみの学校で、年間約40日前後開かれ、子どもたちは、日本語で、日本の国語や算数・数学などを勉強しています。

大半の子どもたちが地元の学校に通うというのは、アメリカ特有のものです。**表１-１**をごらんください。地域によって大きな差があることがわかります。アジア地域では、約３分の２が日本人学校に通っていますが、北米地域（アメリカとカナダ）では、約98％が現地の学校に就学しています。大半の子どもが現地の学校に通うというのは、まさにアメリカならではの特徴といえます。

アメリカに焦点を当て詳しくみていきましょう。アメリカでは、日本人学校に通っている子どもの数は約460人程度で全体の２％にすぎません。残りの約２万人近くは現地の学校に通っています。そのうちの６割近くの子どもが補習授業校にも通っています。アメリカには、各地に70の補習授業校があります。ですから、アメリカに住む日本の子どもの教育について考えるときには、現地の学校と補習授業校の両方を視野に入れて考えていく必要があります。

表１-１　地域別就学者数　人（％）

	日本人学校	補習授業校	現地校等	計
アジア地域	13,864（63.2）	910（4.1）	7,180（32.7）	21,954（100.0）
北米地域	462（2.3）	11,492（56.8）	8,264（40.9）	20,218（100.0）
欧州地域	3,078（27.4）	2,803（25.0）	5,350（47.6）	11,231（100.0）
大洋州地域	149（6.2）	586（24.5）	1,659（69.3）	2,394（100.0）
中南米地域	583（47.6）	116（9.5）	526（42.9）	1,225（100.0）
中東地域	269（37.7）	77（10.8）	367（51.5）	713（100.0）
アフリカ地域	121（21.3）	74（13.0）	374（65.7）	569（100.0）

出典：文部科学省資料より、2006年４月現在の人数

しかし、ここで考えなければいけない点が2つでてきます。1つは、これまで無条件に使ってきた「日本人」とは誰を指すのかということです。もう1つは、子ども自身の多様化という点です。まず、「日本人」とは誰かということです。町村敬志さんは、アメリカの「日本」社会の重層性の指標として、エスニシティとしての「日本系」、言語としての「日本語」、そして国籍としての「日本」の3つを挙げ、それらを組み合わせて次のように「日本人」を類型化しています。「短期滞在日本人」「新一世（長期滞在日本人）」「帰米二世・新二世」「渡米した在日コリアン」「日系アメリカ人二世〜五世」の5つのタイプです。ここで「短期滞在日本人」が海外在留邦人統計の「長期滞在者」に、「新一世（長期滞在日本人）」が「永住者」にほぼあたるとみてよいように思います。この本で主に取り上げるのは、特に「短期滞在日本人」「新一世（長期滞在日本人）」、それに「帰米二世・新二世」です。

さて、もう一つの点は、「日本人」の多様化に伴い必然化する子ども自身の多様化という点です。詳しくは、第3章で紹介しますが、「短期滞在の子ども」「長期滞在の子ども」「永住の子ども」「二重国籍を持つ子ども」「国際結婚家庭の子ども」などで、その生活背景や教育体験が多様化しています。これまでは、海外に住む子どもというと短期滞在者に焦点を当ててきましたが、対象を狭く限定するだけでは対応できなくなっています。この本では、短期滞在の子どもだけでなく、こうした多様な子どもを対象にしたいと思います。それぞれの章でどのような子どもを対象にするかを明確にした上で議論を進めていきます。

2 海外での教育の枠組み

（1）現地の学校と英語の習得

日本の子どもたちの大半は、月曜日から金曜日まで現地の学校に通うことになります。アメリカはご承知のように、移民の受け入れ国です。多くの移民がアメリカで生活し、その受け入れ体制も整備されてきました。ただ、日本の子どもの場合、他の多くの移民とは違う点があります。アメリカに一時滞在し、やがて日本に帰国する子どもが多くいるという点です。

こうした状況を私たちは文化間移動と呼びます。文化間移動をする子どもたちをどのように支えるか、それが「海外子女教育」と呼ばれてきました。アメリカに住む日本の子どもたちの教育は、基本的に現地の学校に依存し、日本に帰国した後で困らないようにするために補習授業校を位置づけるという形をとってきました。しかし、日本人の多様化、子どもの多様化の中で、今までの仕組みでいいのかどうかについて検討する必要がでてきています。

そのための基礎的な作業として、アメリカの現地の学校の様子を英語の習得に焦点を当てて考えてみましょう。アメリカで生まれ育った子ども、あるいはアメリカ生活の長い子どもにとっては、英語は第一言語に近くなりますので、英語力そのものが問題視されることはあまりありません。しかし、短期滞在の子どもにとっては、英語を習得するのは容易ではありません。アメリカでは、こうした英語力が十分でない子どものための特別な教育が行われています。

英語力が十分でない子どもたちは、「Limited English proficiency（略してLEP)」の子どもと呼ばれてきました。カリフォルニア州を例にすると、日本語のLEP数は約4600人おり、ロサンゼルスやオレンジ・カウンティで多くなっています。こうしたLEPの子どもに対しては、第二言語としての英語教育プログラムであるESL（English as a Second Language）クラスを設置し対応してきました。このESLは、今ではELD（English Language Development）といわれ、LEPの子どもは「英語学習者」と呼ばれています。カリフォルニア州では、バイリンガル教育の廃止を求めた住民投票である「プロポジション227」が成立して以降、英語の習得が強調されています。しかも、このELDは、現地校のメインストリームの授業についていけるようにするための英語力を習得し、学習スキルの習得を英語で図っています。

私は、2000年に、ロサンゼルスのELDクラスのある学校で担当の先生方から、日本の子どもたちの学校生活の様子を調査したことがあります。子どもの英語力を「スピーキング（speaking)」「リーディング（reading)」「ライティング（writing)」の3技能にわたり「とてもよくできる」「よくできる」「できる」「ふつう」「できない」の5段階の評定をしてもらいました。「スピーキング」「リーディング」「ライティング」ともに、「とてもよくできる」と「よくできる」という回答がいずれも４分の１程度にとどまり、約半数の子どもたちの英語力が十分でないことがわかりました。アメリカでこうした調査をすると子どもの能力に対して肯定的に評価する傾向があります。それを差し引いても、日本人の子どもの英語力は厳しい状況であることが推測できます。ただ、個々の日本人の子どもに対する評価はおおむね好意的でした。「日本人の子どもにはどのような特徴がみられるか」という問いに対して、「責任感がある、楽しそう、明るい、礼儀正しい、正直、積極的」などの言葉を記入する先生が多くいました。逆に、マイナスの面として多くの先生が、プレゼンテーションや表現の能力に劣っていることを指摘していました。特に「話すことをいやがる」傾向があるということです。ある先生は、日本人の子どもに対して次のように語っています。

「日本で学習意欲があった子どもは、アメリカでもうまくいきます。勉強をしたがらない子ども、あるいは学習習慣のない子どもはなかなか大変です。日本の子どもに知ってほしいのは、アメリカの学校では、自分を表現すること、つまり自分の意見をはっきりと言うことをとても重視しているということです。また、日本の子どもたちは、来た当初は、アメリカの学校は何のルールもないと思っているようです。でも、宿題はきちんとこなす必要があります。放課後のことまでは面倒が見られません。学習についていけないと落第することもありますから。日本の子どもたちにはもっともっと英語を使ってほしいと思います。いろんな国からきた子どもたちと仲良くなるには、英語力を向上させる必要があります。日本語だけ使っていると、学習についていけません」

この話からもわかりますが、ELDを担当する先生たちは、アメリカの学校生活を送るには英語の習得が不可欠だと考えています。月曜日から金曜日まで１日の生活の大半を現地校で過ごす子どもたちは、英語の習得を迫られます。しかも、英語だけ覚えればいいのではなく、「自分の意見をはっきり言うことが大事」といった学習のスタイルも身につけなければなりません。

この点について、ロサンゼルスにあるA高等学校のELDのクラスを例にもう少しみていきましょう。A校のELDは、生徒の英語力に応じて初級のレベル1から上級のレベル3まであり、レベル1とレベル2は1クラスずつ、レベル3は学年に応じて2クラスが設置されていました。生徒は、各学期を通してこのELDクラスで1時間から3時間の授業を受け、残りはメインストリームで授業を受けます。レベル1のクラスは非常勤の女性の先生が、レベル2とレベル3はELD専任の男性の先生が授業を担当していました。両者とも、長年、ELDクラスを担当し、英語学習者の教育に携わってきたベテランの先生です。また、ELDクラスには非常勤のアシスタントが1人おり、教師に代わり宿題の回収とチェック、教材の準備、その他生徒への細々とした指示（教室の変更、課外活動の紹介等）などを行っていますし、各クラスには最上級生が1人アシスタントとして入り、教材の整理、宿題の回収の補助などを行っており、それが単位として認められることになっています。

レベル1のクラスでは、社会科と英語の授業が毎日3時間行われており、日本人の生徒6名と韓国系の生徒3名が在籍していました。レベル2のクラスは、毎日2時間行われており、そこには日本人生徒が多く9名、その他中国系、韓国系、メキシコ系が計10名おり、基本的には英語の授業を中心にして、ELD用の教材を使いながら、メインストリームでの学習に必要なスキルの習得を図っています。レベル3は2クラスあり、1クラスはシニアの生徒を対象に1時間のみ、もう1クラスは9年生を対象に2時間行われていました。両方のクラスとも日本人の他中国系、韓国系の生徒が在籍していました。

アメリカ各地には、こうしたELDクラスが多くあります。在籍する子どもの背景、教育の内容・方法などは多様ですが、共通しているのは英語力の伸長はもちろんのこと、それだけでなくメインストリームについていくためのさまざまな学習スキルの習得を目標としている点です。書き方や読み方のスキルなどの習得に重きを置いています。エッセイ（小論文）が重視され、最初に自分の主張をして、それを裏付ける証拠を3つ挙げ、最後に結論で主張を繰り返すという構造を習得していきます。こうしたスキルが「学力」であり、その定着を図っていくわけです。

この他、もう１つELDクラスには重要な役割があります。それは、アメリカ社会への忠誠をねらっているという点です。先のA校でもレベル１のクラスでは社会科の授業が行われており、アメリカの公民性を習得させる場にもなっています。この他、自分の意見を表明したり、自分の立場を明確にしたりすることといったアメリカの学校における支配的な価値も毎日の授業を通して内面化していくことになります。

最初にELDの授業を紹介したのは、日本の子どもたちが、アメリカの現地の学校で学ぶということがどういう意味を持つかを知ってほしかったからです。子どもたちは、英語力を習得するといった言語だけでなく、アメリカの社会で有用な「学力」、それに応じた学習スタイルを習得するとともに学校の文化、さらにアメリカ公民としての資質などを毎日の授業を通して身につけていくということです。

（2）補習授業校と日本語

アメリカに住む日本の子どもたちの教育を考えるとき、補習授業校を抜きには議論できません。現地の学校に通う子どもの６割は補習授業校にも通っているためです。この補習授業校は、もともと短期滞在である海外勤務者の子どもの日本に帰国後の学校への適応を考慮してつくられたものです。いまでも中西部などでは、こうした短期滞在の海外勤務者の子どもが多い補習授業校がありますが、大都市では子どもの多様化が着実に進行しています。設立当初とは逆に、長期滞在・永住者の子どもの比率が上回っている補習授業校が少なくありません。こうした長期滞在・永住者の子どもの増加は、当然、補習授業校の教育のあり方にも変化をもたらしています。

まず指摘したい第１の変化は、補習授業校の役割が曖昧になっているという点です。これは、日本人の多様化、子どもの多様化と関連してきます。補習授業校に対する要求も多様化しますが、補習授業校では多様化した要求に応えようとして役割が曖昧になっているように思います。でも、多様化した要求にすべて応えることはできません。この多様な要求と補習授業校が現実に果たしている機能とのギャップが大きくなり、それが補習授業校の地位の相対的な低下につながっているように思います。

第2の変化は、補習授業校を関係者、親も含めてみんなで支えようとする意識や行動が弱くなっているという点です。これは、補習授業校の「公」としての位置づけの低下といえます。共同的な価値の追求や集団の目的よりも、各人の私生活を優先させる「私事性」が進行していることと関連します。補習授業校は、土曜日ごとに学校の警備、図書の貸し出しなどのボランティアをすることが求められることがあります。週末、家族で過ごす、あるいは地元のコミュニティでの活動に参加したいと思う人たちも多くいます。こうした人たちの中には、補習授業校には行かせないといった選択をする動きも出てきますし、補習授業校に代わり塾を選択するという動きも出てくることになります。アメリカ各地で、補習授業校に通う子どもの数が減少しているのは、こうしたことと無関係ではないように思います。

しかし、一方で補習授業校に対する期待感も強まっています。これが第3の変化です。長期滞在・永住者にとって、補習授業校への期待が強くなっているということです。特に永住者にとり日本は心理的に遠のき、子どもの生活はどんどん現地化していきます。永住者が描く「日本」のイメージは、日本との心理的距離が遠くなればなるほど美化されていきます。子どもを補習授業校に通わせることにより、「日本」とのつながりを保持したいという願いがあらわれてくるのではないでしょうか。「エスニシティとしての日本」を確認する場として補習授業校に期待を持つようになり、その背景には日本語、日本文化へのこだわりがあるように思います。日本国内の学校と同じような行事（入学式、卒業式、運動会など）を補習授業校に期待するようにもなってきます。

このように、補習授業校は大きく変化していますし、その運営のあり方や教育の方針も大きく揺れ動いています。日本人が多様化し、子どもも多様化しているという状況の中で、補習授業校のあり方を考え直す時期にきていることは確かです。ただし、その議論をするためには、補習授業校に通う子どもたちがいったいどのような実態にあるかを把握しなければいけません。親の教育要求はもとより、子どもたちの日本語力の程度、英語力との関連、さらに、小学部に入ってくる子どもの日本語の程度などをきちんととらえておく必要があります。これまでのように日本に帰国後の教育に固執するだけではもはや対応できないように思います。もちろん、すべての補習授業校がそうした事態に直面しているわけではありませんが、子どもたちの実態にあった教育を提供する場として、補習授業校をとらえ直す必要があります。

(3) 家庭の役割

アメリカに住む子どもたちの約4割は、現地の学校だけに通っています。これを「補習授業校離れ」と表現する人もいます。確かに、補習授業校に通わない子どもたちが多くなっているのも事実ですが、その要因は複雑ですし、補習授業校に魅力がないといった単純な理由だけでは説明がつきません。先ほど挙げたように、補習授業校の役割が曖昧になったことも要因の1つです。また、長期滞在者・永住者の増加とともに日本への帰国を前提にしなくなり、アメリカで高等学校や大学への進学の道をたどる子どもたちが多くなったことなども挙げることができます。さらに、大都市を中心に塾が設立され、塾を選ぶ子どもたちが多くいることも指摘できます。補習授業校に行っていないから、日本の教育を全く受けていないといったことにはなりませんし、家庭内では、日本語を話し、日本の事情に触れる機会も少なくないでしょう。

しかも、多くの日本の子どもたちにとり、家庭が子どもの教育の支えになっているという点も見逃すことはできません。これまでの多くの研究から、海外で生活する多くの日本人の家庭は、子どもの教育にとって「豊かな資源」になっているといわれてきました。つまり、子どもたちの教育を支えるだけの経済力を持ち、教育関心も高いということです。子どもへの物的・心理的・文化的な支援が可能だということです。ただし、それが過剰な期待になってあらわれることもあります。ここで確認しておきたいのは、子どもたちが現地の学校で教育を受けるために家庭が重要な役割を果たしているということです。補習授業校に通っていなくても、塾や家庭教師などの代替的なものがあり、自分たちの責任のもとで対処しているわけです。ただし、それが十分なものかどうかは別の話です。こうした点についてはこの本を読み進めていく中で答えを出していくことにしましょう。

3 文化間移動をする子どもたち

このようにアメリカに住む多くの日本人の子どもたちは、現地の学校では英語で、補習授業校では日本語で学習していますし、現地の学校はその底に流れる価値を内面化し、補習授業校は日本人としてのアイデンティティを確認する場になっています。こうした２つの言語と文化の狭間で生活する子どもたちの教育をいったいどのように構想すればいいのでしょうか。この課題にきちんと応えていく必要があります。でも、そのためには議論の素材が必要ですし、理論的な枠組みも必要です。たとえば、日本から渡米した子どもたちがどのようにアメリカの学校や社会に適応していくのでしょうか。ここでは、文化間移動というキーワードをもとに考えてみましょう。

文化間移動とは、自分がそれまで内面化してきた文化から離れ、違う文化が支配的な社会に移動し、異なった文化と相互作用を行うことです。その際、自分の認知面、行動面、情動面の３つにズレが生じます。その結果、さまざまな不快感や違和感だけでなく、高揚感や新奇性などを感ずることもあります。子どもたちは、現地の学校に行った場合、授業の進め方が違うことがわかり（認知面）、自分もそのように行動する（行動面）、しかし、どうも違和感がある（情動面）といったことです。その違いに興味を持つ場合もあるでしょうし、逆に違和感や不安感を覚えることもあります。その対応として、現地の学校のやり方に自分を合わせていくようになりますが、これを「文化変容」と呼びます。

これまでの研究では、「文化変容」にはいくつかの段階があるといわれています。具体的には、「接触」「葛藤」「危機」「適応」という段階です。まず、違う文化に「接触」することから「文化変容」は始まります。その結果、自分が身につけてきた行動の仕方や考え方と現地の学校のそれらが合わなくなり、とまどうことが多くなります。それが「葛藤」です。そうなると、自分の行動や考え方に自信がなくなったり、どうしたらいいかわからなくなったりすることがありますが、これが「危機」という状況です。

しかし、やがて、自分の中でその「危機」を上手に調整して初めて「適応」していくことになります。もちろん、すべての子どもがこうした段階をたどるとは限りません。しかし、いま、自分の子どもがどのような段階にあるかを知ることはとても大切ですし、各段階に応じた支援をする必要があります。また、「葛藤」や「危機」は決して悪いことではありません。それを乗り越えてこそ強くたくましくなっていきます。要は、そうしたときに適切な支えがあるかどうかが問題なのです。

「適応」は個人だけの問題ではなく、環境との相互作用の関数としてとらえられるものであり、集団や社会のあり方と関連してきます。つまり、異文化に適応するには、環境がとても重要になります。ただ、理想を唱えたり、要求のみを主張したりするだけでは解決には結びつきません。子どもの状況を把握し、どのような支援が必要かを考える必要があるということです。言葉を例に考えてみましょう。英語と日本語という２つの言葉を習得し、保持するにはどのような支援が必要でしょうか。そのためには２つの言葉の力はどのように関連しているかを把握しなければいけません。言葉は、その子どものアイデンティティと関連しますが、文化間移動をする子どもたちのアイデンティティを支えるにはどのようにすればいいのでしょうか。こうした支援のあり方を考えていく必要がありますし、そのことがこれからの文化間移動をする子どもの教育を構想する上でも大いに役立ちます。

この本では言葉の問題に焦点が当てられ、言葉の習得のための支援のあり方を提案しています。言葉は子どもの認知発達と密接に関連しますし、言葉を抜きに考える力や判断する力は育ちません。全く英語がわからない子どもがアメリカの現地の学校に通うことになれば、毎日の授業についていくのは容易でないことはすぐに想像できます。このようなとき、子どもの認知面での発達をどのように促していけばいいのでしょうか。よく、日本語で理解させればいいといいますが、それはなぜでしょうか。子どもに学習をさせていく上でも、その理由をきちんと知っておきたいものです。

また、言葉は、友人や先生など周りの人と関係をつくる上で重要な意味を持っていますし、自分をきちんと伝えていく上でも大切なものです。逆に言えば、子どもたちは多様な関係の中で言葉を習得していくということです。子どもたちがどのような対人関係や社会関係を取り結んでいるかを知っておく必要もあります。このように、子どもの環境をどのように考えればいいかが重要になるということです。

アメリカの学校に通えば、だれでも英語ができるようになり、「バイリンガル」になれるというようなことはありません。子どもたちが置かれている状況をきちんととらえる必要があります。最近、アメリカで現地の学校に通っていた子どもたちの帰国後の様子を関係者からうかがうと、「自信がない子どもが多い」といったことを耳にします。また、作文を書かせてみると日本語でも英語でも書くことができないといった子どももいます。ただ、こうした状況に悲観的になる必要もありません。2つの言葉を子どもたちがどのように習得し、いま、言葉の力がどの程度なのか、2つの言葉をしっかりと習得していくにはどのようなことに留意したらいいかを考えていくことが大切です。この本はまさにこうした点に焦点を当てたものです。

この他、アメリカでは日本人の子どもたちは「日本人」であることを周りから言われ意識するようになります。こうした自分の「エスニシティ」（民族性）が問われることが多くあります。ELD プログラムでも、子どもたちの母文化や母語を先生が積極的に評価し、授業に取り入れることもあります。たとえば、A 校で観察しているとアメリカと日本を対比し、日本ではどうなのかといった質問をすることが多かったですし、日本人同士が日本語で授業中に話すことも奨励していました。お互いに助け合うことで安心感や学習効果が上がるためです。でも、こうした教育が結果として子どもたちに自分たちの文化やエスニシティを意識させ、それらを強化することにつながります。補習授業校に通う子どもの場合、日本語で日本のことを勉強しますし、日本人の友だちと会う場所でもあり、こうしたエスニシティが強化されるわけです。

私は、補習授業校に通う中学生にこのエスニシティに関していくつかの質問を投げかけたことがあります。「日本人でよかったかどうか」「日本や日本の文化に誇りを持っているか」「アメリカ人になりたいと思ったことがあるか」「将来アメリカに住みたいか」「将来どこの大学に進みたいか」などの項目です。詳細な結果は省略しますが、全体としては「日本人でよかった、日本や日本文化に誇りを持っている、でもアメリカも大好きだし、アメリカの大学に進み、将来アメリカに住んでみたい」という回答が実に多く見られました。

この結果から、日本対アメリカという二項対立の枠で子どもたちのアイデンティティをとらえるということができなくなっているということを実感しました。子どもたちは、与えられたアイデンティティ（たとえば日本人というように）ではなく、自ら自分のアイデンティティを選び取っているということです。文化間移動という枠でとらえると、これまでの二項対立でものを考えていくことができないということです。これは言葉でも同じで、英語と日本語を対立的にとらえるのではなく、学ぶ上では共通性があるといったことです。だからこそ、まずは日本語をしっかり習得することが大切だ、といった主張がなされるわけです。

こうした結果から、日本人が多様化しているだけでなく、「新しい」日本人が育ちつつあるということができます。この点は8章と9章で詳しく述べられていますが、このことは、「日本人としてのアイデンティティ」を確立するというこれまでの海外子女教育のあり方を見直す必要があるということにつながってきます。

4 アメリカに住む子どもの教育の変化

この本の読者は、アメリカで生活している方でしょうか、これからアメリカで生活しようとする方でしょうか、あるいはこうした教育に関心を持っている方でしょうか。この本を読み進む前に、確認しておきたいことがあります。アメリカに住む日本の子どもの教育は、これまで日本への帰国を前提に構想されてきましたが、その前提が大きく変わってきたということです。

まず第1はすでにみたように、補習授業校の位置づけに変化がみられるという点です。短期滞在者である海外勤務者にとっては「日本」への求心力としての意味合いを失いつつあり、一方、長期滞在・永住者にとっては「日本」への回帰の場として、あるいは「日本人」としてのアイデンティティ確認の場として、補習授業校に対する期待が強くなっています。補習授業校がこれまで果たしてきた「帰国後に備えるための学校」としての意味合いが変容しています。補習授業校をどのようにしていくかを考える必要が出てきたということです。

第2は一時滞在の日本の子どもを受け入れる現地の学校にも変化がみられます。1990年以降、大都市を中心に日本人の集住化が進む一方、ELD教育の質の変化もみられます。移民法の改正やバイリンガル教育の廃止、さらには各学校への「基礎学力の向上」という強い要求があり、英語習得への圧力も強まっています。こうした動きは、一時滞在の日本人の子どもにとっては厳しい状況で、現地の学校に不適応をおこす子どもも出てきています。現地の学校への適応をどのように支援するかも問われることになります。私は、各地の学校を訪問し、子どもたちの様子を見聞きする機会が多くあります。その中で、ここ数年、多くなってきたのが、英語力が十分でなかったり、現地の学校に適応できなかったりする子どもが増加しているということです。この原因は単純ではありませんし、多くの要因が絡んでいます。詳しくはこの本の各章で述べられることになりますが、海外で生活する子どもの低年齢化に伴い十分に日本語能力が形成されないまま現地語の習得を強いられること、滞在が比較的短期にもかかわらず現地校に就学していることといった子どもの側の要因もさることながら、英語習得のための特別な教育体制が十分でないことも指摘できます。

第3は、アメリカ生活が長い子どもが多くなっているという点です。おおよそ5年程度と見込んできた親の勤務が延び延びになり、7年、8年と徐々に長期化していきます。こうした滞在の長期化は、子どもたちの生活にも影響を与えます。私が実施した調査では、滞在5年を一区切りにして、子どもたちの学校生活、言語環境、そしてエスニシティに違いがみられました。滞在が5年以上の子どもほど、英語が優越し現地の学校に適応していますし、アメリカへの親近感も強まっています。このことは、日本への帰国を前提にした「海外子女」といったこれまでのカテゴリーを超えていることを意味しています。いわば、「新二世」としての道を歩んでいるということです。

これまで、アメリカに住む日本の子どもの教育は、基本的に現地の学校に依存し、帰国後に備えて補習授業校を位置づけるという形態をとってきましたが、子どもの実態、現地社会、親の意識の変化の中で、日本人の子どもの教育の構造そのものが問われているといえます。しかし、いまだに従来の枠の中で子どもたちの教育を考える傾向が強いように思えてなりません。ではどのようにしたらいいのでしょうか。その答えは一朝一夕には見出せません。

いま、アメリカの教育を享受し、英語を習得させたいという親の意向が強く働いています。しかし、アメリカの学校に通えば「バイリンガル」になるということはありませんし、現地の学校に適応できない子どももいます。アメリカの現地の学校を選択するには、きちんとした正確な情報や知識が必要ですが、実際には、そうした知識や情報は十分ではありません。しかも、「新自由主義」の名のもとに自己責任が強調されています。自分がその選択をしたのだから、自分で責任をとるべきだという考えです。ですから、「バイリンガル」といった言葉に踊らされることなく、わが子をどのように育てるのか、いまの自分の子どもの状況からどのような支援が可能か、親として何をすればいいのかを考える必要があります。また、関係者もそうした実態をふまえ、どのような教育が必要なのか、その教育を構想するには今なにをすればいいかなどを早急に考えてみる必要があります。

文化間移動をする子どもたちにとり異文化での不適応は避けがたいことでもあります。それを否定的にとらえるのではなく、どのように対処すればいいかを考えていくことも必要です。子どもや親が問題を1人で抱え込まずに、みんなで協力して解決するシステムを現地の体制を含めて構想していくことが必要です。そのために必要な資料・素材・ヒントをふんだんに盛り込んだのがこの本です。特に言葉の習得とエスニシティに焦点を当てました。一緒に、子どもたちの言葉の発達やそのための教育のあり方について考える旅に出発しましょう。

❑参考文献

栗原祐司・森真佐子（2005）『海外で育つ子どもの心理と教育―異文化適応と発達の支援』金子書房

佐藤郡衛（2003）『国際理解教育―多文化共生社会の学校づくり』明石書店
町村敬志（1999）『越境者たちのロスアンジェルス』平凡社
箕浦康子（2003）『増補改訂版　子供の異文化体験―人格形成過程の心理人類学的研究』新思索社

第2章

移民の子どもに対する教育政策

バトラー後藤裕子

1 はじめに

ここでは、移民の国アメリカが、英語を母語としない子どもを対象に、どのような教育政策をとってきたのかを考えます。日本からの子どもの多くは、英語を母語としないため、特別な教育支援が必要となります。したがって、アメリカが、こうした英語を母語としない子どもたちにとってきた教育政策の変遷と現在の政策を理解することで、アメリカで学ぶ日本の子どもたちの置かれている状況が、より明確になることでしょう。

英語を母語としない学習者を、アメリカでは、英語学習者（English-language Learner: ELLまたはEnglish-learner: EL）と呼びます。彼らは、英語を第二言語として学習している子ども・生徒たちで、基本的には、メインストリームでの授業についていくのに十分な英語力がまだついていない状態にある子どもたちです。「LEP生徒」（Student with Limited English Proficiency）などという呼び方をすることもあります。日本など非英語圏からの移民や滞在者は、基本的に英語学習者になります。また、家庭で英語以外の言語を話す子どものことを、「言語マイノリティ」または「継承語話者」などと呼ぶこともあります。このグループは英語学習者と重なる部分が多いものの、厳密には必ずしも一致しません。たとえば、アメリカ先住民などで、家庭で英語以外の言語が話されていても、英語が実質上、母語となっている子どももいるわけです。

この章ではまず、アメリカにおける言語マイノリティの人口傾向を概観します。次に、アメリカが移民にとってきた言語教育政策の歴史的変遷をみていきます。最後に、現在の英語学習者をめぐる言語教育政策の大きな柱、イングリッシュ・オンリー政策と「落ちこぼれをなくす」政策（No

Child Left Behind: NCLB）という２つの政策に焦点を当て、これらの政策が、日本からの子どもたちを含む英語学習者の言語習得、および教科学習にどのような影響を及ぼすのかを考えてみたいと思います。

② 家庭で英語以外の言語を話す子どもたち

アメリカは移民大国です。先住民を除けば、すべてのアメリカ人は移民かその移民の子孫です。アメリカの言語というと、すぐに英語が思い浮かびますが、実はアメリカは、多言語国家の代表格といえましょう。2000年の国勢調査によれば、アメリカ国内で話されている言語は311語にのぼります。そのうち、149語が移民の話す言語で、残りの162語は先住民の言語です。アメリカ全体では、4700万人が、家庭で英語以外の言語を話しているといわれています。これは、全体の17.9％に相当します。内訳としては、スペイン語を家庭内で話しているのが10.7％、他のヨーロッパ言語が3.8％、日本語などアジア・環太平洋系の言語が2.7％となっています。ちなみに、家庭内で日本語を話しているのは約48万人、13番目にメジャーな言語となっています(1)。

移民はこうしてさまざまな言語をアメリカに運んでくるわけですが、同じことが学校にもいえます。アメリカの学校では、移民や継承語話者がさまざまな言語をもたらしているのと同時に、英語学習者であるELLの数も急増しています。

図２-１は、1979年から2004年まで、英語以外の言語を家庭内で話している５歳から17歳までの子どもたちの全体に占める割合の推移を示したものです。30年前には10％に満たなかったこうした子どもたちの割合が、現在では20％に近づく勢いです。図２-１に示した統計はアメリカ全土の集計に基づくものですが、州により、こうした傾向には大きな違いがあります。たとえば、カリフォルニア州では、2000年の時点で、５歳から17歳の子どもたちの42.6％が、家庭で英語以外の言語を話しているという数字が報告されています(2)。

この国勢調査の「家庭で英語以外の言語を話している」グループには、英語を第二言語として話している子どもだけでなく、英語を第一言語（な

図 2-1　英語以外の言語を家庭内で話す子どもたち（5歳から17歳まで）

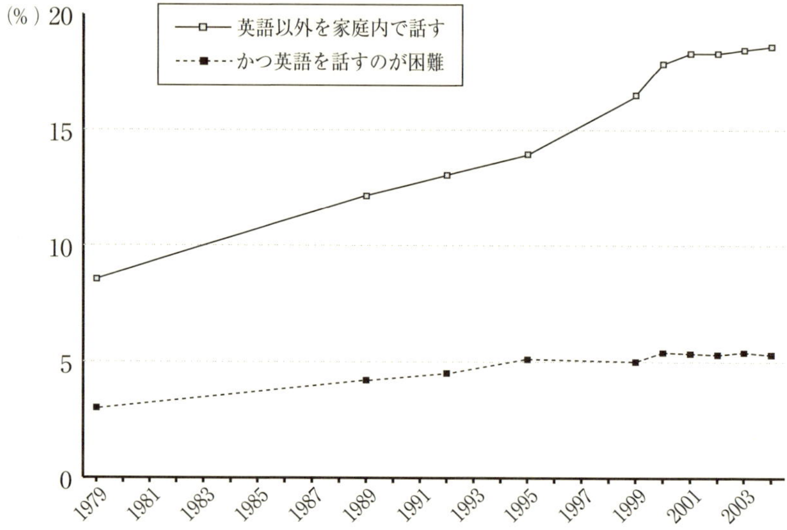

出典：Federal Interagency Forum on Child and Family Statistics 2005.

いしは主たる言語）に持ちながら、継承語として英語以外の言語を話している子どもの両方が含まれます。そこで国勢調査では、このグループに該当する人たちに対して、英語の話す力を「大変うまく話せる」「まあまあ」「あまりうまく話せない」「全く話せない」の4段階で自己評価してもらっています。図2-1の「英語を話すのが困難」なグループは、「大変うまく話せる」以外の3つの回答をした人の数の合計です。だいたいこの10年の間、5%程度ほどの子どもたちが、英語を話すのに困難を感じているということがわかります。

図2-2に示すように、「英語を話すのが困難」だと回答している子どもたちは、全体の割合からすると、1990年の5.3%から2000年には6.6%と、たいした割合ではなさそうですが、伸び率だとこの10年間で46.3%の増加、実際の数からいうと、100万人以上もの増加です。こうした子どもたちを学校では受け入れていくわけですから、その対応は大変です。

表2-1は、2005年時点で、英語以外の言語を話す子どもたちを人種別に分析した結果を示したものです。さらに、5歳から9歳、10歳から17歳

図2-2　英語以外の言語を話す5歳から17歳までの子どもたちの英語を話す力

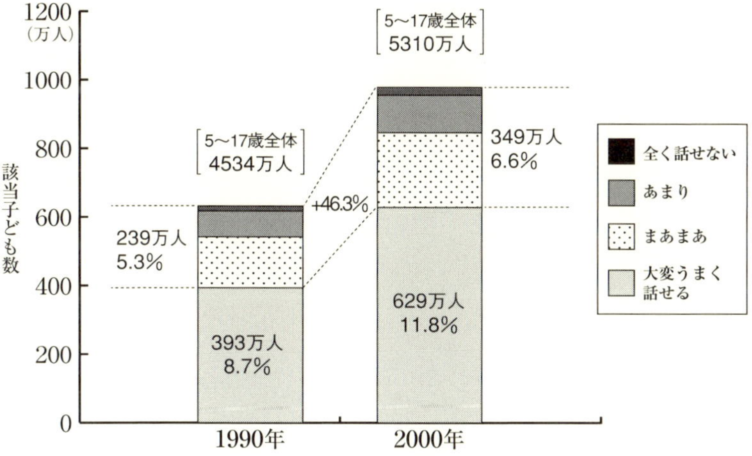

出典：Crawford, J. (2002) Census 2000: A guide for the perplexed. <http://ourworld.compuserve.com/homepages/jWCRAWFORD/census02.htm> より2007年3月2日取得

表2-1　英語以外の言語を家庭で話している子どもの英語を話す力（人種別）

人種	子ども全体	英語以外の言語を家庭で話している子ども	そのうち英語を話すのが困難		
			5歳－9歳	10歳－17歳	全体
	人数Ⓐ	人数Ⓑ（%）＊1	人数（%）＊2	人数（%）＊2	人数（%）＊2
白人	31,231,000	1,751,000 (5.6%)	140,000 (1.2%)	260,000 (1.3%)	400,000 (1.3%)
黒人	7,717,000	414,000 (5.4%)	35,000 (1.3%)	65,000 (1.3%)	99,000 (1.3%)
ヒスパニック	9,877,000	6,822,000 (69.1%)	1,020,000 (25.7%)	911,000 (15.4%)	1,930,000 (19.5%)
アジア系	2,006,000	1,291,000 (64.4%)	169,000 (21.7%)	181,000 (14.8%)	350,000 (17.4%)
太平洋諸島系	67,000	21,000 (31.2%)	3,000以下 (9.0%)	2,000以下 (4.4%)	4,000 (6.3%)
アメリカ先住民	445,000	74,000 (16.6%)	5,000 (2.8%)	7,000 (2.4%)	11,000 (2.6%)
2つ以上の人種にまたがる生徒	1289,000	112,000 (8.7%)	11,000 (1.9%)	10,000 (1.3%)	20,000 (1.6%)
合計	52,835,000	10,560,000 (20.0%)	1,389,000 (7.1%)	1,445,000 (4.3%)	2,834,000 (5.4%)

＊1　Ⓐに対するパーセンテージ　＊2　Ⓑに対するパーセンテージ

出典：U.S. Department of Commerce, Census Bureau, American Community Survey (2005) Language minority school-age children. <http://nces.ed.gov/programs/coe/2007/section1/table.asp?tableID=754> より2008年1月9日に取得

までと、年齢別に２つのグループに分けた分析の結果も同時に示してあります。アジア系の子どもたちの欄を見てください。このエスニック・グループに属する子どもたちの過半数以上64.4%が、家庭で英語以外の言語を話していると答えています。さらに年齢別では、このエスニック・グループに属する５歳から９歳児全体の21.7%が、英語を話すのが困難であると答えていることがわかります。10歳から17歳では、その割合が少し減り、14.8%となっています。

言語マイノリティの子どもたちの中では、絶対数ではヒスパニック系が多いわけですが、実はアジア系の子どもたちの数は、この10年で２倍以上に急増しており、増加率の面からいうと、ヒスパニック系を上回る勢いです。さらに図２-３に示すように、アジア系は、外国生まれの率が他のエスニック・グループに比べて高いのが特徴的です。そして外国生まれの子どもは今後も増えていくと考えられます。

国勢調査の結果から、このように言語マイノリティの家庭内での言語使用の動向と、彼らの英語力に関する情報を得ることができます。しかし、国勢調査を読み取る際に注意しなくてはいけない点がいくつかあります。

図２-３　外国生まれ、または両親の最低どちらかが外国生まれの子どもの割合

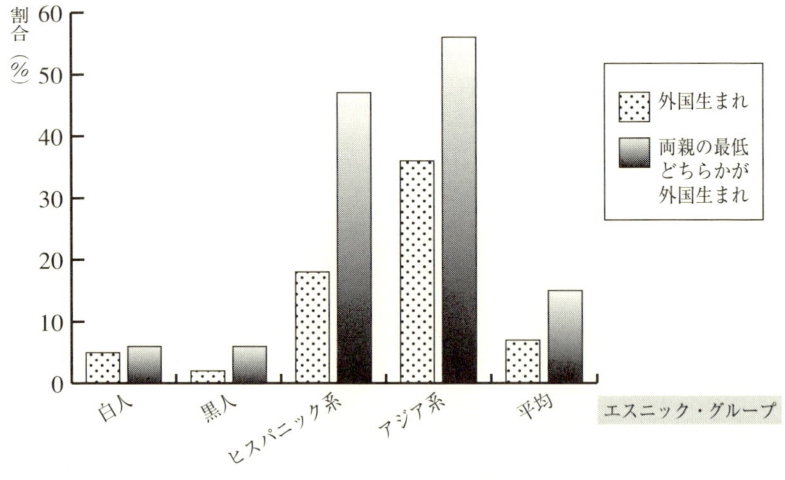

出典：UC Linguistic Minority Research Institute（September, 2005）The intersection of language, race/ethnicity, immigration status, and poverty. <http://lmri.ucsb.edu/publications/elfacts-5.pdf> より2008年１月８日取得

ここで「英語を話す」というのは、おそらく基本的な会話程度の英語力のことで、後で述べますが、学校で重要な読み書きを中心とした学習に関する言語（学習言語）の習得を意味するわけではないということです。日常生活レベルの会話能力を身に付けただけでは、学校教育に十分ついていくことができません。つまり、学校での学習に必要な語学面でのサポートが必要な子どもたちの数は、これよりはるかに多いということになります。また、この統計は、あくまで保護者の主観的な判断によるものであることも、付け加えておかなくてはいけません。つまり、学校現場が抱える課題は、この国勢調査の数字が示すより、はるかに大きいということです。

3 移民の子どもに対する教育政策の変遷

では、次にこうした移民の子どもたちに対して、アメリカがどのような教育政策をとってきたのか、その歴史的変遷をたどってみることにしましょう。歴史的な流れを見ることで、現在の政策のありかたをよりよく理解することができるからです。

移民の子どもたちの教育の大きな柱としては、彼らの母語ないし継承語をどのように扱うかということが挙げられます。すなわち、バイリンガル教育を、公教育の中でどのように位置づけるかという問題です。アメリカの移民の子どもたちへのバイリンガル教育政策の歴史は、以下のように大きく４つに分けて考えるとわかりやすいでしょう[3]。

1. 黙認期（1890年ごろまで）
2. アメリカ化への圧力（1890年ごろ～1960年ごろ）
3. 公民権運動とバイリンガル教育認可の時代（1960年代～1980年代）
4. イングリッシュ・オンリー運動の台頭（1980年代以降）

歴史的な流れを概観すると、アメリカはバイリンガル教育に対し、寛容と圧力の対応を交互にしてきたことがわかります。現在は、イングリッシュ・オンリー運動に代表されるように、アメリカ全体では、圧力の姿勢が強い時代といえます。

（1）黙認期（1890年ごろまで）

アメリカはもともとヨーロッパ人が入植してくる以前から、多言語の世界を形成していました。アメリカ先住民の話していた言語は、250から350語にもおよんでいたと推定されています(4)。ヨーロッパ人の入植が始まってからも、移民たちは、新しい土地で自分たちの言語や文化を守っていました。植民地時代や建国当時のアメリカでは、多言語使用は自然なこととして受け入れられていました。教育の有無にかかわらず、多くの人たちが、日常的に２つ以上の言語を話していたのです。たとえば、18世紀半ばの新聞を見ると、逃亡した使用人を探す広告の中に、その使用人がいくつの言語を話すかがしばしば記載されています。

18世紀末から19世紀の初頭にかけて、英語の普及が進んだものの、19世紀を通じて移民の数も増え続け、ドイツ語・英語、スペイン語・英語などのバイリンガル教育も普及していました。また、オハイオ、ペンシルバニア、ウィスコンシンをはじめ、いくつかの州では、ドイツ語・英語のバイリンガル学校だけでなく、ドイツ語だけの教育も容認されていました。ドイツ語以外の民族学校も全米各地にたくさんあり、民族学校では、それぞれの民族の言語を使っての教育が行われていました。このように民族言語の教育が維持された背景には、19世紀当時、公立と私立の学校間で生徒獲得競争があったこと、また地方では同じ言語を話すグループが固まって住んでいたことなどが挙げられます(5)。19世紀の半ばには、12以上もの州がバイリンガル教育を容認しており、連邦政府がこうした政策に直接介入してくるようなことはありませんでした。そうした介入がなくても、移民のアングロサクソン文化への融合は、比較的スムーズに進行していたのです。

（2）アメリカ化への圧力（1890年ごろ～1960年ごろ）

19世紀終わりから、20世紀のはじめにかけて、バイリンガリズムやバイリンガル教育に対する人々の態度に大きな変化が現れます。その直接の原因となったのは、移民のパターンが変化したことでした。それまでは、ドイツ、アイルランド、スカンジナビア諸国など、北ヨーロッパを中心とする移民が中心で、かれらは「旧移民」と呼ばれていました。しかし、1880年代から、イタリア人、ユダヤ人、東ヨーロッパ諸国からの移民や、中国からの移民が増えてきました。彼らは、「新移民」と呼ばれ、教育程度の低い、劣った人々であると考えられていました。「新移民」は「旧移民」に比べ、アングロサクソン文化への融合がなかなか進まず、それは、かれらの知力が劣っており、英語習得が進んでいないからだと考えられたのです。「新移民」の流入は、「アメリカ人としての資質」と、「英語力」とを結びつけるきっかけをつくりました。つまり、これ以後、英語を話せることが、アメリカ市民の条件であり、合衆国への忠誠心の証と考えられるようになっていったのです。

1906年には、初めて連邦政府レベルで、言語政策に関する法案（帰化法：Naturalization Act of 1906）が可決され、アメリカの市民権を得るには、英語が話せることが条件として課されることになりました。この方針は今日までそのまま維持されています。1919年、連邦政府は、私立・公立の区別を問わず、すべての小学校教育は英語で行うことを州に奨励し、これを受けて、1923年までには34州で、小学校では英語だけで教育を行うことが義務づけられました。

さらに、英語だけのモノリンガルへの動きに追い打ちをかけたのは、第一次世界大戦でした。戦争の勃発で、ドイツ語教育への風当たりが強くなり、多民族をアメリカという名の下に結集させる求心力は英語にあるという考えが強く支持されました。第二次世界大戦が始まると、日本語学校も閉鎖されました。この時期は、英語以外の言語教育は、受難の時代だったといえます。

（3）公民権運動とバイリンガル教育認可の時代（1960年代～1980年代）

1960年代、公民権運動の高まりとともに、バイリンガル教育は再び息を吹き返すことになりました。1957年にロシアがスプートニク打ち上げに成功します。これをきっかけに、アメリカ国内では、国際競争力を高めるための教育のあり方が議論の的になり、その一環として英語以外の言語教育の必要性が認識されるようになりました。

1954年のブラウン判決で、「分離すれども平等」のもとに行われてきた白人・黒人の分離は違法となり、これが、差別撤廃を掲げる公民権運動の火付け役になりました。1964年には、ついに公民権運動の金字塔ともいわれる公民権法が制定されます。これは、差別撤廃に関する法律で、移民や移民の子どもに対しても、差別撤回のための特別指導や経済支援を行うことが決められました。

1968年に施行された初等中等教育法の第７章（タイトル７）は、バイリンガル教育法の名で知られています。この法律では、バイリンガル教育を連邦レベルの教育政策の一環として位置づけています。英語力が不足している英語学習者（ELLの子ども）の英語学習支援のために連邦政府の資金を使うことを認めたのです。ただし、バイリンガル教育法には、英語以外の言語教育を義務づける規定はありませんでした。

1974年には、バイリンガル教育の行方を大きく左右する訴訟が起こりました。中国系移民がサンフランシスコ教育学区を相手に起こした、ラウ対ニコラス訴訟です。この訴訟では、教育指導に使われている英語がわからない子どもに、学区が特別な言語教育の支援を行わないのは、平等に教育を受ける権利を保障した憲法修正第14条と公民権法第６条に違反するかどうかをめぐって争われました。最終的に、最高裁判所は、それまでの下審の判決を覆し、中国移民側の訴えを認めます。英語が理解できない子どもに対しては、他の生徒と同じ教材や指導を行うという現行の処置だけでは、平等に教育を受ける権利を保障していることにはならず、こうした子どもは「有意義な教育を受けることから意図的に締め出されている」との判断が下されたのです。ただし、ラウ判決では、どのような形でELLの子どもの権利を保障するかまでは規定しておらず、ESL（第二言語としての英語教育）を行うのも１つの方法、バイリンガル教育を行うのも１つの方法と、選択肢を提示しただけにとどまりました。

ラウ対ニコラス訴訟の結果が、その後のELLの子どもの教育の行方に大きな影響を与えることになったことは間違いありません。この時期、州レベルでもELLの子どもの言語教育に関する法律が整備されていきます。バイリンガル教育は、法的なバックアップを得て、広がっていったのです。

ただ、ここで注意しておきたいのは、最終的に法的なバックアップを受けたのは、バイリンガル教育といっても、主に英語を習得するための一時的な支援措置として子どもたちの母語の使用を許すという移行型のバイリンガル・プログラムのことであり、二言語双方に堪能になることを目指す維持型のバイリンガル・プログラムではありませんでした。

（4）イングリッシュ・オンリー運動の台頭（1980年代以降）

1980年ごろから、再びバイリンガル教育への風あたりが強くなってきます。英語の公用語化を主張し、学校では、英語だけを教えるべきだとする「イングリッシュ・オンリー」を主張するグループの動きが活発化してきます。

移民の数はどんどん増え続け、特にスペイン語を話す中南米からの移民と、アジア諸国からの移民の数が増えていきます。町には、見慣れない言語の看板が溢れ、公立学校でのバイリンガル教育、非英語での社会・政治参加など、英語以外の言語を話す人々は、存在感を強めていくかのように見えました。こうした状況に、自分たちの言語や文化がおびやかされてしまうのではないかとの危機感をいだく人たちの中から、英語を法的に保護すべきだという動きがでてきました。英語こそが、アメリカをつなぐ要であり、アメリカ市民は英語を話す義務があるとする考えかたです。

1981年には、日系の共和党上院議員ハヤカワが、連邦議会に、憲法を修正して、英語を国の公用語にすべきであるとの提案を提出しました。この法案自体は廃案になりますが、これは後に英語修正法案とよばれ、イングリッシュ・オンリー運動の火付け役になったといわれています。1983年には、ハヤカワを中心に、移民規制促進を提唱するロビー団体の活動組織の１つとして、「USイングリッシュ」が組織され、バイリンガル教育の撤廃や、英語以外での投票権の撤廃を主張しました。英語修正法案の提出の後、各州で英語公用語化の動きが活発化し、USイングリッシュなどの組織もこうした動きを積極的に支持していきます。

ちょうどこの頃、『危機に立つ国家』（*A Nation at Risk:The Imperative for Educational Reform*, 1983）という本もベストセラーになり、アメリカの教育全体に対する危機感も高まっていました。バイリンガル教育はあまり効果的に機能していないとするいくつかの調査結果も発表され、これらはバイリンガル教育擁護派には不利な材料となりました[(6)]。レーガン政権もバイリンガル教育には基本的に反対の立場をとっていました。連邦政府は、バイリンガル教育の扱いに関する決定を州にゆだね、多くの州では、消極的なバイリンガル教育ともいえる、移行型のバイリンガル・プログラムの容認にとどまっていったのです。

イングリッシュ・オンリーの勢力が増す一方で、これに対抗する「イングリッシュ・プラス」という動きも活発化します。イングリッシュ・プラスでは、英語だけの単一言語社会ではなく、さまざまな文化・言語が共存する社会を目指そうとします。英語を公用化する州が増える中、その一方でニューメキシコ、オレゴン、ワシントンなどの州では、多文化・多言語主義を法制化しています。このように、英語だけを推し進め、文化同化主義を主張する動きと、多言語主義を主張する２つの動きが、対立する形になっているのです。

1994年には、近年の教育改革の大きな柱ともいえる、アメリカ教育目標2000年法（Goals 2000:the Educate America Act）が成立します。ここでは、高校卒業率[7]（90％を目標）、読み書き、算数・数学など基礎学力の向上、麻薬・暴力の撲滅などの目標が掲げられました。アメリカ教育目標2000年法では、すべての子どもが対象となっており、英語学習者にも英語母語話者同様の目標達成を求められることになりました。このため、英語学習者のニーズを把握し、どのような特別支援を提供することで、彼らを示された目標に到達させるべきかが、ELLの子どもが集まっている教育学区・学校の切実な問題となったのです。この法案ではバイリンガル教育を否定しているわけではなく、教育学区が希望すれば（競争率は高いものの）バイリンガル・プログラムを維持するための助成金を得るシステムもありました。しかし、この法案は、後で紹介する「落ちこぼれをなくす」政策（NCLB）につながっていきます。そして標準テストによる評価方法をとりいれ、主要科目すべてで教育目標を達成することを各学校に課したNCLB成立後は、できるだけ早く英語を習得させることに学校・教師の関心が移ることになっていったのです。

イングリッシュ・オンリーが台頭してきた背景は、このように、増え続ける移民に対する英語話者の漠然とした不安感や警戒感、公民権運動の高まり以来進んできたバイリンガル教育の広がりに対する反動、現状の教育に対する不満、教育目標を達成することへのプレッシャーといったさまざまな要因が複雑にからまっています。

4 現在、移民の子どもが直面している問題点

では、現在、ELLの子どもへの教育はどのような課題に直面しているのでしょうか。イングリッシュ・オンリーと「落ちこぼれをなくす」政策（NCLB）という2つの影響力の大きな政策の内容を概観しながら、こうした政策が、日本語を話す子どもをはじめとした英語学習者にどのような影響を及ぼすことになっているのかといった問題について考えてみましょう。

（1）イングリッシュ・オンリー

イングリッシュ・オンリーの動きは、ELLの子どもの教育にも大きな影響を及ぼしています。1998年には、カリフォルニア州で、学校教育の場で英語以外の言語の使用を著しく制限する「プロポジション227」が住民投票にかけられ、可決されました。同じような法案は、アリゾナ州、マサチューセッツ州でも相次いで可決されています。ここでは、日本からの子どもが多く就学しているカリフォルニア州の例を見てみることにしましょう。

カリフォルニア州では、「プロポジション227」成立以降、普通クラスでの授業についていけるだけの十分な英語力が身についていないと判断された場合、その子どもは、シェルター英語プログラムと呼ばれる英語の集中指導を受けることになります。これは基本的には、最高1年にわたる「ほとんど英語による（nearly all English）授業」であり、この指導を受けた後、普通クラスに移行することになります。バイリンガル教育プログラムを維持するためには、特別措置の申請をして認められなくてはならず、実質的にバイリンガル教育プログラムの数は大幅に減ることになりました(8)。

シェルター英語プログラムによる英語だけのアプローチが、バイリンガル・アプローチと比べ、本当に効果的なのかに関しては、多くの調査・研究が行われていますが、結果は混沌としています。ただ、公教育内では、日本語・英語のバイリンガル・プログラムは非常に少ないので、日本から来た子どもの場合は、シェルター英語プログラムとバイリンガル・プログラムのどちらが効果的かという問題より、むしろ基本的にはシェルター英

語プログラムから1年以内に普通クラスへ移行しなくてはいけないということが、一体どういうことを意味するかがより切実な問題であると考えられます。

アメリカでは、ほとんどの学校・学区で、英語を母語としない子どもの保護者は、入学の際、家庭での言語使用などに関するアンケートに記入することを求められます。さらに、子どもに対し、何らかの英語力を測るアセスメントが行われます。その結果、英語力が十分でないと判断された場合は、ESL（English as a Second Language）など特別支援を受けることになります。ここで重要な問題は、メインストリームについていくための英語力とはどんな言語能力であり、その能力を身につけるには、一体どれくらいの時間がかかるかということでしょう。

学校教育で重要とされている言語能力は、しばしば「学習言語」（英語の場合は学習英語）などと呼ばれます。カナダのジム・カミンズ（Jim Cummins）は、「学習言語」（これを彼はCALP: Cognitive Academic Language Proficiencyと呼びました）はいわゆる「日常会話的な言語能力」（これはBICS: Basic Interpersonal Communicative Skillsと呼ばれます）とは違うものだと考えました。カミンズによれば、会話力と学習言語力の違いは、言語使用の際、どれだけ認知力の動員が必要か（認知必要度）と、どれだけコンテクストの助けを得られるか（場面依存度）の2つの要素によることになります。学校教育では、単に友だちと趣味や家族の話をするのに比べ、分析をしながら文章を読んだり、理論的に主張をまとめ発表したりするなど、高い認知能力が求められます。また、マーケットで欲しいものを指差しながら買い物をするのとちがって、学校教育での言語使用では、具体的な事物や場面の助けをあまりえられない抽象的なことがらを扱うことも少なくありません。

実は「学習言語」とは何かについては、研究者の間でもさまざまな議論があり、カミンズの主張がみんなに受け入れられているわけではありません。ただ、いずれにせよ、学校など教育の場面で必要な言語能力は、単なる会話能力とは違うものであるという点では、多くの人の意見が一致しているようです。

では、学校教育の場面に必要な言語能力を身につけるにはどれくらいの時間がかかるのでしょうか。**図 2-4** は、私が共同研究者とともに、カリフォルニアの英語学習者が、同じ年齢の英語母語話者に追いつくのにどれだけ時間がかかったかを調べた結果を示したものです(9)。この調査では、北カリフォルニアのある学区で、幼稚園から英語のみによる授業を受けた英語学習者1872人を対象としています。彼らの会話力、読み、書きの力が、同じ学年の英語母語話者（Y 軸の 1 で表されている）のレベルに近づくのに、どれくらいかかったかを示しています。X 軸は調査時の学年を示していますが、この調査に参加したのはすべて同じ学区に幼稚園から在学している子どもですから、この「学年」という指標は「何年かかったか」と置き換えることができます。

この図から、「口語（会話力）」がネイティブの 8 割程度のレベルに達するのに 3 年弱、学校教育の場面で特に重要とされる「読み・書き能力」に関しては、5 ～ 6 年ほどの時間がかかっていることがわかります。さらにこれは幼稚園から在学している子どもの間での結果ですので、子どもがアメリカの学校に転校してきた時期によっては、メインストリームでの授業に十分な英語力を身につけるのには、さらに長い時間がかかることが予想されます。「プロポジション227」の「最高 1 年にわたるシェルター英語プ

図 2-4　カリフォルニアの英語学習者が英語を習得するまでにかかる時間

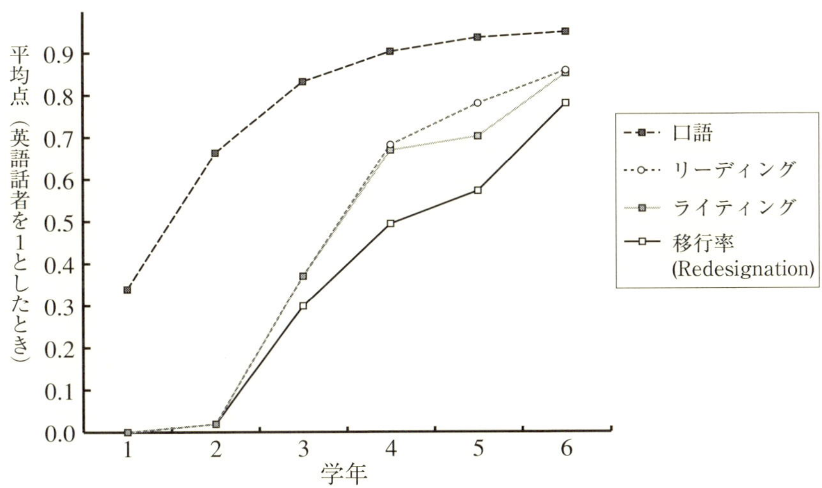

ログラムで十分」という前提は、あまりにも非現実的なものであることがわかります。大多数の子どもたちは、十分な学習英語を身につけていないまま、普通クラスに移行させられてしまうことを意味しているのです[10]。

現実には、「プロポジション227」後の学校側の対応は、千差万別であることが、いろいろな調査からわかっています[11]。シェルター英語プログラムの内容も、「ほとんど英語で」という以上の具体的な規定はないので、子どもの母語がかなりの程度で使われているケースも少なくなく、学校によっては「取り出し形式のESL指導」[12]を一切廃止してシェルター英語プログラムに変えたところもある一方で、そのまま残しているところもあったのです。

イングリッシュ・オンリーの動きは、本来、英語のみによる「英語学習」指導を短期間に集中して行うことで、一刻でも早く教科指導を行う普通クラスに移行させることを目指していました。こうしたモノリンガルのアプローチが果たして本当に近道であり、認知発達的にも最適なやり方なのかという点においても、また規定された「時間制限」(カリフォルニアの場合は最高1年)も、実証的な根拠に基づく判断ではなく、その結果、教育現場はその対応に困っているというのが現状なのです。さらに、ELLの子どもへの言語教育の問題は、認知的・言語的な側面にとどまらず、子どもたちのアイデンティティの形成や、さまざまな社会的な要因も考慮していく必要があり、その教育政策は大変複雑な難しい課題を抱えているといえるでしょう。

(2)「落ちこぼれをなくす」政策(NCLB)

イングリッシュ・オンリーの動きとともに、英語学習者の教育のありかたに大きな影響を及ぼしている近年の政策に「落ちこぼれをなくす」政策(NCLB)があります。NCLBは1965年に定められた初等中等教育法を大幅に修正したもので、共和党・民主党両党の圧倒的な支持を得て2001年に連邦議会上下両院で可決され、2002年度から施行されました。NCLBは、国策としての次世代の学力の向上を目指し、子どものグループ間の大きな学力格差を是正することを目的としています。そのため、NCLBでは、各州に学力基準(Academic Standard)を設けることを課し、その基準に基づいた学力テストを子どもたちに受けさせ、その結果をモニターし、2013年度までに、英語学習者を含む、すべての子どもたちに、州が定めた習熟（Proficiency）基準に達することを目指したものとなっています。

具体的には、各州は2005年度までに3年生から8年生（日本の中学2年生に相当）には、毎年英語の読みと算数・数学の学力テストを施行し、10年生から12年生（日本の高校生に相当）には2005年度までに最低1回は英語の読解と数学のテストを受けさせなくてはいけません。2007年度からは科学（サイエンス）のテストも導入されています。

各学校では、子どもの全体の成績だけでなく、各グループ別の成績も算出して報告しなくてはなりません。さらに、それぞれのグループごとに、毎年どれだけの子どもが習熟基準に達したかの報告を行い、これが州の法律の定めに従って決められる「適正年次学力向上」（Adequate Yearly Progress: AYP）基準に達しているかどうか、審査されます。

NCLBの第Ⅰ編（タイトルⅠ）により、社会経済的に厳しい環境に置かれた子どもの教育にあたる学校は連邦政府から資金を得ています。こうした資金を受けている学校は、もし2年続けてAYP基準をみたすことができなければ、改善計画の提出が求められます。学校は、保護者が希望すれば別の学校に転校する機会を与えたり、チュターリングなどの補習を提供したりするなどの措置を行わなくてはいけません。また、5年以上改善の見られなかった学校では、教職員の解雇や、学校経営権の民間委託または州の教育行政機関への移譲など、厳しい処置が科せられることとなっています。

NCLBはELLの子どもにも大きな影響を及ぼすことになりました。なぜなら、NCLBでは、英語学習者を含むすべての子どもが対象になっており、英語学習者も他の英語母語話者と同様に目標基準に達することが求められているからです。基本的に、アメリカの学校に1年以上いるELLの子どもは、すべて英語母語話者と同様に英語の読解と算数・数学の標準学力テストを受け、基準に達しなくてはいけません。さらに学校は、ELLの子どもには、毎年英語習熟度テストを行い、彼らが毎年確実に英語力をつけていることを示さなくてはなりません。

では、NCLBの施行後、ELLの子どもの学力状況は、どのように報告されているのでしょうか。アメリカ政府が作成した報告書(13)によれば、2004年には、ほぼ3分の2にあたる州で、ELLは、英語の読解と算数・数学で基準を満たせませんでした。27の州では、ELLの子どもの算数・数学の成績は、全体の平均値を20%以上も下回っていました(14)。他のグループ（たとえば白人グループ）とELLの間のギャップも州によってかなり違いますが、たとえばカリフォルニア州では、州の定めた基準に達した子どもの割合は、白人の生徒が61%だったのに対し、ELLでは33%と大幅な開きがあります。

このような状況の中で、ELLの子どもをたくさん抱える学校や学区では、彼らの学力テストでの成績を上げることが、非常に重要な課題となってきていることは想像に難くないでしょう。しかし、ELLの子どもの学力を母語話者と同様の標準テストで測定することにはいろいろな問題があります。標準テストといっても、それは英語母語話者を基準にしてつくられたものであって、英語学習者がこれらのテストを受けたとき、そのテストの妥当性（validity）や信頼性（reliability）が下がってしまうことが考えられます。たとえば、アカデミックな英語力が十分でないELLの子どもが算数のテストを受けたとしましょう。出題文の英語がわからなければ、もし仮に算数の概念自体は理解していたとしても、問題には答えられないかもしれません。英語がわからないので、あてずっぽうに選択肢を選んでいたとすれば、そのテストの成績は、その子どものラッキー度を表すものであっても、その教科の理解度を反映したものにはならないのです。

そもそも、ELLの子どもにとって、英語で教科のテストを受けること自体、ストレス度の高い行為です。ましてや、自分の英語力では十分に理解できないテストを受けさせられることにより、「できなかった」という挫折感を味わわされる結果になってしまったとすれば、それによる潜在的な精神的ダメージも、十分に考慮しなくてはいけません。

各州では、ELLの子どもには、テストを受ける際に特別な適応措置（accommodation）を行うことを学校や学区に課しています。この適応措置には、英語のテストを母語に翻訳して受けさせる、通訳をつけてあげる、試験時間を延長する、辞書や用語集などの使用を許す、ELLだけ別室で試験を受けさせるなどがあります。ただ、どの措置がテストの妥当性、信頼性の面から適切なのか、果たしてこの措置は、英語学習者がテストを受ける際に本当に助けになるのかといったことに関しては、まだあまり実証データがなく、不明確です。たとえば、テストを翻訳するにしても、テストの妥当性、信頼性を維持しながら、翻訳を行うことはなかなか難しく、そもそも、教科の授業を母語で受けていなければ、テストだけ母語で行っても効果はないといわれています。通訳も通訳者が教科内容に疎ければ、通訳を行うことがかえってあだになってしまうことがあります。また、辞書の持ち込みが許されても、時間制限のあるテストの場面では、子どもはあまり辞書を引かないという報告もあります(15)。

このような状況の中で、そのELLの子どもへの特別適応の施行も学区や学校でまちまちです。私の学生の1人が、2007年春にペンシルバニア州のいくつかの学区で行った聞き取り調査でも、学区により特別措置に大きな開きがあることがわかりました(16)。スペイン語といった話者数の多い言語だけでなく、就学生徒のすべての言語で通訳を雇ってテストを受けさせている学区もあれば、隣り合わせの別の学区では、ELLの生徒だけを一室に集めてテストを受けさせる措置だけにとどまっていました。このような学校の方針の違いにより、ELLの子どものテストでの成績も大幅に違ってくることが考えられます。

5 結び

この章では、アメリカが移民の子どもたちに対して、どのような教育政策をとってきたのかを概観しました。アメリカの言語教育政策の歴史的変遷を見てみると、アメリカが英語以外の言語に関して、寛容と圧力の態度を繰り返してきていることがわかります。ここからも、移民教育の持つ、複雑さ、難しさを垣間見ることができます。また、昨今のイングリッシュ・オンリーの動きや、NCLBなどの政策は、日本からの子どもたちを含む、ELLの子どもの教育に大きな影響を及ぼしています。標準テストによって教育の「成果」が評価される現在のシステムでは、英語学習者の扱いをめぐり、さまざまな課題が山積しているのです。

NCLB政策の下で、子どもたちがテスト漬けになり、テストでいい点をとるための指導に教師が多くの時間を割くようになってきている現状を批判する声も高まってきています。言語習得は一夜にしてできるものではなく、学習言語の習得には長い時間がかかります。ELLの子どもの言語習得と教科学習には、長期的な視点と、標準テストに頼りきらない多角的な評価方法が不可欠だと考えられます。

【注】

（1）U.S. Department of the Census, Brief Report/01. January 2001.

（2）Rumberger, R. W. (2001) "Language Minorities Account for California's Entire Population Growth in the 1990s." *UC LMRI Newsletter*, 10(5), 1-2.

（3）バトラー後藤裕子（2003）『多言語社会の言語文化教育―英語を第二言語とする子どもへのアメリカ人教師たちの取り組み』くろしお出版。

（4）Crawford, J. (1999) *Bilingual Education: History, Politics, Theory and Practice* (4th ed.). Los Angeles, CA: Bilingual Educational Services.

（5）Baker, C. (2001) *Foundations of Bilingual Education and Bilingualism* (3rd ed.). Clevedon: Multilingual Matters.

（6）1970年代の後半に大々的に行われたAIR（the American Institute for Research）による調査もその1つですが、実は、こうした調査の信憑性は疑問視する声も多いのです。

（7）アメリカでは基本的に高校までが義務教育ですが、中途退学率は高く、2006年では、3人に1人は卒業していないといわれています。特に都市部の低所得層が集まっている地域では、中途退学率が高く、最近のある統計では、デトロイトでは卒業する率がわずか21.7%にとどまっています（EPE Research Center, 2006）。

（8）Gandara, P., Maxwell-Jolly, J., Garcia, E., Asato, J., Gutierrez, K., Stritikus, T., Curry, J. (2000) *The Initial Impact of Proposition 227 on the Instruction of English Learners*. UC LMRI. Santa Barbara, CA: University of California Linguistic Minority Research Institute.

（9）Hakuta K., Butler, Y. G., & Witt, D. (2000) *How Long Does It Take English Learners to Attain Proficiency?* UC LMRI. Santa Barbara, CA: *University of California Linguistic Minority Research Institute.*

（10）図2-4の中で移行率（Redesignation）とあるのは、LEP生徒（Students with Limited English Proficiency、ELL生徒と同義）という立場から、英語力は十分ついたとするFEP生徒（Students with Fluent English Proficiency）になったと認定された生徒の割合です。実は、この調査は、プロポジション227施行の直前に行われたため、普通クラスへの移行にかかる時間は、個々の生徒によって違っていました。プロポジション227施行以前は、ほぼ半数程度のLEP生徒が、4年以内にFEP生徒になっていたことがわかります。しかし、逆にいえば、残りの半分は4年たってもFEP生徒になっていなかったということなのです。ただし、この移行率の結果に関しては、その解釈に注意を要します。どのような形で学習英語能力を測定し、どのレベルに達すれば、FEP生徒として普通クラスで十分やっていけるかの判断基準がはっきりしておらず、実際多くの学校や学区で、認定の仕方がばらばらであり、その信憑性には大きな問題があるといわれているからです。

(11) たとえば、前出のGandara *et al.* (2000) などがこの問題に触れています。

(12)「取り出し形式のESL指導」とは、原教室での一定の教科学習の時間中に(例えば英語や社会の授業など英語学習者がついていくのが困難な教科学習時間中に)、英語学習者だけを原教室から「取り出し」て、ESLの指導を行うことを指します。

(13) United States Government Accountability Office (2006) *No Child Left Behind Act: Assistance from Education Could Help States Better Measure Progress of Students with Limited English Proficiency.* <http://www.gao.gov/new.items/d06815.pdf> より2006年9月28日取得。

(14) ただし、多くの州では、学区内での英語学習者の数が少ない場合(だいたい25人から45人以下の場合)、英語学習者だけの成績を報告せず、全体の平均点に組み込んでもよいことにしていたため、州によっては、州内の40%に当たる学区で、英語学習者のみのデータが報告されていないケースもあったといいます。

(15) テストの適応措置に関しては、以下の文献で詳しく扱っています。Rivera, C., & Collum, E. (Eds.) (2006) *State Assessment Policy and Practice for English Language Learners: A National Perspective.* Mahwah, NJ: Lawrence Erlbaum.

(16) Lenihan, C. (2007) *The Process of Offering Accommodations for English Language Learners on the PSSAs.* Unpublished master's thesis, University of Pennsylvania, Philadelphia, Pennsylvania.

❑参考文献

バトラー後藤裕子(2003)『多言語社会の言語文化教育—英語を第二言語とする子どもへのアメリカ人教師たちの取り組み』くろしお出版

Crawford, J. (1999) *Bilingual Education: History, Politics, Theory and Practice* (4th ed.). Los Angeles, CA: Bilingual Educational Services.

García, E. E. (2005) *Teaching and Learning in Two Languages: Bilingualism and Schooling in the United States.* New York: Teachers College Press.

第3章

アメリカにいる日本の子どもたち

片岡裕子

1 アメリカにいる日本の子ども：「日本の子ども」ってだれのこと？

アメリカにいる日本の子どもといっても実にさまざま。滞米期間も、得意な言語も、一様には説明できません。この章では、アメリカにいるいろいろな日本の子どもたちの背景や言語について紹介し、説明したいと思います。

「アメリカ」という言葉を聞いて皆さんは何を思い浮かべられますか。ニューヨークの摩天楼、ハリウッド、グランドキャニオン、果てしなく続くハイウェイ、そして「人種のるつぼ……」。「いや、るつぼじゃなくてサラダボウルだ」と言った人がいます。溶けあうわけじゃない、1つのボールに自分を主張しながら、形と色は保っていて、しかもサラダドレッシングのおかげでうまく混じり合い、複雑でしかもいい味をだすトス・サラダだ、と。しかし、都会に行くと、サラダというより、同じ容器に入ってはいても、混じり合わずにそれぞれの場所を主張し、独自の味を保っている、「人種のおせち料理」に近いのではないでしょうか。それに最近のおせち料理の多様なこと！　洋風、中華風、プラス折衷料理。でも、お煮しめだって健在です。まさにここロスの風景です。

そして、大都会では、多数の日本人がこのような人種や文化の多様性の一部に大きく貢献しています。例えば、外務省の2007年度の調査によると、2006年の在留邦人の数は、ニューヨークが約6万1000人、ロサンゼルスが約5万6000人、ホノルルおよびサンフランシスコ各約1万5000人と続きます。他にも日本人の多い町には、サンノゼ、サンディエゴ、シカゴ、デトロイト、シアトル、ボストン、アトランタなどがあり、全世界で在留邦人の最も多い世界の都市50のうち、アメリカの町は16を占めています。ロサンゼルスでは、日本語の新聞やラジオ番組だけでなく、日本語での対応が可能な弁護士、医者、不動産業者、銀行、クリーニング店、ペットショップ……挙げていくときりがないほどです。

では、都会を離れるとどうなのでしょうか。私が高校時代を過ごした中西部の田舎町に行くと、今でも日本人は珍しいのか振り返られます。しかし、白人しか住んでいない町を探すのは至難の業であるように、日本人の全くいない町というのも探すのは難しいのです（人口500人などというような町や村は別ですが)。大都会にも、小都市にも、田舎にも、「日本人」はいます。当然、子どももいます。

では、「日本の子ども」とは一体誰のことなのでしょう。まず「子ども」の年齢です。日本では20歳が成人年齢ですが、アメリカでは18歳です。州ごとにいろいろな法律が違うお国ですが、これだけは連邦政府のお墨付きなのです。「日本の子ども」もここでは18歳未満です。大学生になるともう正真正銘の大人なのです。

次に国籍です。たとえば日本の名字を持つ子どもに、場合によっては英語で、「君／あなた、日本人？」と尋ねてみます。そうすると、驚くほど多くの子どもたちがイエスと答えます。では、国籍は、と聞くと、「日本」「日本とアメリカ」に加えて、「アメリカ」はたまた最近は「韓国と日本」とか「日本とイタリア」とか、ありとあらゆる組み合わせが飛び出します。とにかく多種多様なのです。日本国籍を持たなくても自分は「日本人」だと思っている日系の子どももいるのです。

言葉はどうでしょうか。後で詳しく述べますが、これも多種多様です。日本から来たばかりで英語がわからずしょんぼりしているモノリンガルに、日英両語を自由自在にあやつるバイリンガル、数は少ないのですが、日独英や日韓英など３つの言語が使えるトライリンガル（trilingual）も確かにいます。日本語のできない「日本人」もいますし、中には、どちらの言語も日常会話以上は理解できず、学校が大嫌いになっていく日本の子どもも残念ながらいるのです。

2000年のアメリカ国勢調査によると、アメリカ全国に住む日本人や日系人の総数は79万6700人でした[(1)]。しかし、このアメリカ国勢調査の結果は、日本国籍の日本人と日系アメリカ人を区別していません。日本の外務省が発表しているアメリカの在留邦人（届け出をしている人のみ）の数は2000年には約29万8000人でした。残りは日系アメリカ人、あるいは届け出をしていない日本人であった、ということでしょう。外務省の調査によると、アメリカ在住の義務教育年齢の日本の子どもの数は、2006年現在で小学生１万4331人、中学生4742人、合計１万9073人となっています(2)。この数字はもちろん日本国籍を持たない日系の子どもや、在留届を出していない二重国籍の子どもたちは含まれません。

では、滞在期間にはどのようなタイプがあるのでしょうか。ここでは「短期滞在型」「長期滞在型および永住」「二重国籍を持つ子ども」「日系アメリカ人」それに別のカテゴリーとして「国際結婚家庭の子ども」を取り上げてみたいと思います。

（1）短期滞在の日本の子ども

最初に「短期滞在者」を定義しましょう。外務省は「長期滞在者」を「３カ月以上の滞在者で永住者ではない邦人」と定義しています。しかし、在留邦人の間では、一般的には３、４年は「短期滞在」、５年以上になると長期滞在と見なされていることが多いようです。ここでは、大雑把ですがアメリカ滞在５年未満のケースを短期滞在、５年以上を長期滞在と呼ぶことにします。

1970年代半ばごろから、1990年代初頭のバブル崩壊期にかけて、多数の日本企業がアメリカに進出しました。それに伴い、大量の駐在員がアメリカに派遣され、その子どもたちが自分の意思にかかわらずアメリカにやってきました。この子どもたちは３、４年の期間アメリカに滞在し、日本に帰国しました。その後数は減ったとはいえ、現在も短期滞在者は多数存在します。

短期滞在の子どもたちは、全日制の学校がある地域では「日本人学校」に通学することもありますが、ほとんどの場合は現地校に通い、別の手段で（「③ 学校と日本語」参照）日本語の維持と伸長を図ります。この子どもたちは日本帰国が決まっているため、日本語力が絶対に必要です。また、文化的にもアメリカ社会に溶け込むことが望ましいのですが、仮に溶け込めなくても数年で日本に戻れるという強みがあります。それだからといって、彼らに異国生活からくるストレスや帰国後の日本への順応に問題が全くないというわけではありません。中学、高校生になって渡米する場合は、日米どちらの大学に進学するかという問題があります。しかし、短期滞在が決まっている場合には、親も予定がたてやすくそれなりの準備や心構えがしやすいのです。

（2）長期滞在の日本の子ども

日本経済のバブルがはじけた頃から、費用のかかる短期駐在が減り、海外駐在員は5年以上、場合によっては10年も駐在するケースが増えてきました。大抵の場合、最初から10年の駐在というようなはっきりしたビジョンがあって派遣されるわけではなく、通常の短期駐在の予定だったのが、帰国予定が何度も延びて十数年になってしまったというケースが多いようです。これらの長期滞在の子どもたちは、実は一番苦労が多いのです。というのは、将来の進学予定がなかなか決められなかったり、変更を余儀なくされたりするケースはこのグループに一番多いからです。渡米当初は3年で帰国するつもりで日本語での学習に力を入れていたのに、アメリカの高校、大学に進学することになり、慌てて英語での学習に切り替えなければいけなくなったケースもあります。反対に、滞米期間が長くなりアメリカの大学進学を想定していたのに、急に日本に呼び戻されることになり、試行錯誤の末、日本での進学は断念して高校生の子どもだけがアメリカに残ったケースや、どうあっても絶対に家族が離ればなれになってはいけないと、日本での進学を目指して改めて日本語の特訓を始めたケースなど、実にさまざまな苦労話を聞いています。

（3）永住の子ども

永住の子どもにはタイプが2通りあります。まず、短期滞在予定で渡米したものが親の勤務先や職業の変更でアメリカの永住権を得た子どもたち、それから、最初から永住を目的に渡米し予定通り永住することになった親の子どもたち――いずれも日本生まれで日本で生活経験があるけれども渡米後永住することになった子どもたちです。この子どもたちも自分の意志に関係なく親に連れてこられたことには変わりがありません。渡米年齢によってかなりの違いがあるものの、将来はおそらくアメリカで進学、生活することにはなるのでしょうが、自分の意志で日本での進学、生活も可能です。長期滞在の子どもと言語環境、文化環境は似ていますが、自分の意志で将来の予定がたてやすいという意味では精神的に不安定になることが少ないでしょう。この子どもたちの中には、将来市民権をとる人も少なくないと思われます。

（4）二つの国籍を持つ子ども

二重国籍を持つのは、次のようなケースです。滞在年数や永住権にかかわらず親は日本人で、子どもはアメリカ生まれ、そして親が日本領事館に出生届を出している場合、子どもは2つの国籍を持つことになります（片親が日本人で片親が外国人というケースもとても多いのですが、これは後述します）。アメリカで生まれた者はアメリカの市民権があります。これは望もうが望むまいが「決まっている」ことで、親の国籍が何であろうと関係ありません。また、永住者は永住権取得後5年経つと市民権を申請することができるのですが、その時に親とともに市民権を得る日本生まれの子どももいます。その子どもたちは成人するまで二重国籍になるわけです。

しかし、親が短期滞在ならアメリカ生まれの子どもも日本から来た短期滞在の子どもと同じで、駐在期間が終了すれば親と一緒に帰国することになります。将来再びアメリカに来ることがあれば、アメリカ人としてのメリットがありますが、日本に帰国してしまえばアメリカの市民権はあってもなくても同じではないでしょうか。

長期滞在の場合、二重国籍、すなわちアメリカの市民権を持つ子どもたちは、アメリカで進学したり生活することになれば、永住者以上の強みがあります。例えば、アメリカ市民だけがもらえる奨学金も多数あります。市民権がなく、永住権だけを持つ永住者はアメリカで職を得ることはできても、選挙権もありませんし、他にもいろいろな制約があります。

（5）日系アメリカ人

アメリカには約80万人弱（全人口の約0.3％）の日本人、日系人がいます[(3)]。二重国籍の子どもたちも「日系アメリカ人」ですが、その他にも日系三世、四世、五世といった日系アメリカ人が大勢います。二世や一部の三世たちは日本語も多少は使えますが、日本語を一切理解しない、または話さない日系人も大勢います。三世以降になると日本に行ったことがない人はもちろん、日本にいる親戚は、会ったこともないひいおばあさんの姪のいとこだけ、などという人もいます。それでも、「あなたは日本人？」と聞かれると「イエス」と答える人が大勢います（もちろん、「アメリカ人」とだけ答える人も、「日系アメリカ人」と答える人もいます）。市民権や国籍はアメリカ、民族的には日本人、というわけです。私たちが「アメリカにいる日本の子ども」を語る時、普通は「日本語をうちで全然話さない、話せない」子どもたちは含めないことが多いのです。ですが、このような日系人の子どもの中にも自分のルーツを探るため、また将来役立てるために日本語を一生懸命学んでいる子どもたちがたくさんいることを忘れてはいけないと思います。

（6）国際結婚家庭の子ども

岸本俊子氏[4]は国際結婚で生まれた子どもたちを「国際人」と呼んでいます。「国際人」という言葉を辞書[5]で引くと、「（1）広く世界に活躍している著名な人。（2）教養や語学力があって、世界に通用する人」と書いてあります。定義にない別の使い方を勝手にしてはいけないのかもしれません。しかし、これらの子どもたちを指すのにこれほど適当な言葉はないような気がします。

日本で使われてきた「ハーフ」という言葉は、人格の半分を否定されたように感じる、自分は半分だけの人間ではなく２つの言葉と文化を持って生まれて育ってきたのだから「ハーフ」ではなく２倍の「ダブル」である、これからは堂々と「ダブル」と呼ぼう、と呼びかけたドキュメンタリー映画がありました[6]。映画は非常によかったのですが、そして「ダブル」という言葉に共感をおぼえる人は今も大勢いるのですが、半分日本人の子どもを２人持つ私はこの言葉は個人的にはちょっと引っかかります。英語のdoubleという言葉には「代役」とか「替玉」という意味もあるからです。

中学生になって、日本の中学生、高校生たちとチャットをし始めたわが家の上の息子は、自分がハーフだと言うととてもモテることに気がつき、当時は顔の見えるビデオチャットができなかったのをいいことに、書きまくりました。そしてモテまくり、そのおかげで日本語がかなり上達しました。日本の女子高生たちは、「ハーフ」という言葉だけで白人と日本人との混血だと、まあ彼の場合に限っては正しく、理解していたようですが、実は日系ハーフには本当にいろいろな組み合わせがあります。知り合いや私の学生だけでも、ヨーロッパ系（ドイツ、イタリア、ロシア、ポーランド、ハンガリー、それらの組み合わせなど）、アフリカ系、ラテン系（メキシコ、アルゼンチン、ペルーなど）、アジア系（パキスタン、サジキスタン、中国、韓国、フィリピン、ベトナム）などのアメリカ人、それにアメリカ人ではないヨーロッパ、アフリカ、アジア、北中南米諸国の人々との場合もあります。今の日本で一般的に使われている「ハーフ」という言葉の概念はこれらの一部の人々を含んでいないようなので、やはり別の言葉がいると思うのです。

そんな時に岸本氏が提唱した「国際人」には、新しい定義が必要ですし、「真の国際人」ではない「国際人」がいたりして（！）事態を混乱させるだけ、と言われれば確かにそうなのですが、捨てがたいものがあります。

これらの「日系国際人」は、アメリカに何人いるのか、はっきりわかっていません。また、このうち、日本語が使える子どもたちの人数も全くわかっていません。しかし、教師や研究者の報告を読んだり(7)各地の補習授業校や日本語学校、中学・高校の日本語のクラスを訪ねて観察したりしたところでは、「日系国際人」の数は確実に増えています。また、これらの「国際人」のバイリンガリズムや日本語習得に関しては、他の日本の子どもたちとは違った特徴があるのですが、データを伴った研究はまだ少ないのです。「アメリカにいる日本の子ども」たち全員のために、これらの「国際人」の子どもたちのことを調べ、理解していかなくてはいけないと思います。

2 言葉：「アメリカに行けばバイリンガルになれる」はウソ？　ホント？

「アメリカに行けば日本語も英語もペラペラになるよ。バイリンガルになれるよ。〇〇ちゃん、アメリカに行くんだって、いいねえ！」といわれて渡米した子どもはたくさんいます。ですが、現実はそんなに甘くありません。アメリカで生活したからといって皆が英語と日本語が同じように使えるようにはならないのです。そういう意味では「アメリカに行けばバイリンガルになれる」というのはウソです。それでも、アメリカで3年ぐらい生活して毎日アメリカの学校で勉強すれば、子どもはだれでもかなり英語が使えるようになります。だから、「アメリカに行けばバイリンガルになれる」というのは本当です。

ちょっと矛盾したようなことを言ってしまいましたので、ここで少し詳しくお話します。アメリカに来た年齢と滞在期間によって、また人によって違いがありますから、決めつけることはできませんが、普通は英語と日本語が全く同じように使えるようにはならない可能性が高いのです。大抵の場合は、英語か日本語かどちらかが強くなって、どちらも楽に使えるけれども全く同じようには使えない、というケースが多いのです。そして、英語も日本語も同じように使えなくなる可能性だって大いにあるのです。

ここまでで、ほとんどの読者の皆さんを混乱させてしまったと思うので、もう少し説明しましょう。

まず「バイリンガル」の定義ですが、中島和子氏が言っているように[(8)]この言葉を定義するのは非常に困難です。大抵の研究者は、自分はこの定義を使う、というように、但し書きを付けます。

一番単純な定義は、「2つの言語が使える人」です。この定義ではどのぐらい上手に使えるかは問題ではありません。先ほどの中島和子氏は「2つのことばをきちんと使い分ける力を持った人」（中島, 1998, p.2）と定義しています。言語習得や言語教育の専門家ではない人の漠然としたバイリンガルの定義は大抵、「2つの言葉をどちらも母語として全く同じように使える人」、すなわち、日本語は日本人のように、英語はアメリカ人のように、しかも2つの言語が同じように高いレベルで使える人、ということになっているようです。実はそのような人は本当にまれです。

どちらの言語を用いても年齢相応の言語活動ができ、また知識が吸収できる程度のバイリンガルを「2言語高度発達型バイリンガル」「バランス・バイリンガル」、あるいは「プロフィシェエント・バイリンガル」などと呼んでいますが、このタイプのバイリンガルの子どもたちは、かなりいると思われます。「年齢相応」といっても幅があるので、どちらかの言語がもう一方より弱いことは問題ではありませんし、大抵どちらかの言語がもう一方より強いのが普通です。「どちらも母語としてその国の人たちと同じように、しかも２つが同等に使える」というようなものではありません。

大抵のバイリンガルの子どもたちは一言語がもう一言語よりかなり強いバイリンガルになります。日本から渡米する小学校以上の子どもはまず日本語をある程度習得し、その後英語を学びます。これは「継起バイリンガル」、または「後から加える」という意味で「アディティブ・バイリンガル」などと呼ばれますが、その際、片方の言語が年齢相応レベルで、もう一方がそれには及ばないケースを「パーシャル・バイリンガル」といいます。実はこのタイプのバイリンガルは子どもにとってはとても「健康的」だといわれています。

どちらか１つの言語が確立していないうちにもう１つの言語が入ってくると、どちらも年齢相応に習得できない「リミテッド・バイリンガル」(「セミリンガル」とか「ダブルリミテッド」ともいわれます）になる可能性があります。年齢の低い小学校低学年の子どもの場合には特に注意が必要だといわれています。

リミテッド・バイリンガルの子どもたちは、どちらの言語も年齢相応ではないので、学校の授業が理解できなかったり、教科書が読めなかったりします。「読めない」というのは声に出して音読するという意味ではなく、内容がわからないということです。たとえば日本語の場合、教科書はそのままでは「読めない」けれど漢字にふりがなをつけたら「読める」から大丈夫とよくいわれるのですが、これは大きな誤りです。ひらがなの一字一字を音として声に出すのと、言葉の意味や内容を理解するのとは全く違うのです。

内容の理解が日英どちらの言語でもできないと、新しい知識を何も吸収することができません。このような子どもは、大人になっても普通の人なら問題なくわかることやできることができなくなります。ひどいケースだと生活にも支障をきたします。程度がそれほどひどくなくても、どちらの言語も弱い子どもたちは10人に１人とも20人に１人ともいわれています。私が数年前にアメリカの補習授業校で行った共同研究(9)では、「予備軍」

も含めてリミテッド・バイリンガルの小学校４年生から中学校３年生の子どもたちが約７％いました。

リミテッド・バイリンガルの例を挙げましょう。これはアメリカではなかったのですが、私の息子の友人の話です。小学校４年生の男の子でしたが、４、５歳の時にある英語圏の国に行って、現地校に入学したのです。その国では、確か入学や編入時に英語の試験がなかったように記憶しています。その子は最初から学習についていけず、先生からは何度も注意をされたそうですが、家庭言語は日本語で、「日本語が話せるからまあいいわ、そのうち日本に帰るんだし」とお母さんは言っていました。私がその子に会ったのは、滞在が４、５年に及んでその子が９歳の時でした。他の日本人の子どもたちと話しているのを聞くと、何を言っているかわからないことが多いのです。その子は言われていることはわかるようなのですが、彼の言っていることは他の子どもたちもその場の状況から判断しなくてはならない様子でした。お友だちとのコミュニケーションはとれていないようでした。典型的なリミテッド・バイリンガルの例だといえます。お母さんは毎日一緒に暮らしているので彼の言うことも理解でき、問題に気づかなかったのでしょう。その年の終わりに帰国したのですが、日本の学校で大変困っているという手紙をもらいました。その後連絡が途絶えてしまったのでどうなったかはわからないのですが、親子とも大変苦労したことは間違いありません。

このような状況をつくらないためには、常に両言語の発達状態を親が把握しておく必要があります。現在アメリカ在住の方はここで、「じゃあうちの子は何リンガルなのだろう」と心配なさるかもしれません。どうすれば子どもが問題のある「リミテッド・バイリンガル」かどうかがわかるのでしょうか。まず、アメリカの学校に行く場合、ほとんどの学校区では第一言語が英語ではない子どもは入学時または編入時に英語のテストを受けます。アメリカ生まれで家庭言語が英語ではない場合も同じです。その結果年齢相応の英語力があると判断されれば問題ありませんし、されなければ英語を集中的に学ぶクラスに入ることになります。その後英語力がついてきて英語で授業を受けても大丈夫との判断が下されると、普通クラスに編入されることになります[(10)]。一度普通クラスに入ってしまえばその後は心配無用かというと、必ずしもそうではありません。どの州でも毎年、あるいは数年に１回、英語（国語としての英語）のテストがあります。このテストの結果があまりに低いようだと、これは言語力の問題かもしれないと疑ってみる必要があります。

日本語に関しては、言語能力を定期的に調べてくれる補習授業校や日本語学校は、残念ながらアメリカでは皆無に近いのが現状です。学校によっては漢字テストや国語の実力テストを毎年行っていますが、漢字テストだけでは日本語力は測れませんし、国語のテストはしばしばクラスで学んだ内容が問われますから、日本語力のテストとは同じではありません。特に一般の補習授業校は、長期滞在や永住の子どもが増えてきたにもかかわらず、日本人の子どもであるからには日本語は当然日本人並にできるということを前提にカリキュラムを組んでいます。そのため、生徒の日本語力のレベルを調べてもらうことは、そのために適したテストが存在するにもかかわらず、現在のところ不可能に近いのです。家庭で親が注意して、学校での成績なども考慮に入れながら、観察していくしか方法がないのかもしれません。保護者の会などが学校に日本語の言語能力テストを実施してくれるよう、お願いしてみるのも一案です。

３ 学校と日本語：どうやって日本語力を伸ばすの？

将来、日本での進学を予定しているのなら、日本語力を維持するだけではだめです。たとえば７歳で渡米して、10歳までアメリカで生活するとします。日本語を全く忘れないように頑張って帰国すると、その時の日本語力は７歳のままで、学年レベルより３学年下です。今までの研究[11]では日本語力が２学年下までの場合は、帰国後その遅れを取り戻すことが可能だといわれていますが、３学年の差がついてしまうともう手遅れです[12]。日本で同じ年齢の子どもたちと机を並べて同じ学習内容を理解し自分のものにするだけの力はありません。ということは、アメリカにいる間も日本語力を維持するだけではなく、伸ばしていかなければいけないわけです。では、どこでどのように日本語を伸ばしていけばいいのでしょうか。アメリカは地理的にも文化的にも大きい国ですから、アメリカのどこに住むかによってその方法や手段も限られてきます。地域も含めて１つずつ見ていきましょう。

（１）全日制日本人学校

アメリカには現在シカゴ、ニューヨーク、ニュージャージー、ロサンゼルスに公立、私立５校の全日制日本人学校があります。そこで学ぶ小・中学生の数は2006年現在462人でした[13]。アメリカの文化や社会をあまり体験することなく帰国することになりますが、絶対に年齢相応の日本語レベルを保つ必要がある場合（たとえば１年間現地校に通った結果、日本語力が著しく落ちたことがわかった、長期滞在になるが種々の理由で受験進学は日本でなくてはならない、などの場合）や、現地校の教育が何らかの理由で子どもにも親にも受け入れられない場合などは、全日制を選ぶことになるでしょう。日本語、日本文化環境で１日を過ごすことになるので、英語の習得やアメリカ文化を経験することは難しく、プロフィシェント・バイリンガルになることもまず無理だと考えた方がよさそうです。

（２）日本語補習授業校（「補習授業校」）

海外子女教育振興財団によると、2007年現在、アメリカには90校の日本語補習授業校があり、そのうち82校が授業を行っています。規模は、1500人の児童生徒数を誇る世界最大のロサンゼルス日本語補習授業校から、全学年あわせて20人ほどの補習授業校までさまざまです。原則的には生徒数100人以上の補習授業校では日本からの「派遣教員」が学校の管理、現地の教師の指導に当たります。小規模校では現地の日本人教師が協力し合って、大抵の場合は日本の文部科学省の学習指導要領に基づいた指導を行っています。日本の学校の全科目を教えることはなく、多い場合でも国語、算数（数学）、理科、社会の４教科だけで、国語と算数（数学）、または国語だけという学校も多数あります。子どもたちは平日に現地校に通いながら土曜日には補習授業校に通います。土曜日１日で１週間分の授業内容をこなすわけですから、宿題も多く、親も子どももかなりの覚悟がなくてはやっていけません。また、安全当番、図書係など親の仕事もたくさんありますから、保護者がそのような仕事と関わりたくない、または関われない場合は補習授業校に通わせるのは無理があります。

元来の補習授業校の目的は海外に出た日本人子弟が帰国後スムーズに日本の学校に戻ることができるようにというものでした。ところが今は、学校によっては海外駐在家庭の子どもが95％以上の学校から、永住または十数年に及ぶ長期滞在者でアメリカ生まれの子どもたちが70～80パーセントを占める学校までさまざまな補習授業校があり、それぞれに問題を抱えています。たとえば学習指導要領に沿った単一の授業だけをしている学校が学習目的や日本語力の差を考慮せずに児童生徒を受け入れたり、アメリカでの事情を全く知らされずに渡米した派遣教員が、帰国後の受験対策ができていないと親に詰め寄られたり、例を挙げていくときりがありません。

それでも補習授業校は現地校に通いながら高度の日本語を維持、伸長し、日本語で学習できる貴重な場です。補習授業校に通ったほとんどの親と子が行ってよかったと感じているようです[14]（そう感じていない場合はやめているのでしょうから、その人たちの意見は知ることができないのですが）。また、補習授業校で学習している子どもたちの日本語力は、渡米年齢や滞米年数などによって伸び率に大きな差があるものの、間違いなく伸びています。もし渡米時にまだ年少の子どもが「プロフィシェント・バイリンガル」になれるとしたら、現地校＋補習授業校という組み合わせは一番その可能性を高めてくれるともいえるでしょう。

（3）土曜日本語学校（「日本語学校」または「継承語学校」）

日本語学校は昔から日系人の多いカリフォルニアやハワイなどに集中しています。そのため、その他の地域の子どもたちには縁のない存在なのですが、日本語学校の多い場所に日本人が多いのも事実です。日本語学校で幼稚園から高校卒業まで日本語を学習してきた大学生には、かなり日本語力の高いケースも多いです。

日本語学校の創立は古く、日本人移民の多かった19世紀末から20世紀半ばにかけて日本語や日本文化を忘れてほしくないと考える親の努力によってできたものです。移民は大抵三代目になると言語を失うといわれており、三世・四世の日系人でプロフィシェント・バイリンガルの子どもは皆無に近いといっていいでしょう（ただし、大人になるまで、あるいは大人になって日本語を学習し、バイリンガルになった日系人はたくさんいます)。家庭で日本語を話さなくなった日系人の中にも、日本語や日本文化の継承を希望して日本語学校に子どもを通わせているケースも多くあります。このような日本語学校を「継承語学校」と呼ぶこともよくあります。

学校によっても違いはありますが、日本語学校の生徒はさまざまです。まず長期滞在型、永住型の日本の子どもです。親は日本人でも子どもはアメリカ生まれで、日本に帰る予定もないけれど日本語や日本文化は知っておいてほしい、また知っておくと有利だからと、日本語学校に子どもを通わせる場合があります。国際結婚の家庭で、日英両言語または英語だけで会話をしており、それだけでは日本語が話せなくなるので通わせている場合もあります。このようなケースでは補習授業校に子どもを通わせる親もたくさんいるのですが、補習授業校は現地校との両立が大変なことや、補習授業校によっては日本への帰国予定のない子どもは居づらい場合などもあり、日本語学校を選ぶ親も多いのです。

家庭では全く日本語を話さない子どもたちもいます。親が二世、三世、場合によっては四世、五世で、自分たちは日本語が話せないけれどもせめて子どもだけは日本語が話せるようになってほしい、日本文化を継承してほしいと通わせるケースはよくあります。また最近では親は（片親または両親とも）日系ではないけれども幼い時から日本語を学ばせておくと将来有利であるからと入学させるケースも多くなっています。それだけではありません。日本のポップカルチャーやアニメなどの大ファンで、学校で日本語を勉強したいけれど自分の通っている学校には日本語のコースがないからと、子ども自らやってくる日系人や非日系人の中高生、日系企業とのビジネス関係ができたので少なくとも片言の日本語ぐらいは話せるようになりたいとやってくる大人たち……今の日本語学校は大混乱です。嬉しいのか嬉しくないのかわからない悲鳴を上げている学校もあります。1つのクラスでこのような生徒たちを教えることは不可能に近いですから、年齢別ではなく日本語能力別のクラスを作ったり、学校の特色を出して「外国語としての日本語学校」と銘打っているような学校も出てきていますが、問題はまだまだ山積みです[15]。

では、日本から来た子どもたちはどうでしょうか。数は少ないのですがそのような子どもも確かにいますし、日本語学校で日本語維持を図ることも可能です。学習範囲が日本語「で」教科を学ぶのではなく日本語「を」学習することに限られ、補習授業校よりも宿題なども少ないので、土曜日に行われるスポーツを含め現地校との両立が易しいことから、英語を中心としたアメリカでの進学を考えている場合には、よい選択かも知れません。

日本語学校のない地域の場合は、補習授業校が日本語学校の役割をも果たしているところが多く、そのために子どもたちの日本語力の差が激しく苦労している補習授業校も少なくありません。また子どもたちもそのような補習授業校では苦労しています。双方のために、何らかの改革がなされることを期待するものです。

（4）公立／私立小、中、高校日本語クラス

現地校にどっぷり浸かってほしいけれども家庭外では全く日本語を話さないのも心配、補習授業校や日本語学校に入れたいけれど遠すぎる、というケースも残念ながらあるでしょう。しかし現地校に日本語のプログラムがある場合には、それを利用する手もあります。小、中学校で日本語を教えている学校は非常に少なく、初級レベルなので「日本語維持」「日本語伸長」には役には立ちません。全国に10数校、イマージョンプログラムやバイリンガルプログラムなど、幼稚園から日本語を媒介として授業を行っている学校もありますが[16]、数が少ないこと、地域的に限られていることなどから誰もが利用できるとは限りません。

ところが、高校になると事情が少し変わってきます。日本と違って高校は4年間というところが多く[17]、日本語も最近は先生方の努力によって4年間学習できるところが増えてきました。もちろん、どの高校に行っても日本語が教えられているというわけではないのですが、4年間のプログラムがある場合、4年生のクラスに入ったり、あるいは教師の助手のような形でクラスに参加することができるケースがほとんどです。4年生の日本語といっても日本人から見るとレベルはたいしたことはありません[18]。ですが、日本語教師との会話を通じて日本語を使う機会ができ、アメリカ人生徒を手伝うことによって日本語の文法を知り、英語と比較することによって言語とはどういうものかを知ることができるという利点もあります。

また、高校教師によっては、個人的に高いレベルの教材を用意して個人学習をさせてくれる場合もあります。いずれにしても、高校の外国語の単位として認めてくれるところがほとんどですから、日本の子どもにとっても利用価値は大といえます。

（5）学習塾[19]

地域によって差がありますが、ロサンゼルスやニューヨークのような大都市では学習塾で日本語による教育を受けることができます。補習授業校に通う代わりに塾に行く子どももいますし、補習授業校に通いながら塾に通う子どももいます。この子どもたちは帰国後の受験に備えて塾に通います。補習授業校の学習だけでは受験には心もとないと考える場合はよく塾を利用しているようです。

日本帰国を前提としない子どものために、アメリカでの進学の準備を目的としたプログラムを持つ学習塾もあります。このようなプログラムは主に、日本語が確立した後、中学校ぐらいの年齢で渡米し、アメリカでの大学進学を決めた生徒のためのものです。まだ英語力が少し弱いのでSATやACTと呼ばれる統一試験の点を上げたいという生徒、あるいは外国人留学生として入学するために必要なTOEFLという英語の試験の準備をしたい生徒のためのプログラムです。

（6）家庭教師：他人？　親きょうだい？

日本人のあまり行かないところ、特に小都市や小さい町などに滞在する場合には、補習授業校も塾もないことがほとんどです。他にどのような手段もない場合には、近辺に住む日本人、近くに大学があれば日本人留学生（どこの大学にも必ずといっていいほどいます）などにお願いして家庭教師をつけることになります。補習授業校に通っていてもその上に家庭教師をつける家庭もあります。日本のように家庭教師を派遣してくれるような会社は皆無に近いので、自分で探すしか方法はありません。アメリカで生活する日本の子どものことをよく理解している家庭教師が見つかれば、日本語での学習は半分成功したようなものでしょう。

家庭教師を頼める日本人もいないところではどうすればいいのでしょう

か。通信教育という手もありますが、受験や日本の学習内容に関係なく日本語維持・伸長を目指す場合には親が家庭教師となってマンツーマンでやっていくしかないかもしれません。これは大変なことですが、それでも立派に子どもの日本語力を育てたケースをいくつも知っています。いずれもアメリカの大学に進学した子どもたちですが、共通していえることは親がしっかりした計画を立て、嫌がる子どもをあの手この手で勉強させた、本をたくさん読ませた、などという点でしょう。「子どものときはお母さんが家中で一番嫌いだった、でも今はものすごく感謝している」という学生に何人も会ったことがあります。反対に、「僕がいくら嫌がっても、母があきらめないで勉強させてくれていたらよかったのに！」という実に身勝手な学生も何人も知っています。将来絶対に感謝されるという保証はありませんし、子どもの性格によっては良い結果が出ないかもしれませんが、子どもの様子を見ながら試してみる価値はあると思います。

④ 期待できる日本語力と英語力

先に「② 言葉」で日本語と英語が同時にできるようになるのは容易なことではないと言いました。しかし、日英両言語が同等にできなくても、年齢相応の知識を吸収できるだけの２つの言語力を身につけることは大いに可能です。ただ、知っておかなくてはならないことは、言語は習得する過程にも、習得度にも個人差があり、その差は非常に大きいということです。

二言語の習得は、渡米年齢にもアメリカでの滞在期間にも影響されます。アメリカで生まれたり、生まれて間もなく渡米した場合と、小学校の高学年で渡米した場合では二言語習得のパターンが全く違います。滞米年数は長くなればなるほど英語力は向上しますし、日本語力は伸びが遅くなる傾向にあります。また、小さいうちに習得した言語は、しばらく使わないと消えてしまいます。たとえば、３歳で渡米して６歳で帰国した場合、アメリカの保育園や幼稚園に通って英語で生活できるようになっていても日本に帰ってしばらくすると、英語は全部忘れてしまいます。同様に、同じような年齢で渡米した場合、日本語を家でも使わず、学校も現地校だけで日本語による学習を全くしないと、日本語を全部忘れてしまうわけです。

家庭言語環境の違いも二言語習得に大きく影響します。日本語以外の言語は全く使わない家庭と、親が日本語で話しかけても子どもは英語で答える家庭、また親子は日本語で会話をしていても兄弟姉妹とは完全に英語で話す家庭では、子どもの二言語能力も違います[20]。子どもが両言語を使いこなせるようになるためには家庭での言語をきちんと使い分けていくことも重要なポイントです。これについての詳しい話は第５章、第６章などに詳しく述べてあります。

5 まとめ

この章では、一言で「日本の子どもたち」といっても、その生い立ちや生活・言語環境は多岐にわたり、ケースバイケースでみていかなければならないことをお話ししました。また英語も日本語も「できる」バイリンガルとはどういうことなのか、アメリカではどこで日本語の学習をすることができるのかについても簡単にまとめてみました。自分の選択とは関係なくアメリカに連れてこられる子どもたちも、アメリカで「日本人」として生まれてくる子どもたちも、２つの言語と文化を身につけることでより豊かな人生を送ることができる可能性を持っています。この可能性を無限に伸ばしてあげられることを願ってやみません。

【注】

（１）2002年発行の国勢調査のアジア人口レポート <http://www.census.gov/prod/2002pubs/c2kbr01-16.pdf> の９ページによります（この数字は、民族的背景に「日本」のみを選んだ人の数で、日本を含む複数の国を選んだ人を含めると、約114万9000人になります）。また、平成18年の外務省海外在留邦人数調査統計 <http://www.mofa.go.jp/mofaj/toko/tokei/hojin/07/pdfs/1.pdf> では、アメリカ合衆国在住の海外在留邦人は約37万人になっています（2006年10月１日現在）。その内訳は、長期滞在者数約24万7000人、永住者約12万3000人です。

（２）外務省「海外在留邦人子女数統計」<http://www.mofa.go.jp/mofaj/toko/tokei/hojin_sj/index.html> の平成18年版および17年版から類推しました。

（３）2000年度の国勢調査：Profiles of General Demographic Characteristics 2000 Census of Population and Housing United States 2000 Issued May 2001 <http://www.census.gov/prod/cen2000/dp1/2kh00.pdf> によります。

（4）南カロライナ州クレムゾン大学。本書の第7章担当。

（5）InfoSeek マルチ辞書 <http://dictionary.www.infoseek.co.jp/> によります。

（6）Regge Life 氏監督の『ダブルス（*DOUBLES: Japan and America's Intercultural Children*）』という映画。英語版（1995年、58分）と日本語版（1998年、83分）があります。

（7）ダグラス昌子、片岡裕子（2003）「全米日本語学校ネットワーク会議議事録」AATJ

（8）中島和子（1998）『バイリンガル教育の方法—地球時代の日本人育成を目指して』アルク、p.2.

（9）第6章参照。

（10）詳しくは第2章参照。

（11）小野博（1989）「海外帰国児童・生徒の英語と日本語語彙力の変化」『異文化教育』3号、アカデミア出版、pp.35-51.

（12）バイリンガルとして手遅れという意味では決してありません。また、将来第二言語として日本語を学習することにより、実生活に役立つレベルの日本語を習得することは問題なくできるのが普通です。

（13）外務省ホームページの「海外在留邦人子女数統計」平成18年版 <http://www.mofa.go.jp/mofaj/toko/tokei/hojin_sj/pdfs/18.pdf> によります。

（14）『月刊海外子女教育』2006年5月号（<http://www.joes.or.jp/special/backnumber/backnumber04.htm> より入手可能）および第5章参照。

（15）国際交流基金ロサンジェルス日本語センターBreeze No. 22 (Spring, 2001) の「南カリフォルニア日本語学園教師会議とアンケート結果分析報告書」<http://www.jflalc.org/download/publication/BREEZE22.pdf> を参照。

（16）国際交流基金ロサンゼルスのホームページの「Japanese Immersion Programs」<http://www.jflalc.org/?act=tpt&id=159> にリストがあります。

（17）州や学校区によっては3年間というところもあるのですが、小学1年生から数えて9年生をフレッシュマン、10年生をソファモア、11年生をジュニア、12年生をシニア、という呼び方は全国共通です。4年間の高校では9年生から12年生が在籍し、3年間の学校では、それが10年生から12年生の生徒になります。日本のように全国一律に6・3・3制ではなく、州や学校区によって、5・3・4制、6・2・4制などの組み合わせがありますが、9年生からがフレッシュマン、すなわち高校生とみなされることはどの学校にいても同じです。9年生は日本の中学3年生にあたりますが、アメリカの学校は9月から始まるので、生まれ月によっては日本の中学2年生でも9月から高校に通うことになります。

（18）高校で4年生まで日本語を勉強すると日本の小学校何年生レベルになるのですか、

とよく聞かれるのですが、母語として習得した言語力と学校で学習した言語力を比較することは無理があります。会話能力に関しては４歳児ほどの力はないかもしれませんが、漢字は小学校２年生レベルはあるかもしれないというようなことです。もちろん日本の小学校で習う漢字とアメリカの高校生の習う漢字とは全く違います。

(19) インターネットは州名＋日本語＋学習塾などで検索してください。

(20) ダグラス昌子、片岡裕子、岸本俊子（2004）「継承語学校と日本語補習授業校における言語背景調査」『国際教育評論』１号（東京学芸大学）参照。

❑参考文献

Lighthouse ロサンゼルス版「アメリカで暮らす：子供の教育相談」<http://www.us-lighthouse.com/kyouiku/list.html>

中島和子（1998）『バイリンガル教育の方法―地球時代の日本人育成を目指して』アルク

第2部

英語と日本語——2つの言語の間で

写真提供レイ・コールマン氏

第4章

2つの言葉で育つということは
－話し言葉と書き言葉の獲得について－

ダグラス小川昌子

1 はじめに

保護者の仕事の都合で海外に出る、あるいは日本に来て母語以外の言葉との接触を始める子ども、および国際結婚による二言語同時接触の子どもの数が増加の傾向にあります[(1)]。この子どもたちの言語を含めた健やかな成長を育むためにどうすればいいのかという問題が、バイリンガル教育、そして親の言葉を外国の地で継承していく子どもたちのための継承語教育で語られ始めました。バイリンガルを育てるために親や教育者を含めた大人たちは、自分の一番強い言葉だけを話すという「一人一言語の原則」や、「母語・継承語保持発達の必要性」という言葉が、専門書だけではなく、一般読者対象の雑誌（たとえば、アメリカで発行されているライトハウスやブリッジ USA）にも登場するようになりました。また、バイリンガルを理解するために保護者や教育者用に「よくある質問とその答え」をまとめた本が出ています[(2)]。日本語文献では、言葉の発達と教育について、平易な文体でわかりやすく書かれた解説書や、諸研究の結果に基づいた専門書[(3)]や、子どもの発育全般を扱い、かつその中に日本語を外国生活の中で発達させる方法を詳細に記述した育児書となるものや、海外赴任の家庭を対象に日本語の維持発達をさせるためのアドバイスを簡潔にまとめたパンフレット（海外子女教育振興財団）などがあります[(4)]。

これらの参考書はどうすれば母語・継承語の発達を援助できるかを知る上で貴重な情報源となっています。けれども、それに加えて、子どもたちが2つ目の言葉に接触した時に、どのような困難点に遭遇するのか、2つの言葉がどのように影響しあうのか、またどういう過程を経て言葉が獲得されていくのかを保護者や教師がよく理解していることも母語・継承語発達を援助する上で必要だと思われます。本章では、言葉の獲得が、話し言葉から、それを仲介として書き言葉へと発達していく過程に焦点を当てて、子どもたちの言葉の発達を考えてみたいと思います。そして、外国生活の中で、日本語の獲得を支援するときに気をつけたい点にも触れたいと思います。

2 ある日突然言葉が使えなくなったら

ある日突然、2つ目の言葉での学校生活が始まる時、子どもはどのような体験をするのでしょうか。これは、11歳で母国ハイチを離れ両親が移住しているニューヨークに渡り、その日から英語での学校生活を始めた少年の話です。生活言語がある日突然変わった時の、子どもにとっての衝撃がどのようなものかを理解するための一例として取り上げてみました。なお、書面の都合上6ページあった英語の原文を短くして紹介します(5)。少年の母語はクレオールというフランス語がハイチで現地語化した言葉で、少年はハイチの学校ではフランス語のクラスを取っていました。また、母国ハイチでは、知的好奇心旺盛、活発、先生からの信頼も厚く、クラスでも人気者の少年でした。少年は、7年前に出稼ぎのためアメリカに移住した両親に呼び寄せられアメリカに行くことになりました。話は両親に付き添われてアメリカの学校に初登校したところから始まります。

> その日少年は、一張羅を身につけ、両親に付きそわれ、大きい中学校の門をくぐった。内心はビクビクしていたが、ピンと背を伸ばし堂々と振る舞おうと努めた。両親と一緒に新しい洋服を買いに行った店で聞いた英語は、ごちゃ混ぜの音としか聞こえなかった。全然理解できない言葉を耳にするのは不思議な感じがし、家に帰って自分の言葉であるクレオールに戻ったときは安堵感をおぼえた。入学手続きをするために担当の部署に両親と行ったとき、そこでは誰もクレオールを話さないことがわかった。両親も学校や先生に違和感を感じているのを少年は感じた。アメリカに7年滞在しているとはいえ、両親が学校の手続きの書類に目を通し、子どものパスポートに関する質問に答

え、学校区の居住証明をすることは簡単なことではなかった。（途中省略）

入学手続きが終わり、フランス語の先生に付き添われクラスへと向かうが、その間、帰宅のバスの乗り場、1日の学習時間割、体育の時間の服装、昼ごはんを買うお金など一度にいろいろなことを説明されたが、先生のフランス語がよく理解できなかった。クラスには、ハイチやその他聞いたこともない国から来た生徒たちがいたが、みな、初めて英語を勉強する生徒たちだった。先生はとても親切だが、友だちのように振る舞い、教え方はハイチの学校の先生とは全く違っていた。英語の後は数学、科学、歴史、体育と続いた。何もかもがわからなくて、混乱だけが渦巻いているような感じだった。5～6日経っても、何が起きているかさっぱりわからなかった。感動をうけたり、成功感を味わうはずの学校生活が、いまやただ恐ろしいものになってしまった。いつも励まし、自信をつけてくれるはずの先生が、いまや不可解で、時として笑っていてもユーモアを言っても変に感じられる。こんな中で自信や自分を大切に思う気持ちがもろに崩れていった。（途中省略）

ハイチの学校では、先生の言うことを聞き、先生に従い、先生を尊敬することが大切だと教えられ、そのとおりに振る舞い、自分は優等生だった。言われたことは全部暗記し、尊敬を表すために、先生と話す時は、頭と目線を下げて話をした。ところがアメリカの学校では、他の生徒の振る舞いを真似したつもりでも、うまくいかない。必死で先生への尊敬の気持ちを表そうと、目線を下げるといつもに増して先生の叱りかたがひどくなるように感じられる。（途中省略）

少年がフランス語の先生の部屋に入ってきた時、その先生は、少年がいつもみせていた明るさが消え去っているのを感じた。4週間前に入学した少年とは別人のようになっていた。いつも微笑みの絶えなかった顔に涙が伝い、口元はゆがみ、絶望のふちに立たされた少年の嗚咽がもれた。体を震わしながら、絞るように少年は言った。

「誰もこの学校では僕がいい人間で、いい生徒だということを知らない。誰も僕が国では、クラスで一番の優等生だったということを知らない。誰も僕が歌が上手で、ギターが弾けて、絵が描けることを知らない。誰もどんなに僕が僕の国や友だちを恋しく思っているか知らない。この学校では、僕は絶望と自分を恥ずかしく思うことの他は何も感じない。学科の中で一番得意な筈のフランス語のクラスでも僕はただ恥を感じるだけだ」

自分の言葉がある日突然使えなくなり、聞いたこともない言葉で勉強することを強いられること、文化の違いで正しいと思ってしたことが理解されないことの辛さをまず理解していただきたいと思い冒頭に少年の話を挙げました。11歳の少年だから自分の気持ちをこの様に言葉で表すことができたので周囲の大人が気がついたのですが、年少の子どもたちには同じ気持ちを経験していても、それを言葉でうまく誰かに伝えることはとても難しいことです。日本を出てアメリカで学校生活を始める子どもたちも、この少年のような経験をするだろうと思われます。保護者として、また周りにいる大人としては、このような辛い経験をできることならさせたくはないのですが、２つの文化間、言語間を移動する場合、これは避けられない問題です。けれども、こういう問題があること、そして子どもたちが２つ目の言語を獲得していく大変さを大人が知っていることで、子どもたちへの実質的、または精神的な支援のし方が変わってくると思われます。

次の節では、二言語の環境におかれた子どもたちの言語獲得の過程を見たいと思います。以下、言葉の習得の順に従い、話し言葉の獲得、そしてこれを土台に発達する書き言葉の獲得（特に読みに焦点を当てて）の２つの項目に分けて考えていきたいと思います。ここでは、言葉の獲得において重要な就学前の子どもに焦点を当てて考えていきたいと思います。

③ 子どもたちはどのように言葉を獲得していくのでしょうか

子どもたちが経験する二言語の獲得過程には、２種類あります。異なる言語を話す両親のもとに生まれた子どもたちは、誕生直後から２つの言葉の同時獲得が始まります。これを「同時バイリンガル」と呼びます。

また、冒頭の話のハイチの少年のように、生まれたときは１つの言葉

同時バイリンガル

継起バイリンガル

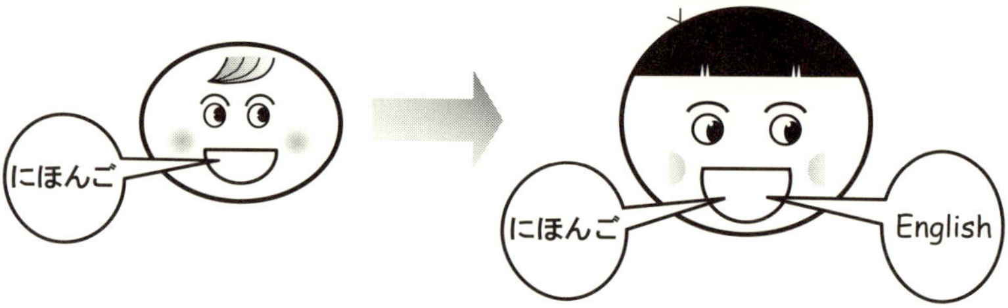

だったのに、ある時突然よその国に行き、その国で使われている言葉を２つめの言葉として獲得していく場合もあります。これを「継起バイリンガル」と呼びます。どちらの場合も２つの言葉を獲得していくのですが、第一言語と第二言語の獲得の時期が同じか、違うかの差があります。では、まず話し言葉の獲得のプロセスを「継起バイリンガル」を例にとってみてみましょう。

（1）話し言葉はどのように獲得されるのでしょうか

話し言葉の獲得は、獲得までの長い時間の中にいくつかの段階があります。これを、２つ目の言葉と接触をした時期、その言葉がわかるようになった時期、その言葉を話し始めた時期の３つに分けて考えてみたいと思います。

もう一度、冒頭のハイチの少年の話に戻ってみましょう。突然、ハイチからニューヨークに移り、聞いたこともない英語という言葉に触れた時、この少年にとって、英語は意味のない雑音としか響きませんでした。少年にとって、何が起きているかを理解する方法は言葉からではなく、その言葉が使われている状況からの情報に頼るしかありませんでした。したがって、想像力を駆使した大雑把な理解しかできないことになります。

やがて英語の音に慣れ、単語がぽつぽつとわかるようになり、目に見えるものからの情報とあいまって、何が起きているかということの理解ができるようになってきます。けれども、まだ話し始めるには時間があります。この時期を、言語習得の研究者は、「沈黙期」と呼んでいます(6)。

実はこの「沈黙期」というのは1つ目の言葉を覚えるときにもあり、子どもによって差はありますが、だいたい生後から1語を話し始める前までがそれに当たります。2つ目の言葉の獲得時にも個人差はありますが、この「沈黙期」がある子どもと、中にはこの時期がない子どももいます。

では、この「沈黙期」の子どもたちの言語獲得は、まだ始まっていないかというと、そうではなく、話はしなくとも一生懸命言語情報を吸収し、子どもなりに音、語、文の規則を作り出そうとしているのです。この活動は、話し始めてもずっと続いていく言語活動になります。

言葉を話し始めたときは、一語期といって1語でいろいろな意味を伝えようとする時期があります。たとえば、赤ちゃんが猫をさして「にゃんにゃん」と言ったとき、その意味は「猫がいる」であったり、「猫が好き」であったり、「猫をこっちに連れてきて」であったりします。この一語期がやがて2語でコミュニケーションをとろうとする二語期になり、文を作る規則を使って3語、4語というふうに発話が長くなっていきます。

これは、1つ目の言葉と2つ目の言葉の獲得のプロセスに共通して見られますが、両者の違いは、1つ目の言葉の習得時には、まわりの大人が子どもの言葉の発達に合わせ、子どもの言葉のレベルで子どもにわかるように、そして、さらに次のレベルへの発達にむけて、ちょっとむずかしい言葉を入れながら話してくれるのに対して、2つ目の言葉の場合、ハイチの少年のように、まわりにそういう話し方をしてくれる大人が必ずしもいる

とは限らないことです。ある日突然、英語の海に放りだされてしまい、学校で友だちの輪に入れてもらうためには、その年齢の子どもたちが話す英語をわしづかみで覚えていかなければなりません。子どもたちは、一語期から二語期という順だけでなく、校庭での遊びのときに「ぼくもしたい」「わたしにもさせて」「それちょうだい」というような３語、４語からなる表現も一つの塊として覚えていくのです。

そして、自分に必要なサバイバルの表現をとにかく音をまねて、丸暗記する時期が過ぎると、いままで吸収した情報をもとに、文法の規則を自分なりに予測しながら話をする時期に入っていきます。この時期、２つ目の言葉の文法や語彙が未習得であることからくる、いろいろな現象がみられます。顕著な現象は、２つの言葉の語彙を混ぜて使うことと、大人からみて正しくないと思われる文を作ることです。たとえば、日本からアメリカに移り、英語の環境にも慣れ、英語で話し始めた時、その英語の中に日本語を混ぜて話すことがよくあります。これは語彙のコードミキシングと呼ばれているものです。

コードミキシングは、２つ目の言葉に１つ目の言葉の語彙が混ざる場合だけでなく、１つ目の言葉に２つ目の言葉の語彙が混ざる場合もあります。２つの言葉を獲得する過程では、特に１つ目の言葉の基礎が固まる８歳から９歳以前に別の言葉が入ってきた場合、１つ目の言葉の語彙も未発達となり、そこに２つ目の言葉で覚えた語彙が使われるからです。

バイリンガルと継承語の研究者である中島和子氏は、「バイリンガルはことばの概念や機能では、モノリンガル（一言語だけを話す人）に劣ることはなくても、両方の言葉の語彙でモノリンガルと同じ量と質を保つことは非常に難しい。英語を使って学校生活をしている子どもは、当然日本語の語彙は不足するし、帰国して日本語で学校生活をするようになれば、英語の語彙は不足するのである」と書いています[7]。つまり、日本とアメリカという別の場所に同時にいて、２つの言葉を獲得していかない限り、両方の言語で十分かつ質の高い語彙を獲得していくことは難しいということです。語彙のコードミックスは、たとえば、日本語で育って、幼稚園から英語の生活になった場合、９歳までに多くみられるといいます[8]。筆者が現在行っている調査でも、小学校３年生が終わる頃まで、アメリカの現地校での学習言語である英語がむずかしかったということが保護者の回答に共通にみられるので、この年齢（８、９歳）あたりまでが、英語力がまだ追いついてこない時期だと思われます。

もう１つ目立つことは、大人からみて正しくないと思われる文を作ることです。次の例をごらんください。これは、同時バイリンガルの男児（６歳４カ月）が母親と会話をしているところを録音し、文字化したものです（男児の名前は仮名）。

（おもちゃがこわれて泣いている）
母：ケンちゃん、こわれたから
　　しょうがないね。
ケン：（泣きながら）しょうぐ、
　　しょうぐ。

この会話の下線の部分は、日本語としては存在しない表現です。一見、間違いに見えますが、よく見てみると、「しょうがない」と言われ、それに異議をとなえるために、「しょうがなくはない。おもちゃをあきらめたくない」ということを言いたいがために、「急がない」「急ぐ」のような否定形と肯定形の対の活用の規則を「しょうがない」にも当てはめて「しょうぐ」と言ったことがわかります。このような現象を「文法規則の過剰適応」と呼びますが、言葉を習得中の子どもには、入ってくる言語情報を自分なりに分析し、パターンを探し、新たな表現を作り出す力があるのです。大人が聞いたこともない表現を「間違い」と呼ばないのは、それは「間違い」ではなく、言語を分析して規則を作る力の現れであるからです。この「文法規則の過剰適応」は、どの言語どの年齢でも、言葉を習得するとき

には見られる現象なのです。この現象は、その言語に十分接触することによってなくなり、子どもたちは、皆が使う形を身につけていきます。

しかし、逆に考えると、その言語に十分に接触できない環境では、修正されず、未発達のまま化石のように固まってしまうことがあります。日本語が話されていない社会で暮らすと、未発達の日本語がそのまま残っていくことになります。ですから、日本語の量が不足する分をどう補っていくかが家庭と日本語教育機関の課題となります。家庭で話す言葉が日本語だというだけでは、質、量ともに十分とはいえないのですが、保護者の立場からすると、案外日本語は家で話しているから心配の対象にはならず、むしろ社会で使われていて、学校での学習言語である言葉の発達に関心がむくようです。

私は、共同研究者とともにアメリカの日本語を教える学校（補習授業校と日本語学校）の保護者を対象に子どもたちの言語背景調査を行いました。その中で、子どもたちが社会で集団生活を始める第一歩である保育園について、英語の保育園か日本語の保育園か、またはその両方のいずれを選んだかを調べました。その結果は、英語の保育園に子どもを通わせた人の数が、日本語の保育園、あるいは英語と日本語の保育園の両方に通わせた人の数よりも、圧倒的に多いということがわかりました[9]。アメリカで学校教育をうける子どもたちの英語力の発達への関心の高さと心配はもっともなことです。しかし、第一言語の基礎が固まるのは、小学校入学前後といわれており、第一言語の日本語の基礎が固まる前の保育園の時期に、日本語の保育園に行かないということは、家庭で使う日本語とは質的に異なる、集団社会生活のための日本語の基礎を獲得する機会が失われることになります。そして、その後は日本語と英語の発達は綱引きのように、ひっぱっ

たりひっぱられたりする状態になり、放っておくとやがて英語の方にひっぱられていくということになります。話し言葉の発達の程度は、これに続く読みの獲得に影響するので、引き続き話し言葉の発達を助ける努力が必要になるのですが、これについては最後で扱います。

（2）読む力はどのように獲得されるのでしょうか

読みの獲得を考える前に、「読む」という活動ではどんなことをしているのかを観察してみましょう。次の文を以下のことを考えながらまず読んでください。これは、英語の原文を日本語訳したものを、さらに筆者がひらがな書きに換えたものです[10]。

- この読み物を見たときにまずしたことは何ですか。
- 書かれていることを理解しようとしているときに、どんなことをしましたか。
- 理解できない箇所があったとき、どうしましたか。
- わからない語があったとき、どうしましたか。

てつづきはじつにかんたんである。まず、ものをいくつかのやまにわける。もちろんぜんたいのりょうによってはひとやまでもよろしい。もしひつようなグルーシがなくてほかのばしょにとりにいかねばならないとしたら、それはつぎのだんかいである。かんじんなのは、いちどにあまりたくさんやりすぎないことだ。いちどにたくさんやりすぎるより、むしろすくなすぎるくらいのほうがよい。このちゅういがだいじだということは、すぐにはわからないかもしれない。しかし、やがてトラブルがおこって、おかねもよぶんにかかってしまうことになる。はじめのしっぱいはぜんたいのてじゅんをくるわせてしまう。ちかいしょうらい、このさぎょうのひつようせいがなくなることは、よそくしがたいし、だれもそうよげんすることはできないであろう。つぎに、それをきまったばしょにしまう。さぎょうのおわったものはふたたびしようされ、そしてふたたびおなじてじゅんがくりかえされることになる。やっかいなことだが、ともかくそれはじんせいのいちぶなのである。

では、先の質問にもどって、読みすすむ中で、どんなことをしたか思い出してみてください。読んでいるときに頭の中で起きたことを再現すると、多かれ少なかれ次のようなプロセスになるのではないでしょうか。

> 書き出しは、「て」「つ」「づ」「き」という文字なので合わせて読むと「手続き」という意味だ。「手続きは簡単である」と読めるが、この読み物は何かの準備についてなのだろうか。書類の書き方とか。次の文が「物をいくつかの山にわける」とあるから、料理かなにかか。でも料理で何かをいくつかの山にわけるという言い方は変だ。次の文も山にわけることについて書いてある。もう少し読むとはっきりするかな。「グルーシ」ってなんだろう。聞いたことがない言葉だけど。「必要なナント力が無くて、とりに行く」ということなので、何か物みたいだ。食材か、スパイスかな。(こうして更に読み進み)少ないほうがいいとか、お金がかかるとか、初めに失敗すると全体がだめになると書いてあるので、やはり、料理か、何かを作ることかな。それにしても、「近い将来、この作業の必要性がなくなることは、予測しがたいし、誰もそう予言することはできない」なんて料理にしては、おおげさだ。何かもっと大きなプロジェクトのことだろうか。「次にそれを決まった場所にしまう」とあるが、料理だったら、もうちょっと作り方とか、盛り付けの話があってもよさそうだ。「人生の一部」なんて、料理にしては、やっぱり大げさだ。そうすると、結局何の話なんだろう。さっぱりわからない。もう1回読み直してみよう。

この描写は、もちろん、読みに熟達した大人が経験したことであり、子どものように読みのトレーニングの初心者の場合は、このように展開せず、至る所で理解できない場に直面します。では、上の読みの過程の描写に戻り、読み手がしていることを分析してみましょう。まず、初めにこの読み手は、「てつづき」という文字を見て、それを音に換え、「手続き」という意味の語と理解しました。これは字に音を当てる作業で、暗号を読み取る

ような「解読」の作業です。これは、初心者であれ、熟達した読み手であれ、書かれたものを読むというときには、必ず行う作業なのですが、両者の違いは、初心者の場合、字と音を合わせ、その音を総合して、語として意味がわかるまでに時間がかかり、また、この作業がうまくいかず、意味がわからなくなることが頻繁に起きることです。一方、熟達した読み手は、この作業を字を目にした瞬間に無意識に行っているわけです。

幼児期の話す力と読みの力には関係があり、読みの力は、話し言葉がどれだけ発達しているかできまるということがいろいろな研究で実証されてきました[11]。読みの習得のごく初期においては、書かれたものを音に置き換えて、すでに獲得した話し言葉の知識の中で理解をするという作業が中心になります。たとえば、「いぬがワンワンなきました」という書かれた文の意味を理解する場合、文字を音に置き換えて、話し言葉で獲得した語彙である「動物の犬」「犬の鳴き声」「鳴くという動作」という意味に結びつけるという作業が行われます。これは先にみた、大人の読み手のすることと同じです。けれども、子どもの場合、話し言葉で獲得した語彙に、結びつけるものがないとき、理解困難が頻繁におき、話の展開どころか１文の理解もむずかしくなり、話に対する興味が失せてしまうのです。ちなみに、やさしく、すいすい読める読み物というのは、１ページ当たりの未知の語がわずか３語から４語のものだといいます[12]。それ以上に未知の語がある読み物は、読み手にとっては難しいということになります。このことからも、語彙数が限られているということが、いかに重大な問題であるかがわかっていただけたでしょうか。

ところで、読みの過程で、字と音を合わせる作業は、言語によってむずかしさの度合いが異なります。たとえば、日本語の場合、１つのひらがなには、1つの音しかないので、48あるひらがなを覚えれば、どんな文でも音に換えることは比較的容易です。スペイン語も日本語と同じように字と音が1対1の対応ですので、ローマ字を知っている日本人は、スペイン語を知らなくても、書かれたスペイン語を簡単にスペイン語らしい音に換えることができます。次の文で試してみてください。Horario de Recibir Informaciones。いかがでしょうか。音に出して読むことはさほどむずかしいことではないと思います。けれども、この文がどういう意味なのかは全くわかりません。このことについては、後で詳しく述べたいと思います。

英語は、日本語やスペイン語に比べ、字と音が1対1の対応をしていないので、学習者は、読みのトレーニングの初めの段階で困難に直面します。たとえば、sという字は、school, shoes, catsで、それぞれ「ス」「シュ」「ツ」という違う音で発音されます。フォニックス(Phonics)という言葉を聞かれたことがあるかもしれませんが、これは、英語の字と音の組み合わせの規則で、アメリカの小学校では、時間数や学習のスピードは異なりますが、子どもたちは1年生でこのフォニックスのトレーニングを受けます。問題は、フォニックスの規則をすべて数えると、300もあり[13]、これを逐次覚えていかなければいけないことは、子どもにとっては、大変な負担となることです。まして、英語に接触する時期が保育所や、幼稚園からで、かつ第一言語が字と音の対応が簡単な日本語である子どもたちにとっては、さらに大きな負担になります。

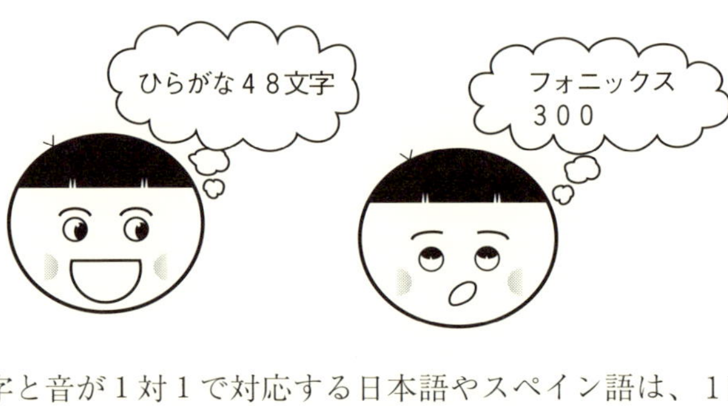

では、字と音が1対1で対応する日本語やスペイン語は、1対多対応である英語に比べて読む作業は、簡単だといえるのでしょうか。先にみたように、書かれたものを音にすることは、確かに簡単だと言えます。しかし、意味を理解するということになると別問題で、すでに蓄えた語彙や文法や

読みの知識が必要となるのです。たとえば、前出の読み物の出だしの文「てつづきはじつにかんたんである」を、「てつづき」「はじつにか」「んたんである」と読んだ場合、この文は意味をなさなくなります。意味がわかるためには、読み手が、「は」は助詞で前の語といっしょにしなければいけない、「じつに」が一つのまとまりであるというように、文法規則と語彙の知識を使って読むことが必要となります。

そこで、音読をさせて、正しいところで区切って読んでいるかをみることで、内容を理解しているかどうかを調べるという方法がとられます。これは「ミスキュー分析」(14)とよばれる読みの診断に使われる方法ですが、これは以下の「二言語獲得への支援にむけて」で詳しく扱うことにします。

さて、もう一度先の読みの過程の描写に戻りましょう。字と音を合わせ、語の意味がわかると、さらに文法の知識を使いながら、1文の意味をとり、さらにこの読み手は、文から読み取った内容（この場合「手続き」や「山にわける」）をヒントに、自分の知っていることを総動員して、この内容に関係のある事柄（この場合、「何かの準備」「書類の書き方」「料理」）との結びつきが可能かどうか考えつつ、何についての話かを推測しています。この推測は、読むにつれ、意味が合わなくなってくると変わっていくことに注目してください。次に、聞いたこともない言葉「グルーシ」（筆者が入れた言葉で日本語にはありません）のところにきて、この言葉自体はわからなくても、そのまわりにある語や文法からわかったことを使って、意味を推測しています。このようにして、書かれたものから意味を読み取ろうとする努力は最後まで続くわけですが、結局何の話かわからず、読み手はもう一度読んでみようと思います。

ここで、この話が「衣類の洗濯」についてであると種明かしをすると、読者の方々は、パズルの最後の1片が合わさったかように、上記の読み物の不可解な部分がさっと消えてしまったと感じられたのではないでしょうか。それは「衣類の洗濯」について、各自がすでに知っていることと、上記の読み物に書かれたことがうまく一致したからです。けれども、もしも読者の中にこれとは全く違う洗濯のしかたをされる方がいたら、上記の読み物を何度読み返しても、依然内容はわからないままになっています。このような、読み手の持つ背景知識が読みの理解を左右する要因であるということは読みの研究でいわれてきました[15]。先の洗濯の知識の違いのように、子どもたちが持つ背景知識が、本を読んだときに活用できない場合、読んで理解するということが困難になります。

以上、まとめると、書かれたものを読んで意味をとるという作業には、次のようないろいろな力が必要になります[16]。

- 字と音を合わせ、語のまとまりを認識する力
- 文法力
- 誰が何をした、何がどうなったという要点を把握する力
- 読み手が持つ背景の知識を使って理解しようとする力
- 話の展開を推測する力
- 大切な情報とそれを支える情報を区別する力
- わからない語があるとき、他の語から意味を推測する力
- 内容がわからないとき、それに気がついてもどって読み直す力

日本で生まれて、日本で成長する子どもたちは、話し言葉の基礎が出来上がる小学校入学前にひらがな（中にはカタカナも）をすでに覚え、話し言葉で獲得した語彙や文法の知識を使いながら書かれたものを理解するという作業を始め、小学校でさらに読みのトレーニングを続け、先に挙げたいろいろな読みの力を必要に応じて駆使してより速く、かつ効果的な読み取りができるようになります。一方、日本を離れ、別の言葉が話される社会で暮らす子どもたちには、日本語との接触量が限られることで、日本語での読みの発達が遅れ、かつ現地語での読みも未発達という、苦しい状態が続きます。

さらに、小学校の１年から３年までは、学校の教育目標が「読むことを学ぶ」ことであり、フォニックスによる訓練や、短い読み物を読んで読解質問に答えるドリルや、読書という学習活動の中で読む練習ができます。ところが小学校４年生になると、教育目標が、「読みを学ぶ」ことから、「学ぶために読む」、つまり各学科で読み物から必要な情報を得、その情報をもとに学習が進むという形に急に変化してしまうのです。必要な情報を得るために読むということは、熟達した読みの力なしには不可能であり、

４年生以降は、この力があることが暗黙の了解となり、これをもとに学習が進んでいきます。これは、日本とアメリカの小学校に共通の現象です。しかし、小学校の初めの３年間で、読む訓練をしたからといって、４年生になると子どもたち全員が熟達した読み手になっているとは限らず、４年生を境に読みの弱い子どもは学力にも影響が出てきます。４年目のスランプという表現もあるぐらいです。

④ 二言語獲得への支援にむけて何ができるのでしょうか

ここまでで、子どもたちが２つの言語で話し言葉、書き言葉（読み）を獲得していく過程と、そこで経験する困難点を考えました。ここからはその子どもたちへの支援として私たち大人に何ができるのかを考えていきたいと思います。

（１）話し言葉発達への支援

先に２つの言語に接触したとき、その両方が十分発達していないと言語が混じりあう、コードミキシングの現象をみました。この現象は、その言語との接触量が増え言語力がついてくると減少していくという研究結果があります[17]。けれども、接触量が限られている日本以外の地で生活している子どもたちの場合、人為的に接触量を増やしてやる努力が必要となります。

日本語の中に英語の語彙が混じる場合や、文法規則の過剰適応による子どもたちの「自分流」の文に対しては、会話の中で聞き返しや情報の確認をするという形で正しい語彙や表現を与えていくことが日常の生活で必要

になります。

また、折にふれ、いろいろな日本語を経験させるために、日本語を話す友だちを探す、日本語で教えてくれるスポーツチームに入れる、日本語でのコンピューターゲーム（インターネットで話しながらできるもの）も許可し、日本語のテレビ、ビデオもみせるなど、あらゆる機会を利用する必要があります。

さらに、先に保育園の選択の話をしましたが、日本語の保育園がある場合は、英語の保育園だけに限らず、日本語と英語の保育園に半々ずつ入れる方が望ましいと思われます。こうすることにより、家庭の日本語ではなく、初めての集団社会生活に必要な日本語の獲得が可能になり、発達途上の日本語の骨組みの強化に役立つわけです。また、英語での集団生活に少し慣れることで、冒頭のハイチの少年のようにある日突如、それも１日中英語の学校生活が始まって辛い思いをするという事態も避けられるでしょう。けれども、英語力がすぐに追いつくわけではなく、筆者が現在行っている調査でも、小学校３年が終わるまでは、英語がわからなくて苦労したという回答が保護者に共通して見られました。また同調査では、子どもたちは小学校に行きはじめ、４年生ぐらいになるまでは、学校での学習と友だちづくりのため、必死で英語を学ぼうとし、その分日本語に関心を払わ

図４-１　継起バイリンガルの二言語の発達（日本語発達の支援が無い場合）

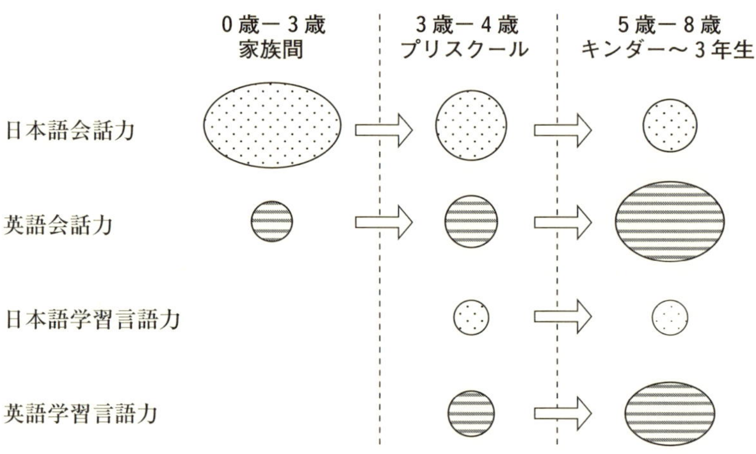

なくなるが、英語が落ち着くとまた日本語のほうを見るようだという保護者の報告もありました。

以上を総合すると、保育園に１年通い、幼稚園（アメリカでは幼稚園と小学校が続いていて、幼稚園に１年通った後そのまま１年生となる）から、小学校３年生までの計５年間が日本語にとっては深刻な危機の時期だといえます。図４-１が示すように、継承語としての日本語の会話力は、支援がない場合、年齢を重ねるにしたがい弱くなり、会話力が弱くなると学習言語としての日本語力も育たなくなります。この間は、特に家庭での徹底した日本語使用と、学習言語としての日本語の獲得のために、日本語学校の活用などで、いろいろな場面で使われる多様な日本語に対応できる力の発達を支援する必要があります。

（２）読みの力を伸ばすために何ができるでしょうか

読みの力を伸ばすためには、あたりまえのようですが、たくさん読むことが必要だということが研究の結果からわかっています[18]。たくさん読むと、読む力が上がるだけではなく、語彙が増え文法力もついてくることがわかっています[19]。このため多読をすすめる会がイギリスや日本にできて、レベル別の読み物の配布や、学校教育に多読のクラスを設ける運動（イギリス）を推進しています[20]。多読というのは、やさしい本をたくさん楽しんで読むということを目的にした読み方です。１人で読めない幼児や年少者には、読み聞かせが適しています。元来、子どもはお話を読んでもらうのが好きで、幼稚園の先生にきくと、子どもたちにはそれぞれお気に入りの本があり、同じ話を飽きることなく、何度も読んでほしいとせがまれるそうです。文字は読めなくとも、話を聞く中で、話の続きを予想して聞き、その予想が間違っていたら修正したり、語彙のいくつかがわからなくても、前後の関係から推測しながら聞くという読みに必要な力がついていくのです。また、読み聞かせは、乳幼稚園児のための読みの活動だと思われがちですが、年齢相応の読み物の内容が１人で読むには難しくて、字の解読に時間がかかりすぎる場合、小学校高学年、中学生でも使える方法です。本の内容を耳から入れ、また難しい言葉を大人がわかりやすい言葉に言い換えてやりながら、読み進むことができるという点で読み聞かせが有効です。

次に、１人読みができるようになったとき、終始１人で黙読をさせるのではなく、定期的に音読をさせて、内容を理解しているかどうかをチェックする必要があります。ただしここでいう音読とは、国語教育でいう音読とは異なるもので、先に触れたミスキュー分析の研究にある音読を意味します。国語教育での音読とは、１年生では、発音、発声指導のためにあり、１年生でも学習がすすむにつれ、朗読指導（間のとりかた、感情をいれるなど）に傾いていきます。また、国語教育では、戻り読みは、学習者の視野が狭いときに起きるもので、良くない読み方として扱われています(21)。

これとは対照的に、ミスキュー分析では、戻り読みは、読み手が読み間違いをして内容が理解できないときに、もう一度戻って読み返し、意味をなそうとする努力の現れととらえます。したがって、自己訂正で読み違いが訂正されるのは、良い読み方とみなされます。例を挙げると、これは、国語教科書（光村図書小学２年下）「お手紙」を日本語と英語のバイリンガル男子（年齢：９歳３カ月）が音読したものを録音して文字化したものです。出だしの部分を以下に挙げます。繰り返し読んだ箇所、まちがったまま読み進んだ箇所などは［　］で示しました(22)。

1. がまくんは、げんかんの前に　すわっていました。
2. かえるくんがやって来て、言いました。
   ［どうし / どうし / どうしゃっ　がめ / がま］［がなしそう　で / た / だね］
3. 「どうしたんだい、がまがえるくん。きみ、かなしそうだね」

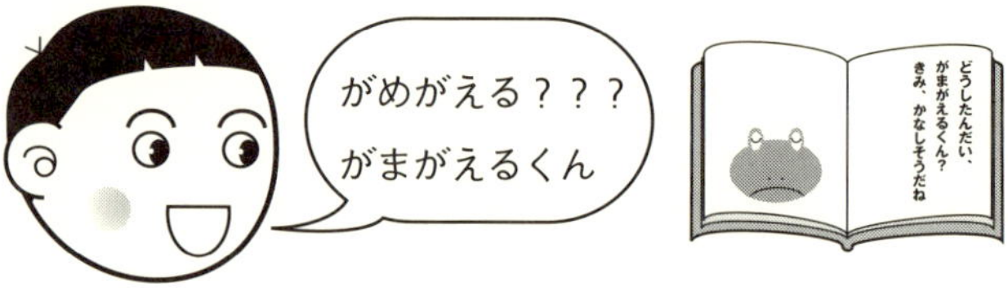

ここで、３行目の「どうしたんだい、がまがえるくん。きみ、かなしそうだね」のくだりを読んだとき、「どうしたんだい」を「どうし」「どうし」「どうしゃった」と３回くりかえしていますが、「どうしたんだい」と

いう正しい読み方に修正されないまま次の語に移っています。これは読み手が「どうしたんだい」という言葉と結びつけられず、正しい形に修正されずに読み進んだと考えられます。したがって、ここのところは意味がわからずに次にいったと判断します。ところが、次の「がまがえる」は「がめ」と読んで「がま」と自己修正ができています。このところは「がまがえる」という語彙を知っていて、「がめ」と読んだときに、意味をなさないことに気づき、読み直しをしています。このように、読み間違いをして、意味が通じず、変だと感じて戻り読みをするというのは、意味を考えながら読んでいるという証拠で、これはいい読み方だといえます。間違いに気づかず読み進む場合は、読み手に注意を促す必要がありますが、間違って読んでも気がついて戻り読みをして、自分で修正することが多々あるので、間違って読んでもすぐに大人が修正するのではなく、数十秒ぐらい時間をあたえたほうがいいのです。ミスキュー分析による、読みのチェックは簡単にできるので、定期的に家庭でしていただきたいと思います。

では、先の「衣類の洗濯」の話にもう一度戻ってください。この読み物を読んだときの読み手の頭の中の作業を描写したものと、「読む」という作業にはどういう力が必要であるかというまとめの中で、話の展開を予想しながら読み、その予想が間違っていたと気づいた時点で修正をすることや、意味を知らない語に遭遇したとき、前後の内容から推測することや、内容が理解できないとき、もう一度読んでみるという作業をしていることがわかりました。こういう作業は日本語、英語、その他どんな言語でも共通に行われていることで、どれか１つの言語で獲得すると、以後はどの言語で読んでも使える力となります。カナダの研究者ジム・カミンズは、言語力にはどの言語にも共有の部分と各言語に特有の部分があり、この共有の部分は一度獲得すると次の言語にも移行するという「言語基底部共有説」ということを言っています[23]。図４-２をご覧ください。

図の斜線が入っているところが、どの言葉で獲得しても、一度獲得すると他の言葉にも応用できる部分です。白い部分は、各言語特有のもので、たとえば日本語は、１字に１音という対応がありますが、英語では、１字にいくつかの音があるなどの違いがここに入ります。この共有基底部を育てていくときは、幼児期に発達途上にある言葉で補強していくほうが、未

図 4-2　カミンズの「言語基底部共有説」

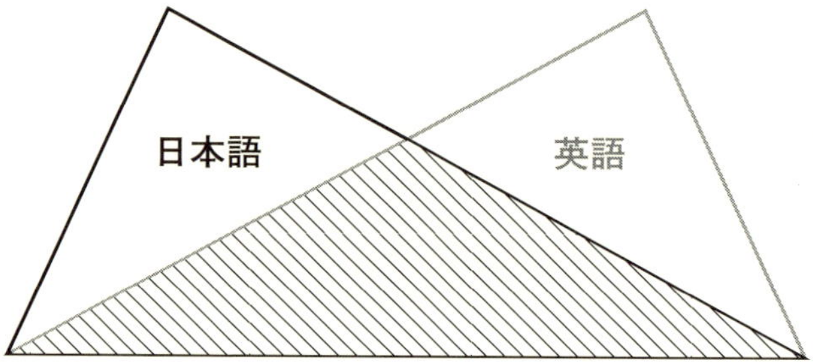

出典：Commins, J.(1984) をもとに著者作成

知の外国語で、またゼロから始めるより、子どもたちにとって心理的、時間的負担が少なくなるのは明らかです。これが、バイリンガル教育で強くいわれている、第一言語の発達を助けることが、ひいては第二言語の発達につながるということです。以上、まとめると、言葉の獲得は、一番強い言葉を発達させ、それを土台に読みの力を発達させ、どの言葉にも共有の部分をもう１つの言葉でも使うという過程で進んでいくということになります。

5 まとめ

この章では、子どもたちが二言語環境で言葉を獲得していくときにどのようなことが起きるのかということを考えてみました。特に、家庭での生活、それに続く学校生活という幼児期から小学校時代に焦点をしぼりました。その中で、話し言葉の獲得の際、２つの言葉を獲得していくときに、どういう過程を通っていくのかを考えました。続いて、話し言葉が読みの発達に影響していくこと、つまり読みの力は、話し言葉を土台にして発達していくことを見ました。そして、学校での学習の成功、不成功をきめる要になる読みの力について考えました。二言語環境で生活することを余儀なくされる子どもたちは、冒頭のハイチの少年の経験ほど辛い思いをしないかもしれません。けれども、日本にいて、誕生から覚えてきた日本語で学校にあがり、友だちと使う言葉も、勉強で使う言葉もすべて日本語である子どもたちと比べると、二言語環境にいる子どもたちには、大人が想像する以上の苦労があります。その苦労を、大人たちが少なくとも理解できるように、かつ可能なかぎり支援ができるようにというメッセージが読者の皆様に伝われば、幸いです。

【注】

（1）桶谷仁美編（2005）『家庭でバイリンガルを育てる』Ypsilanti, Michigan: Eastern Michigan University Publications.

（2）Baker, C. (1995) *A Parents' and Teachers' Guide to Bilingualism.* Clevedon: Multilingual Matters. Cunningham-Anderson, U., & Anderson, S. (1999) *Growing up with Two Languages.* New York: Routledge.

（3）中島和子（1998）『言葉と教育』海外子女教育振興財団、中島和子（1998）『バイリンガル教育の方法—地球時代の日本人育成を目指して』アルク

（4）鈴木美知子「実践編」桶谷仁美編『家庭でバイリンガルを育てる』Ypsilanti, Michigan:Eastern Michigan University Publications, pp. 2-69. 海外子女教育振興財団（2005）『母語の大切さをご存知ですか？』

（5）Webb, J.B. (2000) "Introduction." Webb. J.B. & Miller, B.L. (Eds.) *Teaching Heritage Language Learners: Voices from the Classroom,* New York: ACTFL.pp.3-12. Cited with permission from the American Council on the Teaching of Foreign Languages publishers of Teaching Heritage Language Learners: Voices from the Classroom.

（6）Krashen, S.D., & Terrell, T. (1983) *The Natural Approach: Language Acquisition in the Classroom.* Hayward, CA: Alemany Press, p.35.

（7）中島和子（1998）前掲書、p.206.

（8）バトラー後藤裕子（2003）『多言語社会の言語文化教育—英語を第二言語とする子どもへのアメリカ人教師たちの取り組み』くろしお出版

（9）ダグラス昌子、片岡裕子、岸本俊子（2003）「継承語校と日本語補習校における学習者の言語背景調査」『国際教育評論』1号（東京学芸大学）、pp.1-13. 統計処理の結果に有意差が認められた。

（10）Bransford, J.D., & Johnson, M.K. (1972) "Contextual Prerequisites for Understanding Some Investigations of Comprehension and Recall." *Journal of Verbal Learning and Verbal Behavior,* 11, 717-726. 内田伸子（1996）『ことばと学び　響きあい、通いあう中で』金子書房、p.97. 全文をひらがなにしたのは、読みの獲得過程の初期の体験をしていただきたいためである。なお、この読み物の下線部は、この読みの実験のために著者が書き換えたものである。

(11) Sticht, T.G., Becks, L.J., Hauke, R.N., Kleiman, G.M., & James, J.H. (1974) *Auding and Reading: A developmental model.* downloaded from <http://www.nald.ca/library/research/sticht/aar/cover.htm> on 1-15-07. ただし、これは話し言葉が発達していないと、読めるようにならないという意味ではない。Sticht 他は、読みの習得率と読みの力の幅には限りがあるものの、聴覚障害があっても、読みの習得は可能であると述べている。

(12) Handout from the Extensive Reading Forum JALT '98, Omiya, Japan, Sunday, November 22, 1998. <http://www.extensivereading.net/er/JALT98.html> on 1-10-07.

(13) Krashen, S. Basic phonics. TEXTESOL III Newsletter (in press) downloaded from <http://www.sdkrashen.com/articles/basic_phonics/all.html> on 1-10-07.

(14) Goodmanm, Y. M., Watson, D.J., & Burke, C.L. (1987) *Reading Miscue Inventory: Alternative Procedures*. New York: Richard C. Owen Publishers.

(15) Hudson, T. (1982) "The Effects of Induced Schemata on the 'Short Circuit' in L2 Reading: Non-decoding Factors in L2 Reading Performance." *Language Learning,* 32, 1-31.

Johnson, P. (1982) "Effects on Reading Comprehension of Building Background Knowledge." *TESOL Quarterly*, 16, 503-516.

(16) Grabe, William (1999) "Developments in Reading Research and Their Implications for Computer-adaptive Reading Assessment." *Studies in Language Testing,* 10, 11-48.

(17) Kellett, Angela Uribe de. (2002) "The Recovery of a First Language: A Case Study of an English/Spanish Bilingual Child." *International Journal of Bilingual Education and Bilingualism,* 5, no.3, 162-181. Yukawa, Emiko. (1997) "L1 Japanese Attrition of a 5 Year-old Bilingual Child," *Japan Journal of Multilingualism and Multiculturalism,* vol.3. downloaded from <http://www.bsig.org/jjmm/abstracts/1997/yukawa.html> on 12-22-07.

(18) Krashen, S. (2004) *The Power of Reading, 2nd edition: Insights from the Research.* Portsmouth, NH: Heinemann.

(19) Atagi, Atuko. (2006) "Case Study on the Positioning of Japanese Numeric Phrases in Children's Narratives," Thesis submitted to California State University, Long Beach. この論文は日本語を継承語とする児童の読み聞かせの量と文法項目の発達の関係を調べたもので、読み聞かせの多い児童は、使える文法項目に幅がでるという結果が出ている。

(20) 日本語多読研究会 <http://www.nihongo-yomu.jp/m3-main.jpg>、Extensive Reading <http://www.extensivereading.net/> on 12-22-07.

(21) 石田佐久馬編 (1992)『小学校国語科学習指導の研究 37 音読を読み取りにどう生かすか』東洋館出版社

(22) ダグラス昌子 (2003)「『読み』の評価から指導へ：継承日本語児童の読みの『ミ

スキュー分析』と個別指導型カリキュラム」母語・継承語・バイリンガル教育（MHB）研究会発表

(23) Cummins, J. (1984) *Bilingualism and Special Education: Issues in Assessment and Pedagogy*. Clevedon: Multilingual Matters.

❏参考文献

中島和子（1998）『言葉と教育―海外で子どもを育てている保護者のみなさまへ』海外子女教育振興財団

桶谷仁美編（2005）『家庭でバイリンガルを育てる―0歳からのバイリンガル教育』Ypsilanti, Michigan:Eastern Michigan University Publications.

内田伸子（1996）『ことばと学び　響きあい、通いあう中で』金子書房

第5章

子どもの目から見たアメリカでの言語、学校体験
―アンケート調査を踏まえて―

越山泰子
柴田節枝
森美子

1 はじめに

これから学齢期のお子さんを伴ってアメリカに何年間か滞在する予定のある方は、不安と期待で一杯だと思います。何年か先にはまた日本の教育に戻ることになり、アメリカの教育になじむと同時に帰国に備えて日本語の勉強もおろそかにはできないと思っている方もたくさんいらっしゃることでしょう。いわば2つの言語を異文化の中で維持、向上させていかなければならない環境にあるわけです。日本の子どもたちとその保護者たちが経験する努力や苦労は並大抵のものではないでしょう。アメリカの教育事情についてはいろいろな本や情報誌が出ていますし、インターネットなどでも調べられます。また、体験記も今までに何冊も出版されていますが、そのほとんどは保護者の立場から書かれたもので、なかなか子どもたちからの声を聞く機会がありません。

そこで、今回私たちはもっと子どもたちの気持ちや意見を理解するために、子どもたちと保護者両方にアンケート調査を行いました。日本の子どもたちは渡米前にはどんな不安や期待を抱え、それが実際とどのように違ったのか。学校生活はどうか。何が一番大変だったのか、困ったことは何か。また、困ったことがあったときは誰に相談したのか。そして保護者は子どもたちの気持ちや状況をどのくらい把握しているのか。また私たち親や教師は子どもたちのために何ができるのか。この章では、そのようなことについて調査の結果をもとにお話したいと思います。

[2] ロサンゼルス近辺とワシントンDC地域

今回の調査の対象はロサンゼルス近辺とワシントンDC地区の駐在員家庭です。この項ではこの２つの地域の教育事情を紹介します。

（1）カリフォルニア州ロサンゼルス近辺

ロサンゼルスはニューヨークと並ぶ大都市で、さまざまな人種の移民が住み、日系人や日本人の人口が比較的多いところです。都市の中心部からその近郊を含めると、その市街は広範囲にわたっていて、地域によって生活レベルや教育レベルが大きく違っているのが特徴です。一番の中心部にあるロサンゼルス統一学校区（Los Angeles Unified School District）は、721の学校を管轄していて、74万人の児童・生徒が在籍しているマンモス学校区です。人種別にみると、ヒスパニック系が一番多く、その次が白人ですが、学校の人種構成は居住地域によって違います。全体的に英語の特別授業ESL（English as a Second Languageの略で地域によってはESOL: English for Students of Other LanguageやELD: English Language Developmentと呼ばれています）が必要な子どもの数は40％以上と非常に高い数字になっていますが、そのほとんどはスペイン語系の移民の子弟です。算数や読み書きの全国統一テストの結果をみると、この学校区の平均は学校によって多少の差はありますが、２年生から11年生（高校２年生）まで全国レベルよりかなり低くなっています。

トーランス統一学校区（Torrance Unified District）は、ロサンゼルス統一学校区と同じくロサンゼルス・カウンティ（ロサンゼルス郡）にある学校区です。この地区には昔から日系コミュニティがあり、日系スーパーやレストランも数が多く、ロサンゼルス近辺でも多くの日系人や日本人が住むとても「日本的な」地域です。日系人、日本人だけでなく他のアジア系住民も多いので、アジア系は学校でも白人に続いて多くなっています。トーランス統一学校区の統一テストは、どの学年も全国レベルより高いという結果が出ています。英語の特別授業の必要な子どもは全体の11.８％と上記のロサンゼルス統一学校区より少ないのですが、注目したいのはESL

を取っている子どもの15％が日本語話者であるという点です。この地区の学校には日本人子弟も多く通っていて、一時期200人近い日本人がいた学校もあるようです。その他、ロサンゼルスの郊外で、比較的最近日系企業が進出してきた地域であるオレンジ・カウンティ（オレンジ郡）があります。その中でもアーバイン統一学校区（Irvine Unified District）は、カリフォルニア州の中でも教育に力を入れていて、全般的にレベルも高いといわれています。この学校区は最近急速に経済力をつけ、教育にも熱心な中国系、韓国系の子どもたちが増え、学校によってはアジア系の子どもたちが全体の過半数を占めています。日本人も多く、前述のトーランス地区のように１クラスに何人も日本人の子どもたちがいる学校もあります。

ロサンゼルス近辺では日本語の学習も補習授業校、全日制日本人学校、日本語学校と選択の幅が広く、大小あわせると日系の電話帳に掲載されているだけでも70校を下りません。学習塾や家庭教師の派遣も数が多く、大手有名塾も進出しています。また日本語のみならず、そろばん塾、習字などの教室もそろっています。有料の日本語番組のほか、週末には無料の日本語のテレビ番組やラジオ番組、日系新聞、コミュニティの情報誌など、日本語のメディアも充実しており、日本語に触れる機会は実に豊富です。

（２）ワシントンDC地域

ワシントンDC地域（正式にはThe Baltimore-Washington Metropolitan Area）は、ワシントンDCとその近郊のボルティモア市までのメリーランド州中部、バージニア州北部、そしてウェストバージニアの一部を含む広範囲の首都圏を指します。この地域の人口は810万人強といわれ、全米でも、ニューヨーク地区、ロサンゼルス地区、シカゴ地区に続く４番目に大きい都市圏です。言うまでもなくアメリカの首都として政治の中心地となっており、さまざまな人種、職業の人々が集まっています。

この地域には、DC特別地区の他に、メリーランド州のモントゴメリー郡、ハーワード郡、ボルティモア郡、プリンスジョージ郡、バージニア州北部のフェアファックス郡、アーリントン郡、プリンスウィリアム郡、ラウドン郡などがあります。この中で最も人口の多いのがフェアファックス郡で100万人強といわれています。フェアファックス郡は、ラウドン郡と並び、国勢調査で中間所得（郡民の所得分布でちょうど中間に来る所得）が常に最上位にランクされ、全米でも最も裕福な郡とされています。つまり、この地域には、比較的収入の高い職業についた層が集まっており、そのため、人々の教育への関心も高いといえます。しかし、所得、人種の分布は、郡間でかなり開きがあり、裕福な層が集まる郡がある一方、低所得層、マイノリティの多い郡もあります。また、公立学校の運営は各郡に任されるため、近隣する地域内でも、教育システムや現地校の様子ががらりと変わってきます。

ワシントンDCには日本大使館や大使館管轄の広報文化センター（Japan Information Culture Center）をはじめとする政府機関や民間団体が集中しており、日本に関する最新情報が入りやすい環境にあります。また、日米協会、全米桜祭り協会などを通して、さまざまな日米交流の行事が頻繁に催され、多くの観光者を引きつけています。

しかし、日本人の子どもたちの教育に関しては、ロサンゼルスやニューヨークに比べて選択肢が限られているようです。補習授業校はワシントン日本語学校１校のみで、全日制の日本人学校はありません。日本語教育機関もいくつか存在しますが、そのほとんどが外国語または継承語としての日本語教育が目的で、日本人を対象としたものではありません。帰国生を対象とした学習塾もありますが、数と場所が限られています。したがって、学齢期の子どものいる日本人駐在員は、通勤可能でありながらも、現地校が比較的安定していてレベルが高く、補習授業校や学習塾に子どもを通わせやすいDC郊外のモントゴメリー郡、アーリントン郡、フェアファックス郡に居を構えることが多いようです。このように、DC地域の日本人の子どもの多くは、平日は現地校に通い、週末あるいは放課後に補習授業校、塾、通信教育などの補助教育機関を利用して日本語の学習を続けるという二言語環境におかれています。

3 調査からみた日本の子どもと親

（1）調査の目的

この調査の目的は２つあります。まず文化や言葉の違うアメリカに住んでいる日本の子どもたちがアメリカの生活をどう思っているか、生の声を聞くことです。学校生活は楽しいか、どんなことが楽しいか。友だちはたくさんいるか。学校で困ったことはあるか、それはどんなことか。困ったことがあったら誰に相談するのか。２つ目は、保護者が子どもたちの状況をどのくらい把握し、またどんなサポートをしているのかを知ることです。もちろん家庭によって教育方針や事情が違うでしょう。しかし、何らかの共通点や傾向があるはずで、それらを知っておくことはこれから渡米する皆さんにも参考になることと思います。

（２）アンケートの対象者

この調査の対象は（表５-１～４参照）ロサンゼルス近辺（以降LA近辺）とワシントンDC地区（以降DC地区）に住む５歳から17歳までの日本人の子どもたち84人（LA地区57人、DC地区27人）と、その保護者70人（LA地区43人、DC地区27人）です（アンケートでは無回答もあったので表の総人数は必ずしも一致していません）。子どもたちの平均年齢は10.5歳、渡米時の平均

表５-１　性別　人（%）

	男	女
LA近辺	25（43.9）	32（56.1）
DC地区	15（55.6）	12（44.4）
全体	40（47.6）	44（52.4）

表５-２　調査時の年齢　人（%）

	６歳未満	６歳～８歳	９歳～11歳	12歳～14歳	15歳以上
LA近辺	1（1.7）	14（24.1）	17（29.3）	17（29.3）	9（15.5）
DC地区	0（0）	9（34.6）	13（50.0）	4（15.4）	0（0）
全体	1（1.2）	23（27.4）	30（35.7）	21（25.0）	9（10.7）

表５-３　渡米年齢　人（%）

	６歳未満	６歳～８歳	９歳～11歳	12歳～14歳	15歳以上
LA近辺	7（12.3）	26（45.6）	16（28.1）	8（14.0）	0（0）
DC地区	11（40.7）	10（37.0）	6（22.2）	0（0）	0（0）
全体	18（21.4）	36（42.9）	22（26.2）	8（9.5）	0（0）

表５-４　在米年数　人（%）

	1年未満	１年～２年	２年～３年	３年～４年	４年～５年	５年以上
LA近辺	2	11	17	9	1	7
DC地区	–	8	8	3	5	3
全体	2（2.7）	19（25.7）	25（33.8）	12（16.2）	6（8.1）	10（13.5）

年齢は7.6歳、そしてアメリカに滞在している期間は一番短かったのが７カ月、一番長かったのが７年で、平均は2.8年でした。ほとんど全員が帰国を予定している駐在員家庭の子どもたちとその保護者ですが、帰国予定は未定、という家庭が２件ありました。子どもたちの父親が所属するのは日系企業、報道関係、政府関係など多岐にわたり、母親は全員が専業主婦でした。また、日本の出身地はさまざまでした。アンケートに答えてくれた保護者の多くは母親でしたが、父親の回答もいくつか見られました。

アンケート用紙は子ども用とその保護者用を用意し、お互いに相談することなく記入してほしいとお願いしました。質問の漢字にはふりがなをふって低学年でも読めるようにしましたが、小さい子どもの場合は、子どもが口頭で答えたものを保護者に記入してもらいました。回答は選択式と自由式の２種類を用意しました。

（３）どんな質問をしましたか？

①子どもたちへの質問

子どもたちには次のような質問をしました。

アメリカの学校について：

- アメリカに来る前はどんなところだと思っていましたか。
- アメリカの学校は楽しいですか。何が楽しいですか。
- アメリカの学校で、困ったことは何ですか。だれに相談しますか。
- アメリカの学校で友だちができましたか。先生はどんな先生ですか。
- アメリカの学校の勉強はどのくらいしますか。
- 外国人のための英語のクラス（ESL: English as a Second Language、ESOL: English for Students of Other Languages、ELD: English Language Development など）に参加したことがありますか。そこにはどのくらいいましたか。

補習授業校について：

- 補習授業校に通っていますか。
- 補習授業校は楽しいですか。何が楽しいですか。
- 補習授業校で友だちができましたか。先生はどんな先生ですか。

・補習授業校で困ったとき、誰に相談しますか。
・日本語学校の勉強はどのくらいしますか。

日本語と英語：

・日本語と英語、どちらが得意ですか。日本語が難しくなってきたのはいつごろですか。何が難しいと思いますか。
・いつごろから英語がわかるようになりましたか。

家庭生活：

・家庭では何語を使いますか。
・家族とよく会話をしますか。
・日本語の本・英語の本をよく読みますか。

帰国後の不安：

・帰国後の不安はありますか。それはどんなことですか。

②保護者への質問

保護者への質問は、子どもたちの学校生活、家庭生活に関する質問と、保護者自身の体験や意見を自由に記入してもらう質問とがあります。子どもたちの学校、生活に関する質問は子どもたちへの質問とほぼ対をなしていて、保護者から見た子どもの様子を聞きました（例：「お子さんはアメリカの学校を楽しんでいると思いますか」）。体験や意見に関する質問は次の通りです。

・渡米前はどんな準備をしましたか。
・子どもの英語習得に何か特別していることはありますか。
・子どもの日本語保持（向上）にどんなことに気をつけていますか。
・帰国後の進路について考えていますか。
・帰国後の不安はありますか。どんなことが不安ですか。
・アメリカでの子育てで困ったことは何ですか。どんな方法で解決しましたか。
・これから渡米する人にどんなアドバイスがありますか。

4 調査からわかったこと

この項では、調査の結果わかったことをテーマ別にお話しします。

（1）宿題が多く、罰則の厳しいアメリカの学校

まず、子どもたちが渡米前に想像していたアメリカの学校と、実際の体験ではどのように違っていたのでしょうか（表5-6）。子どもたちの約70%が「想像とはだいぶ違っていた」と答えています。最も多かったのは「勉強がもっと簡単だと思っていた」「思ったより宿題やテストが多い」など、勉強や宿題が思ったより大変だということでした。また、「白人ばかりだと思ったらそうじゃなかった」「英語のできない子どもがたくさんいた」など、人種や言語が日本で受けるイメージと違っていることに驚いた回答も目立ち、移民の国アメリカの特徴がよく表れていました。日本の子どもたちは今でもアメリカ人イコール白人、というイメージを持っている傾向があるように思います。そのほか、「運動会がない」「給食がない」「レポートカード（成績表）が日本の学校より頻繁に出される」「宿題・テストの内容が違う（調べて意見を書くものが多い）」という学校行事や授業内容の違いについての回答もありました。

同じ質問を保護者にしたところ、やはり全体の70%が「想像していたアメリカの学校と、実際に体験したアメリカの学校は違っていた」と答えています。子どもと同じように、保護者にも日本で抱いていたアメリカの学

表5-5　通学校（複数回答）　人（%）

	現地校	補習校	塾·家庭教師·通信教育	現地校のみ
LA 近辺	57（100）	45（78.9）	13（22.8）	9（15.8）
DC 地区	27（100）	25（92.4）	7（25.9）	0（0）
全体	84（100）	70（83.3）	20（23.8）	9（10.7）

表5-6　現地校は想像通り？　人（%）

	想像通り	違っていた	わからない
LA 近辺	13（28.3）	33（71.7）	0（0）
DC 地区	6（33.3）	11（61.1）	1（5.6）
全体	19（29.7）	44（68.8）	1（1.5）

校像と現実とのギャップがあったようです。「宿題やテストが思ったより多い」「学習内容が教科によってはずっと進んでおり、レベルも高い」「規則がとても厳しく、規律や秩序を重んじる」「規則を破ったときの罰則が日本より厳しい」という回答が目立ち、子どもたちの感想とあまり変わりませんでした。おそらく保護者の得た情報や想像がそのまま子どもたちに伝わるのでしょう。また保護者の回答からは、「英語の授業についていけるか心配だったがサポートがしっかりしていた」「思ったより子どもがすぐ慣れたので安心した」など、学校のカリキュラムがしっかりしていることや、子どもたちが現地校に思ったより早く慣れてくれたという安堵感も感じられました。特に地域差はありませんでしたが、DC 地区では「低学年から習熟度別指導を行うのに驚いた」「思った以上に少人数制で目が行き届く」という回答がありました。

では渡米前にどのような準備をしたのでしょうか。回答としては「海外子女教育振興財団に相談した」「インターネット、情報会社、本などから情報を得た」「前任者、知人に聞いた」などが多く、中には「渡米して学校を見学した」「英語を習わせた」という余裕派もいて、回答は多岐にわたっています。もちろん「特に何もしなかった」という回答もいくつかありましたが、ほとんどの家庭ではなんらかの身近な方法で事前に情報を集

表 5-7　現地校は楽しい　人（%）

	楽しい	まあまあ	あまり	楽しくない
LA 近辺	36（63.2）	18（31.6）	3（5.3）	0（0）
DC 地区	14（51.9）	10（37.0）	1（3.7）	2（7.4）
全体	50（59.5）	28（33.3）	4（4.8）	2（2.4）

表 5-8　現地校で楽しい時間（複数回答）　人

	勉強・授業	体育・音楽	ランチ	友だち	その他
LA 近辺	9	15	11	33	3
DC 地区	5	6	4	10	2
全体	14	21	15	43	5

表 5-9　現地校で困ること（複数回答）　人

	英語がわからない	授業がわからない	言いたいことが言えない	友達関係	その他
LA 近辺	12	11	18	8	14
DC 地区	9	3	1	2	11
全体	21	14	19	10	25

めていました。

（2）アメリカの学校（現地校）は楽しい？

この調査では、子どもたちは全員現地校に通っていました（表5-5）。「現地校は楽しいですか」という問いには、どちらの地区も90％近くの子どもが「楽しい」「まあまあ楽しい」と答えています（表5-7）。その理由として、LA近辺では半数が「友だちがいるから」と答え、続いて「体育や音楽」「ランチ」「勉強」の順になっています。DC地区では3分の1が「友だち」で、「体育」「勉強」「ランチ」がほぼ同数ずつです（表5-8）。また、統計的には滞在年数とは関係がありませんでした。ただし、この調査の参加者で一番滞在期間が短かった子どもは7カ月（2人）で、後は全員が1年以上の滞在でしたから、アメリカに来てすぐに学校生活が楽しいのかどうかまではわかりません。後に述べますが、子どもたちが英語がわかるようになってきた時期が「半年から1年」という回答が一番多かった（表5-12）ことを考えると、半年から1年の間に日常生活に必要な英語力がつきはじめ、友だちができ、現地校の生活が楽しいと感じられるようになるのではないかと思います。

保護者に「お子さんは現地校を楽しんでいると思いますか」と質問したところ、「楽しんでいると思う」「まあまあ楽しんでいると思う」が合わせ

表5-10　ESL出席　人（%）

	はい	いいえ
LA近辺	28（50.9）	27（49.1）
DC地区	17（63.0）	10（37.0）
全体	45（54.9）	37（45.1）

表5-11　ESLは楽しい　人（%）

	楽しい	まあまあ	あまり	楽しくない
LA近辺	13（46.4）	10（35.7）	4（14.3）	1（3.6）
DC地区	4（21.1）	12（63.2）	1（5.3）	2（10.5）
全体	17（36.2）	22（46.8）	5（10.6）	3（6.4）

表5-12　英語がわかるようになった時期　人（%）

	渡米直後	半年未満	半年〜1年	1年以上	まだわからない
LA近辺	0（0）	17（29.8）	24（42.1）	7（12.3）	9（15.8）
DC地区	3（11.5）	2（7.7）	9（34.6）	11（42.3）	1（3.8）
合計	3（3.6）	19（22.9）	33（39.8）	18（21.7）	10（12.0）

て90%以上で、LA近辺、DC地区いずれも、保護者の回答は子どもたちの回答とほぼ一致していました。

一方、「現地校で困っていることは何ですか」という問いでは、子どもたちの回答は「英語がわからない」「言いたいことが言えない」「授業がわからない」など、英語に関連する悩みが60%を占めています（表5-9）。半数以上の子どもたちが、ESLに出席していました（表5-10）。そのうちの80%以上の子どもが「ESLの授業は楽しい」「まあまあ楽しい」と答えています（表5-11）。英語がわかるようになった時期は（表5-12）、LA近辺では「半年から1年」という回答が一番多く（57人中24人）、「半年未満」が17人、「1年以上かかった」が7人となっています。DC地区では「1年以上かかった」という回答が27人中11人、「半年から1年」が9人、「半年未満」が2人でした。英語で授業がわかるようになる（いわゆる学習するための英語）のはもっと後のことですが、この調査では早ければ半年、大抵は1年もたてば子どもたちは英語がわかるようになってきたと感じるようです。

現地校で困ったときの相談相手として（表5-13）、子どもたちの半数が「親」（母親30人、父親18人）を挙げています。次に多いのが現地校または補習授業校の「友人」（それぞれ17人、9人）です。全体の4分の3の子どもたちが「相談できる人がいる」と答えている反面、「誰にも相談しない」

表5-13　現地校で困ったとき相談する人（複数回答）　人

	母	父	現地校先生	現地校友人	補習校友人	相談しない	その他
LA近辺	21	18	4	12	6	5	3
DC地区	9	0	4	5	3	5	1
全体	30	18	8	17	9	10	4

表5-14　現地校での友だち　人（%）

	たくさん	少し	あまりいない	たくさん·少しの両方を選択
LA近辺	37（64.9）	18（31.6）	0（0）	2（3.5）
DC地区	19（70.4）	6（22.2）	2（7.4）	0（0）
全体	56（66.7）	24（28.6）	2（2.4）	2（2.4）

表5-15　現地校先生は気持ちをわかってくれる？　人（%）

	とても	まあまあ	あまり	全然
LA近辺	25（45.5）	22（40.0）	6（10.9）	2（3.6）
DC地区	13（48.1）	12（44.4）	2（7.4）	0（0）
全体	38（46.3）	34（41.5）	8（9.8）	2（2.4）

と答えた子どもが10人いて、少ないながらも気になりました。「現地校に友だちがいますか」という問いには（表5-14）約70%の子どもが「たくさんいる」と答えています。「少しいる」が残りの大部分で、「あまりいない」が2人、「全然いない」という回答はありませんでした。「現地校の先生は自分の気持ちを理解してくれていますか」という質問では（表5-15）、「とても」と「まあまあ」を合わせて87.8%でした。現地校の友だちと先生に対する満足度は高いと解釈していいでしょう。保護者の感想もほとんど同じで、子どもの友人関係をかなり理解しているといえます。

現地校のための自宅学習時間は（表5-16）、毎日「30分から1時間」と「1時間から2時間」が最も多い回答ですが（75.0%）、これは学年によってかなり違いがありました。学年が上がるにつれて、勉強時間が増え、中学生以上になると「2時間から3時間」「3時間以上」という回答でした。

保護者に、現地校で子どもが困っていることは何だと思うか聞いたところ、一番多かったのは「言いたいことが言えない」という表現上の心配で、子どもたちが「人が何を言っているかわからない」や「授業がわからない」など聴解面の心配をしているのと対照的でした。

子どもたちのESLの出席年数を保護者に聞いたところ、「2年から3年」が一番多く、次に「半年から1年」「1年から2年」と続きます。保

表5-16　現地校のための自宅学習時間　人（%）

	30分以下	0.5～1時	1～2時間	2～3時間	3時間以上
LA近辺	5（9.3）	23（42.6）	19（35.2）	4（7.4）	3（5.6）
DC地区	6（23.1）	13（50.0）	5（19.2）	0（0）	2（7.7）
全体	11（13.8）	36（45.0）	24（30.0）	4（5.0）	5（6.3）

図5-1　英語がわかるようになった時期

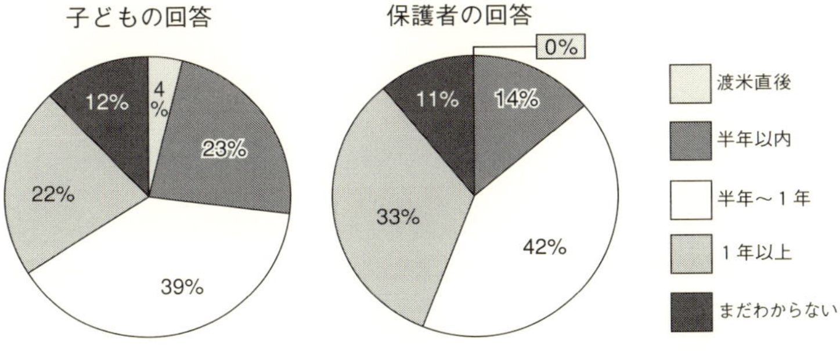

護者のほとんどがESLは子どもの学力向上に役立っており、サポートの体制がしっかりしていると答えています。保護者から見て、子どもたちが英語がわかるようになった時期は（図5-1）、最も多かったのが「半年から1年すぎたあたり」(42%)、「1年以上たってから」(33%) と「半年以内」(14%) がそれに続いていて、これは子どもの回答より少し遅めになっています。その他、学校や先生に対する認識、家庭での学習時間に関しては、保護者と子どもの回答はほぼ一致しています。全体的に、保護者は子どものアメリカの学校生活の状況や気持ちをかなり把握し、理解しているといえます。

（3）補習授業校は楽しい？

LA近辺では54人中45人が土曜日の補習授業校に通っており（表5-17)、補習授業校に行かない子どもたちも日系の学習塾や家庭教師などで日本語の勉強を続けていました。DC地区では27人中25人が土曜日の補習授業校に通っていました。LA近辺では補習授業校に通っている子どもたちの8割が、またDC地区では全員が補習授業校は「楽しい」「まあまあ楽しい」と答えています（表5-18)。楽しいと答えた主な理由は（表5-19)、LA近辺の場合は回答者41人中28人（68.3%）が「友だち」で、「お弁当の時間」（6人)、「行事」（4人）がそれに続き、「授業や勉強」を選んだのは3人で

表5-17　補習授業校通学　人（%）

	はい	いいえ
LA	45（78.9）	12（21.1）
DC	25（92.6）	2（7.4）
合計	70（83.3）	14（16.7）

表5-18　補習授業校は楽しい？　人（%）

	楽しい	まあまあ	あまり	楽しくない
LA	28（62.2）	8（17.8）	9（20.0）	0（0）
DC	16（69.6）	7（30.4）	0（0）	0（0）
合計	44（64.7）	15（22.1）	9（13.2）	0（0）

表5-19　補習授業で楽しい時間　人（%）

	勉強・授業	行事	弁当	友だち	その他
LA	3（7.3）	4（9.8）	6（14.6）	28（68.3）	0（0）
DC	13（54.2）	4（16.7）	0（0）	7（29.2）	0（0）
合計	16（24.6）	8（12.3）	6（9.2）	35（53.8）	0（0）

した。一方、DC 地区では25人のうち半数が「授業や勉強」で、あとは「友だち」（7人）と「行事」（4人）でした。子どものほとんどが補習授業校に仲のいい友だちが「たくさんいる」（61%）または「少しいる」（33%）と答えています。また、85%以上の子どもが補習授業校の先生は理解があると答えていました。学年別に見ると、「楽しい」と回答したのは小学校1、2年生が50%、小学校3、4年生65%、5、6年生70%、中学生以上60%で、低学年の子どもたちの割合が若干低くなっていました。

ところで、80%の子どもの回答が現地校も補習授業校もどっちも「楽しい」「まあまあ楽しい」のいずれかの組み合わせで、「どっちもあまり楽しくない」「どっちも楽しくない」はいませんでした。補習授業校が「あまり楽しくない」と答えた子どもたちのうち4人は、「現地校にはたくさん友だちがいるのに、補習授業校ではあまりいない」と答えていて、また3人は「アメリカの学校の先生は自分のことをよくわかってくれているけれど補習授業校の先生はあまりわかってくれない」と答えていました。学校の成績と楽しいと思うかどうかの関連は残念ながらこの調査ではわかりませんが、現地校や補習授業校が楽しいと思うかどうかは、友だちや先生との関係が重要な要因の1つのようです。

補習授業校で困ったときの相談相手は、半数が「親」、「補習授業校の友人」が20%、「補習授業校の先生」が13%になっています。「誰にも相談しない」が全体で6人いて、そのうちの5人は、アメリカの学校のことも「誰にも相談しない」と答えていました。

子どもを補習授業校に通わせている理由については「学年相当の学力を身につけてほしい」が65%に達し、「年齢相当の日本語力を身につけてほしい」を加えると80%を超えます。保護者に、「お子さんは補習授業校を楽しいと思っていると思いますか」と聞いたところ、DC 地区では子どもたちの回答と一致していましたが、LA 近辺では「あまり楽しくなさそう」が3人（子どもの回答では9人）で、子どもとの回答に多少のずれがありました。また、補習授業校が楽しい理由として、保護者よりも子どもの方が「授業・勉強」を選ぶ傾向が高いことがわかりました。子どもは保護者が考える以上に日本語での学習を楽しんでいるようです。

補習授業校の友だち、先生への満足度に関しては、子どもと保護者の認識はだいたい一致しています。補習授業校のための自宅学習時間は、保護者、子どもとも「毎日平均すると30分から１時間」という回答が最も多くなっていますが、子どもの回答の方が多少長くなっています。また、「前日の金曜日にまとめて宿題をする」という回答も目立ちました。

（4）日本語と英語

得意な言語に関しては、子どもと保護者の回答で違いがみられます。子どもの回答では、「日本語」が65%、「日英同じ」が20%、そして「英語」が15%となっています。一方、保護者の回答では、「日本語」が80%、「日英同じ」が９%、「英語」は５%です。保護者が思っているほど、子どもは日本語を得意だとは感じていないようです。「日本語が難しいと感じることがあるか」という設問には、半数以上の子どもが「感じる」と答えています。何を難しく感じるかに関しては、「漢字」が66%と圧倒的に多く、次いで「読み書き」と「学習内容」が合わせて20%となっています。保護者に「子どもの日本語が伸び悩んでいると感じているか」と聞いたところ、約60%が「感じる」と答えています。伸び悩んでいると感じる点は、子ども同様「漢字」がトップで、次いで「読み書き」「日本語での学習」となっています。両者とも日本語での読み書きと教科学習に不安を感じているようです。

日本語が難しい、あるいは伸び悩んでいると感じるようになった時期に関しては（図５-2）、両者とも「渡米１年前後」とする回答が最も多く、

図５-２　日本語が伸び悩んでいると感じた時期

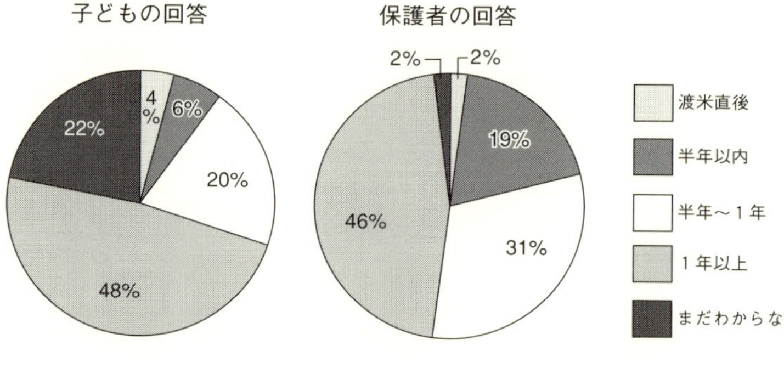

これは「英語がわかるようになってきた」という時期とほぼ一致します。

得意な言語が日本語から英語へと変わっていくのは、滞米年数だけでなく、渡米年齢にも関係がありそうです。この調査で、「英語が得意」、あるいは「同じぐらい」と答えているのは、比較的、幼いときに渡米し、滞米年数が長い子どもたちです。DC 地区では「英語が得意」と答えた５人全員が就学以前に渡米した子どもたちです。また、LA の兄妹の例では、10歳で渡米し７年滞在している兄は「どちらも同じぐらいだが、しいて言えば日本語」と自己診断していますが、７歳で渡米した妹は、滞米年数が同じでも「英語の方がずっと得意」と答えています。

（５）家庭での言語環境

家庭で話す言葉については、子どもも保護者も、そのほとんどが、親子間では日本語を使うと答えています。しかし、きょうだいとの使用言語に関しては、子どもの回答では「日本語」が62%、「日本語と英語の両方」が35%なのに対して、保護者の回答では「日本語」が66%、「日本語と英語の両方」が28%でした。わずかな差ですが、保護者の思う以上に、きょうだい間での英語使用が進んでいると解釈することができます。親とは必ず日本語で話す子どもでも、きょうだいとは英語でコミュニケーションをとる機会が増えると自覚しているようです。

精神的なサポートに関しては、ほとんどの子どもが、親は自分の気持ちをわかってくれると回答しています。また、子どもたちは、現地校や補習授業校のことについて、家で「よく」あるいは「ときどき」 話すと答えており、保護者の回答とほぼ一致しています。両者の回答を見る限り、家庭での親子のコミュニケーションはうまくいっているようです。

読書に関しては、８割前後の子どもが、日本語でも英語でも、「よくする」あるいは「ときどきする」と答えています。一方、保護者の回答と比較してみると、日本語での読書については子どもの回答とほぼ一致していますが、英語での読書に関しては、「よくする」と「全然しない」の回答に、両者の差がみられます。「よくする」は子どもの回答では４割に上っていますが、保護者の回答では３割にも達しません。また、「全然しない」と答えた子どもは全体で１名しかいませんでしたが、保護者は９名に上っています。子どもは日本語と英語の両方で読書を楽しんでいると感じているようですが、保護者は子どもがそれほど英語の本を読んでいるとは思っていないようです。

子どもの学習を家庭でどうサポートしているかについての保護者の回答は実に多岐にわたっています。英語習得に関しては、「本、テレビ、映画などで英語に触れる機会を増やす」「友だちと遊ばせる」「読書を奨励する」「家庭教師や塾」といった回答がある一方で、「学校の勉強で精一杯」「特に気をつけていることはない」という回答もありました。日本語保持のためには、「家庭での日本語使用を徹底させる」「読書、音読を奨励する」「新聞、テレビで知った時事問題や、学校で学んだ社会問題について家で話すようにしている」「補習授業校の勉強をしっかりさせる」「正しい日本語を話させるよう、間違いや英語まじりの表現はその場で正す」「漢字を覚えさせる」「アニメ、マンガ、テレビ、ビデオなどを見せる」「日本語を話す友だちと遊ばせる」など、具体的で、積極的にサポートしようとする回答が圧倒的に多くみられました。英語習得よりも日本語学習に関する保護者の関心の高さがうかがえます。

(6) 帰国後の不安

帰国後の進路に関する保護者の回答は、「未定」が多い一方で、「公立校」「渡米以前に通っていた私立校を継続」「高校、中学受験」「帰国子女枠で受験」という回答も多くみられました。

「日本に帰ったときに心配なことは何か」という問いに対する子どもたちの回答は多岐にわたっています。大別すると、「受験」「漢字ができなくなっている」「勉強が遅れている」「学校になじめるか」「授業についていけるか」「水泳、鉄棒、跳び箱など日本の学校で習うことを、アメリカの学校ではやっていないのでできない」という学習面の心配、「友だちができるか」「昔の友だちが覚えていてくれるか」「いじめられないだろうか」という友人面での心配、そして「英語の混ざった変な日本語を話してしまうかもしれない」「英語を忘れてしまうかもしれない」という言語面での心配がありました。また、「地震が心配」「日本になじめるか」など環境、風土面での心配もありました。保護者の回答には、「帰国子女に対する偏見」「帰国時に思春期に入るので適応できるか心配」などの社交面、情緒面に関する不安もありましたが、子どもの回答とほぼ一致しています。

（7）滞米中の問題点と解決策

「日本人がアメリカで子育てをするにあたり問題点となること」の保護者の回答も多岐にわたっています。大別すると、「現地校とのコミュニケーション」「自己主張が苦手な日本人気質」など意思疎通上の問題、「保護者（特に母親）の英語力」「現地校とコミュニケーションをとったり、現地校の勉強をサポートできるだけの英語力」という英語面での問題、「情報不足」、「文化、言語、習慣から来る認識の違い」、「英語にはすぐ慣れるというような先入観」「親自身が未経験なため、その不安が子どもに伝わってしまう」「現地になじもうとがんばりすぎ、精神的に張りつめている」など保護者側の問題、そして、「日本語力低下」「学力低下」「しつけ」など、子ども側の問題が指摘されました。

現地校とのコミュニケーションに対する解決策としては、「学校行事やボランティア活動には努めて参加し、顔を覚えてもらう」「文化の違いを知ろうとする態度を心がける」「積極的に友人をつくる」「失敗から学ぶ」「現地校とコミュニケーションできるだけの英語力を身につける」などの回答がありました。英語力不足に関しては「英語学校に通う」「ボランティアなどを通して友人をつくる」「日本人同士で固まらない」という指摘がありました。また「情報不足」に関しては、「日本人同士のつながりをつくる」「知人を通してのネットワークを広げる」がありました。情緒面では「保護者が子どもの前でアメリカ人やアメリカのシステムについて批判したり愚痴を言ったりしない」「メールなどを通して先生や友人と積極的にコミュニケーションをとる」「家族で一緒に外出したり、旅行したりして息抜きを心がける」「がんばりすぎず親がリラックスする」「他人と比較せず、長い目で考える」などがありました。子どもの日本語力、学力低下に関しては、「家庭での日本語使用を徹底させる」「補習授業校の勉強をしっかりさせる」「通信教育を利用して家庭学習を徹底した」という回答が目につきました。

最後に、これから渡米する保護者へのアドバイスを求めたところ、実にさまざまな回答がありました。以下、主な回答をまとめておきます。

・インターネットや経験者などを通じて、学校、住む地区などに関する情報を入手しておく。
・母親同士の交流、同じ日本人同士のネットワーク作りを心がける。
・渡米の予定がわかっている場合はなるべく早い時期から英語に触れさせ、外国人との接触を増やす。
・中学生以上で渡米する場合は、学習に必要な英語力を獲得してくること。
・低学年では日本語を中心に考え、高学年では英語をしっかり勉強させる。
・英語中心になりがちだが、日本語をいかに維持し、伸ばしてやるかを考えてあげるべきである。低学年では音読させることをすすめる。
・英語にはすぐ慣れると思ったが想像以上に時間がかかった。何か1つ自信の持てることを見つけさせるといい。
・年齢が高いほど、対人関係で悩むことが多い。親は子どもをよく理解すること。
・親子で取り組む。親も一緒に勉強する。
・現地校の担当者は多国籍の子どもの扱いに慣れているので、思いのほか歩み寄り、理解しようとする態度を見せてくれる。積極的にコミュニケーションを図るべきである。
・不安な気持ちは理解できるが、子どもの持つ力と可能性を信じて、長い目で見守る。
・環境順応には個人差があるので、長い目で見守り、心配しすぎない。
・子どもにとっては貴重な体験であり、また、親子の時間が持てるのが素晴しい。
・子どもの性格、子どもに何を学んでほしいかという期待、そして滞在スケジュールを照らし合わせ、焦らず、柔軟に子どもの成長を見守る。
・子どもに対して「勝手に連れて来て申し訳ない」とか「かわいそう」と思うのではなく、子どもの状況を理解し、励まし、ほめるよう努める。
・日本人ともつき合って、日本との接触を保ちつつ、アメリカでしかできないことを楽しむ。
・焦らず、前向きに、アメリカでの生活をゆったりと楽しむよう心がける。

5 まとめと支援に向けて

今回の調査から、子どもたちは日本で抱いていたアメリカに対するイメージとのギャップに驚きながらも、それなりにたくましくアメリカの生活に順応している様子がうかがえました。また、保護者は子どもたちの状況や気持ちをかなり把握し、理解していることがわかりました。

多くの子どもと保護者が、アメリカの学校は「規則や秩序を重んじ、学習内容のレベルも高く、宿題やテストもたくさんあり、思ったより大変だった」と感じています。特に、高学年の保護者ほど、英語での学習の大変さを指摘しています。渡米前にある程度の英語力を身につけておいた方が現地校になじみやすいのではないかという回答もたくさんみられました。半数以上の子どもが平均して2年間程ESLに出席していますが、ESLのあり方は地域によってかなり違います。インターネットで調べたり、直接学校に問い合わせるなどして、事前に情報を収集しておくといいでしょう。ESLに対する保護者の評価は概して高く、アメリカでは子どもの英語力不足をサポートする制度がしっかりしていると考えているようです。

現地校で困ることは、両者とも言語に関する問題を指摘していました。保護者は子どもが言いたいことが言えずイライラしているのではないかという表現面の問題を心配していましたが、子どもはどちらかというと相手の言っていることがわからないという聴解面を心配しているようです。

子どもたちは概して現地校にも補習授業校にも楽しく通っているようです。その主な理由が同じような環境にある「友だち」と「理解ある先生」の存在ですが、「授業や勉強」を理由に挙げる子どもも少なくありませんでした。子どもたちは、保護者が考える以上に、日本語で学習したり、友だちと日本語で遊んだりするのを楽しんでいるようです。

半年から1年が過ぎた頃から、子どもたちは「英語がわかるようになった」と感じると同時に、「日本語が難しいと感じるようになった」「日本語が伸び悩んでいる」と日本語の遅れを感じるようになり、問題が日本語力の低下に移っていきます。特に問題となるのが、漢字をはじめとする読み書きの遅れです。低学年ほど日本語力の低下を心配する保護者が増え、中には「低学年では日本語、高学年では英語に焦点を合わせるべき」とはっきり区別すべきという指摘もありました。

では、英語や日本語の学習はどのようにサポートすればいいのでしょうか。アメリカの学校では、ESLや英語を母語としない子どものための特別クラスなど、英語強化のためのサポートはしっかりしていますが、日本語を維持、向上させるためのサポートはありません。母語の確立されていない子どもの言語は、滞米年数が長くなるにつれ、社会的に優位な英語へと置き換わる傾向があることが知られています。このような二言語環境で子どもの日本語を育成するには、保護者側の相当な覚悟と努力が必要です。この調査では、子どもを補習授業校に通わせていない家庭でも、塾、通信教育、家庭教師など何らかの形で日本語での学習をサポートしていました。日本語学習のために、補習授業校や日本語学校、塾等の補助教育機関に通うのはもちろん有効でしょうが、怠っていけないのは家庭での学習です。年齢相当の日本語力を身につけるには、学校以外の場でも、積極的に日本語を使う必要があります。そして特に大切なのが読書です。言語力には、生活上で必要な「生活言語力」と、新しいことを学んだり、考えたりする知的活動に必要な「学習言語力」の2種類があるといわれています。「生活言語力」は「聞く・話す」が中心になりますが、「学習言語力」習得には「読み書き」の学習が欠かせません。読書は、書き言葉に触れる機会を増やすだけでなく、子どもの知的活動を活発にし、知識と語彙を増やします。さらに、得意な言語での理解は、弱い言語での学習を促進させます。たとえば、現地校で課題となるシェークスピアの「ハムレット」を予め日本語で読んでおけば、英語で読む際に内容がよく理解できるようになるでしょう。また、日本語と英語の両方の学習にも役立ちます。

保護者がアメリカで子育てする上での一番の問題は、「現地校とのコミュニケーション」と「保護者の英語力」でした。保護者自身がアメリカの学校制度や習慣を体験していないため、戸惑うことが多々ありますが、そのようなときに問い合わせたり、情報収集するだけの英語力が必要だという指摘です。また、保護者には、子どもの現地校の勉強や課題をサポートできるだけの英語力も求められるという指摘もありました。したがって、保護者に強く求められるのは英語力だけでなく、インターネットや知人を駆使した情報収集力、ネットワークづくりに欠かせない対人コミュニケーション力だといえるでしょう。幸い、LA、DC 地区とも日本人駐在員や在外日本人が多く住み、数々のコミュニティや意見交換の場が存在します。このような情報は、コミュニティの情報誌や新聞、日系スーパーなどの掲示板、日本語番組の広告などを通して日本語で入手できます。また北米の場合、強力な情報源がインターネットです。今後、インターネットやメールを通して情報を入手する機会がますます増えてきますから、ある程度のコンピュータに関する知識は必要不可欠です。

子どもも保護者も指摘しているように、現地校にはいわゆる「アメリカ人」だけでなく、英語の話せない外国人の子どももたくさんおり、学校の担当者は理解をもって対応してくれているようです。アメリカの学校では、日本以上にボランティアなどを通して保護者との関わり合いが求められます。したがって、たとえ英語力が限られていても、必要以上に心配することはなく、できる範囲でボランティアに参加するなど、積極的に学校と関わっていく姿勢が必要です。実例としては、子どものクラスメートと保護者を誕生会や日本の伝統的な祝日（ひな祭りや子どもの日など）に招待して交流を図る、ベークセール（bake sale：手作りのお菓子やリサイクル用品を売って学校の資金集めをすること）、図書館、学芸会、学級パーティーなどの現地校の行事にボランティアをする、折り紙、華道や茶道など、日本文化の紹介、子どものお稽古ごとや行事への送り迎えを他の保護者と交代で行うカープール（car pool）などがあります。現地校での子どもの様子や学習などに不安があるときは、受け持ちの先生やカウンセラーの先生との連絡を密にすることが大事です。先生と直接会って話し合うだけでなく、質問事項などを書いたメモをそのつど子どもに持たせたり、メールで先生とコミュニケーションをとったり、学校での子どもの様子をじかに観察するためにボランティアで先生のアシスタントをする人もいます。

最後に、慣れないことの連続で、保護者も子どもも精神的に張りつめた状態が続きますが、それは一時的な状態だと割り切って、焦らず気長に構えた方がよさそうです。親の不安が子どもに伝わると、子どもも必要以上に不安を感じてしまうことがあるので、まずは、保護者がリラックスし、滞米を前向きに捉え、子どもの持つ力を信じ、励ます方向で考えた方がいいでしょう。それには、目先のことで一喜一憂せず、滞在プランと子どもに対する期待を照らし合わせ、子どもの成長を長い目で見守るという姿勢が必要になります。同時に、家族で外出したり、レクリエーションを楽しんだりと、親子ともども積極的に息抜きの場を設けるといいという指摘もありました。海外駐在は不安と緊張を強いられることが多いのですが、子どもにとっては貴重な体験であり、また、親子の時間を持つ絶好の機会であると捉えるといいのではないでしょうか。

❏参考文献

JBA南カリフォルニア日系企業協会（2007）『ロサンゼルス転勤で子女教育に困らないための本』Japan Business Association of Southern California, Gardena. California. USA.

栗原祐司・森真佐子編（2006）『海外で育つ子どもの心理と教育—異文化適応と発達の支援』金子書房

百瀬皓朗（2006）『挑戦！米国教育』文芸社

岡田光代（1993）『ニューヨーク日本人教育事情』岩波新書

内田伸子監修・早津邑子著（2004）『異文化に暮らす子どもたち—ことばと心をはぐくむ』金子書房

第6章

アメリカの補習授業校で学ぶ子どもたちの英語と日本語の力

片岡裕子
越山泰子
柴田節枝

1 今回の調査は？

読者の方々の中には、「補習授業校」という言葉を耳にしたことのある方も多いと思います。この章では、補習授業校に通っている子どもたちの日本語と英語の力について、実際の調査をもとにお話したいと思います。補習授業校教育とそれを取り巻く最近の変化は、これまでの章で語られてきました。そのような補習授業校をめぐる状況の変化は、補習授業校に通う子どもの言葉の習得にも何らかの変化や影響をもたらしているのではないでしょうか。今の補習授業校に通っている子どもたちの日本語力、英語力、そして言語背景がどのように変わってきているのかを知ることは、今後海外で学ぶ子どもたちの言語教育を考える上で参考になることが多いと思います。そのような理由から、今回のような調査を実施することになりました。この章では実際の調査結果をふまえながら、言葉の習得過程について、アメリカでの滞在年数やアメリカに初めて来た時の年齢など、いくつかの視点から考えてみたいと思います。

（1）「日本語力」「英語力」って、具体的に何？

「日本語力」「英語力」という言葉はとても曖昧で、意味がはっきり決まっているわけではありません。どのように定義、解釈されるかはケースバイケースです。この章では、日本語や英語を使って学校の教科学習ができる言葉の力、と定義することにします。最近アメリカに来た子どもを例にとると、日常の生活に困らないだけの英語力（生活言語としての英語）

は比較的簡単にマスターできるかもしれませんが、英語を使ってある教科を学習する場合にはもっと高度な英語力（学習言語としての英語）が必要になってきます。アメリカ人のお友だちと話しているのを聞いて「うちの子は英語がぺらぺらになった」と喜んでいても、もしかすると十分な読み書きの英語力がないために、現地校ではその年齢に必要な知識が身についていない場合もあるかもしれません。

アメリカで生活する補習授業校の子どもたちは、日本語と英語の両方を流暢に操ることができるバイリンガルになることをよく期待されます。けれども、一口にバイリンガルといっても、大きく分けて次の３つがあります[1]。

1）**プロフィシェント・バイリンガル**……どちらの言葉も年齢に応じてよくできる。

2）**パーシャル・バイリンガル**……どちらか１つの言葉だけが年齢に応じたレベルかそれ以上によくできるが、もう１つの言葉はそこまで達していない。

3）**リミテッド・バイリンガル**……どちらの言葉もある程度は理解できるが、年齢に応じた発達をしていない。

もちろん、誰でもプロフィシェント・バイリンガルになりたい、なってほしいと願うでしょう。アメリカに来た年齢や本人の努力によって、それももちろん可能です。しかし、現実には、大抵の場合はどちらか１つの言葉が強いパーシャル・バイリンガルの場合が多いと思います[2]。アメリカで生まれ育った子どもの場合、両親と家で日本語だけを使っていても、学齢期に入ってからは日本語が段々弱くなって、英語の方が話したり書いたりしやすくなります[3]。その場合、日本語は母国語というより、親からの言語や文化を受け継いだ「継承語」（heritage language）であるといった方が的確かもしれません。

これまでの研究から、子どもが知的にも精神的にも健全な成長を遂げるには、少なくとも１つの言葉が学習言語として、年齢に応じて十分発達しているパーシャル・バイリンガルであることが大切だといわれています。

どちらの言葉も中途半端になってしまったリミテッド・バイリンガルやセミリンガルと呼ばれる子どもたちの場合は学習にも支障が出てしまい、ひいては知的発達に差し支えることになりますから注意が必要です[4]。

（2）では、調査の具体的な目的は？

前項では、プロフィシェント・バイリンガルになるのは難しくても、パーシャル・バイリンガルであることがいかに大切かをお話しました。そして、リミテッド・バイリンガルやセミリンガルの場合には何らかの対策が必要だということについても述べました。そうなると海外で２つの言葉を同時に学ぶ子どもたちの「日本語力」「英語力」が実際どのようなレベルにあるのかが気になります。一見、日本語と英語を問題なく使い分けているように見えても、客観的に診断してみないと本当のところはわかりません。この調査では、特に次の５つの点に注目しました。

１）子どもたちの日本語と英語の力はどうですか？
２）日本語力と英語力の関係はどうなっていますか？
３）子どもたちの日本語にはどんな特徴がありますか？
４）アメリカでの滞在年数と言葉との関係はどうですか？
５）アメリカに来た年齢と日本語力、英語力には関係がありますか？

２ どんな調査？

（1）調査の対象

今回の調査では、アメリカの都市部４カ所にある日本語補習授業校の小学１年生から中学３年生までの子ども合わせて約1600名です。各学年の参加人数と平均アメリカ滞在年数は表６-１の通りです。

（2）データは？

2003年６月に各補習授業校で行われた日本語と英語のテストの結果とアメリカでの滞在年数のデータを統計的に処理して分析をしました。今回使用された日本語テストは、小野博氏を中心とした研究チームが日本全国20

表6-1　学年別人数と平均アメリカ滞在年数

学年	人数（人）	平均アメリカ滞在年数（年）
小学1年	100	3.94
小学2年	198	5.24
小学3年	212	5.92
小学4年	219	6.28
小学5年	191	7.42
小学6年	196	7.84
中学1年	171	8.86
中学2年	156	9.29
中学3年	134	11.21

万人の小、中学生のデータに基づいて3年間かけて開発したテストです。英語の語彙テストは、同研究チームがアメリカで市販されている1974年度版の The Word Book Dictionary (Doubleday and Company, inc.) をもとに開発したものが使用されました。今回は時間的な制約もあり、実施されたのは次の通りでした。

小学1年生：日本語語彙、文型
小学2年生：日本語語彙、文型、助詞（て、に、を、は等）、漢字
小学3年生-中学3年生：日本語語彙、文型、助詞、漢字、英語語彙

テストの実施日が、学年が変わって間もない6月上旬でしたので、英語以外は実際の学年より1学年低いものが使用されました。また、アメリカに来た年齢は、2003年4月1日現在の学年に基づく年齢（たとえば、小学校1年生は6歳、中学校1年生は12歳）から、子どもの「アメリカ滞在年数」を引いて算出しました。

3 調査してみて、わかったことは？

ここではこの調査の結果から（1）子どもたちの日本語力と英語力それぞれのレベルについて、（2）2つの言葉―日本語力と英語力の関係について、（3）子どもたちの日本語の特徴、（4）アメリカでの滞在年数と言

葉の関係について、そして（5）アメリカに来た年齢と言葉の習得－日本語力と英語力―との関係について、それぞれ考えてみたいと思います。

（1）子どもたちの日本語と英語の力はどうですか？

①語彙の力

今までの研究では、語彙力の強い子どもたちは、文型や助詞などの他のテストも良い結果を出していました。すなわち、語彙のテストの結果が高い子どもたちは全体的に日本語も強いことがわかっています[(5)]。

まず図6-1を見てください。これは子どもたちの日本語の語彙力を学年別に表したものです。縦軸はパーセンテージ、横軸は学年レベルを表しますが、7、8、9というのは、中学1年生、2年生、3年生のことです。

テストを行ったのが春で新学年に上がって間もない頃でしたので、期待されている学年レベルは1学年下を見てください。たとえば、小学2年生なら、学年レベル1（1年生）が、期待されているレベルです。日本の小学1年生が終わった子どもたちの平均がこのレベルにあたり、この調査の結果では50％以上の小学2年生が期待されているレベル、つまり日本の同年齢の子どもたちとほぼ同等の語彙力を持っていることになります（小学校1年生は、就学前の子どもとの比較になるので、学年レベルではなく、年齢レベルで比較しています）。

このグラフから、学年によって違いはあるものの、学年が上がるにつれて語彙のレベルが期待されている学年レベルより低い子どもの割合が増加していることがわかります。小学5、6年では半数の子どもたちが、また中学生では半数以上の子どもたちが日本の子どもたちと比べて1学年以上遅れています。また、グラフ全体の形にも注目してください。中学生になるとレベルのばらつきが目立ってきます。たとえば中学3年生の語彙力は小学4年生レベルから高校1年生レベルまで広がっています。低学年で見られた「山型」のグラフが、中学3年生になると突出した部分がなくなり、全体的にならされてしまって裾野が広がった「平地型」になっています。日本語が「できる子」から「できない子」までいろいろな力の子どもがいて、同じクラスでも日本語力の差が大きく、またバラバラだということがわかります。

図6-1　日本語語彙力　学年別相対レベル

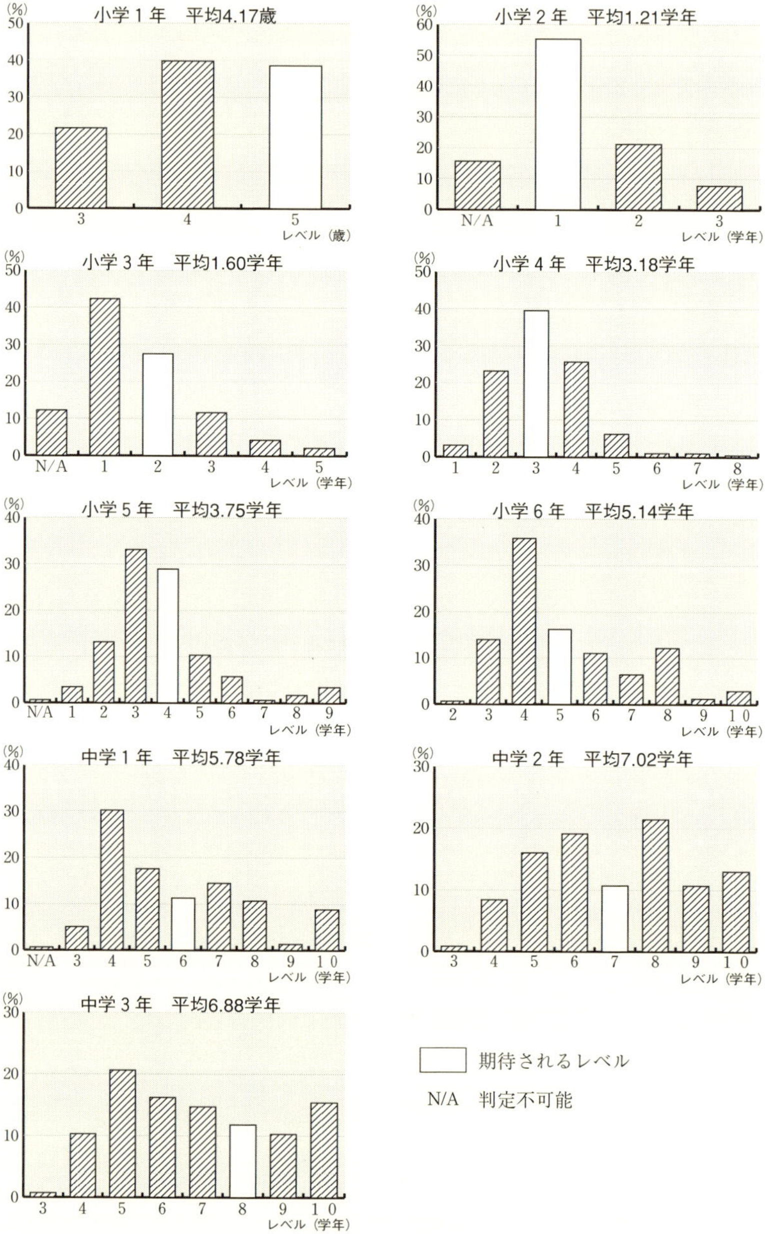

小学１年生は幼稚園用のテストを使いました。期待される年齢レベルは５歳でしたが平均は約４歳で、中学３年生では８年生レベルが日本の標準なのに７年生を下回りました。小野博氏による1980年代の調査では、小学校高学年（4-6年生）の語彙力を補習授業校と全日制日本人学校との間で比較していますが、補習授業校の児童の語彙力は日本人学校の児童のそれより少し劣るものの、両者のデータに大きな違いはみられませんでした。しかし、今回の調査結果では、図6-1からわかるように、小学５年生あたりからレベルの差が目立ち始め、小学６年からはレベルのばらつきがさらに広がっていく傾向がみられました。

②英語語彙

補習授業校には在米期間が短い等の理由で英語力がまだついていない子どももたくさんいます。そのために英語の語彙についてはさまざまなレベルの子どもがどの学年にも混在していますが、全体的にとても高いレベルにあります。ばらつきは小学３年生から見られ、４年生以降は日本から来て間もない子どもたちとアメリカで生まれた子どもたちとの差が一目瞭然です。図6-2が示すように、特に小学校の高学年や中学生ではその傾向がますます明らかです。小学４年生以上では、学年レベルより３学年も高いレベルの英語力を持つ生徒がもっとも多く、中学１、２年生では80%以上、中学３年では90%近くの生徒が学年相当レベルもしくはそれ以上の英語力を持っていました。この子どもたちは日本語よりも英語の方が強い言語になっているようです。

（２）日本語力と英語力の関係はどうなっていますか？

前にも述べましたが、言語の発達段階にある小、中学生にとって、年齢にふさわしい学習言語力を身につけることは、その年齢に応じた必要な知識の吸収や思考力を養うのに欠かせないことです。表6-2は、この調査に参加した子どもたちを前で紹介した３つのタイプのバイリンガルに分けてみた結果です。

「PrB」は日本語・英語が共に学年レベルかそれ以上に強い「プロフィシェント・バイリンガル」、「PaB」は日本語・英語のいずれかが学年レベ

図 6-2　英語語彙力　学年別相対レベル

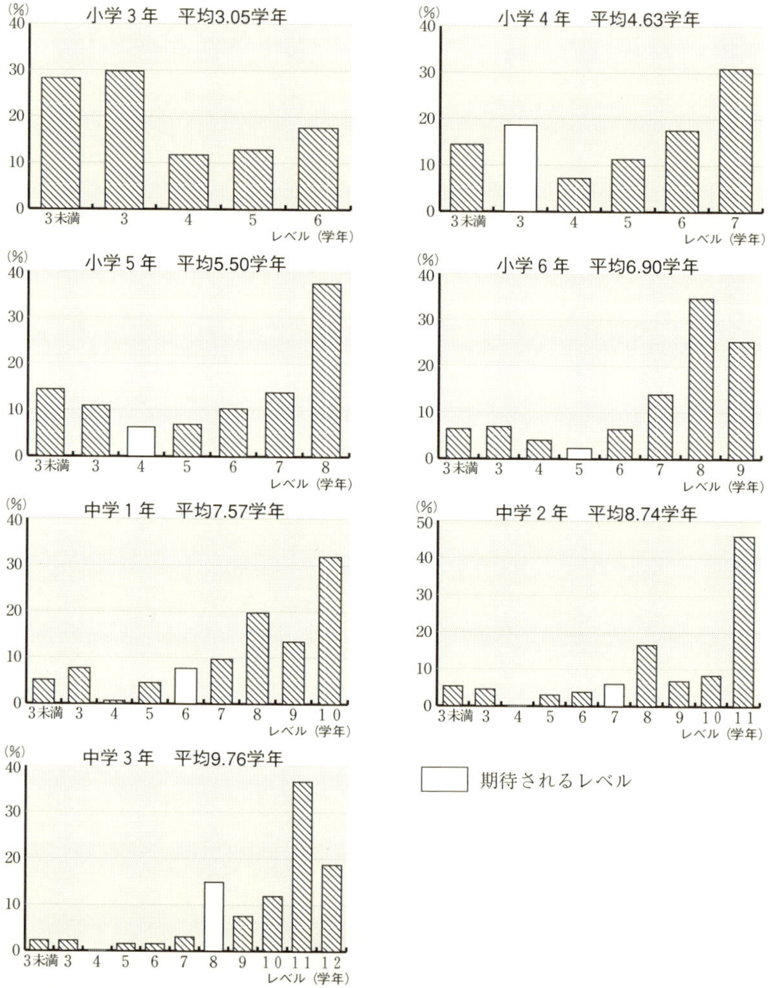

ルかそれ以上だがもう一方は学年レベルより低い「パーシャル・バイリンガル」、そして「LB」は日本語・英語共に学年レベルより低い「リミテッド・バイリンガル」を表しています。「PaB」のうち「EB」は英語の方が日本語より強いパーシャル・バイリンガル、「JB」は日本語の方が英語より強いパーシャル・バイリンガルです。この表でおわかりのように、学年

表6-2　カミンズの分類に基づくバイリンガルの種類とその分布

学年／タイプ		小4		小5		小6		中1		中2		中3		合計	
		人数	%	人数	%	人数	%	人数	%	人数	%	人数	%	人数	%
PrB		121	**62.1**	65	**36.9**	66	**38.2**	59	**37.6**	56	**42.1**	45	**33.3**	412	**42.5**
PaB	EB	45	**23.1**	65	**36.9**	77	**44.5**	70	**44.6**	55	**41.4**	75	**55.6**	387	**39.5**
	JB	23	**11.8**	22	**12.5**	20	**11.6**	15	**9.5**	17	**12.8**	6	**4.4**	103	**10.6**
LB		6	**3.1**	24	**13.6**	10	**5.8**	13	**8.3**	5	**3.8**	9	**6.7**	67	**6.9**
合計		195	**100.1**	176	**99.9**	173	**100.1**	157	**100.0**	133	**100.1**	135	**100.0**	969	**99.9**

Prb：プロフィシェント・バイリンガル　PaB：パーシャル・バイリンガル（EB：英語の方が強い　JB：日本語の方が強い）　LB：リミテッド・バイリンガル

が上がるにつれて英語優位のパーシャル・バイリンガルの割合がどんどん増えていきます。そして、全体を通して日本語優位のパーシャル・バイリンガルの割合は非常に低いのです。さらに、両言語とも学年レベルより低いと判定された小学４年生以上の子どもが全体の約７％近くもいることがわかりました。このような子どもたちのこれからの言語力は注意して見守っていかなければ、日本語も英語も中途半端で、年齢相応の知識を吸収することができない、学習のできない子どもたちになってしまう可能性があるのです。

（３）子どもたちの日本語にはどんな特徴がありますか？

次に、語彙の力で測った日本語力、英語力だけでなく、漢字、そして今まではさほど注目されなかった助詞と文型についても見てみましょう。

①漢字

漢字の力は、一部の教育者からは日本語力の代名詞のようにいわれています。また、補習授業校の先生や親はしばしば漢字の読み書きさえできれば日本語が上達した、または保持されていると思っているように見受けられます。確かに漢字は日本語力のバロメータの１つではあります。しかし、特に長期滞在や永住の子どもたちの場合には、漢字を必要以上に重要視するよりも、きちんとした文が作れるように、また日本語として自然な言い回しができるように指導することの方が先決ではないでしょうか。アメリカの大学で初めて日本語を学習し始めたモチベーションの高いアメリカ人の学生が、卒業までに常用漢字を全部覚えてしまうこともあるのですから。

それはさておき、図6-3を見ると漢字については小学校の4年生までは学年相当レベルかそれ以上のレベルに達している子どもが大半（小学3年生は90%以上、小学4年生は約80%）です。それが小学5年生ではその割合が半減し、その実力にもばらつきがみられるようになります。小学6年生と中学生では、学年相当レベルかそれ以上の実力のある子どもも過半数いる反面、2学年以上低いレベルで停滞している生徒も少なくありません。

②文型

これまでの研究から、日本に住んでいる子どもたちの場合、特別な指導をしなくても小学6年生までにはほとんどが文型、助詞は問題なく使えるようになるため、中学生には文法のテストをするのはあまり意味がないといわれてきました(6)。しかし海外に長期にわたって滞在している子どもはどうなのでしょうか。海外にいる子どもたちの文型や助詞を正しく使う力は、日本の子どもたちのそれとどう違うのかをみるために、これらのテストも併せて分析しました。

これらのテストは小学生向けに作られているので、小学1年、2年生以下のレベルでは、どの程度低いのかの判断が難しく、また正解率が非常に高くても、小学6年生以上のレベルは判断できないという問題がありました。

さて結果ですが、図6-4を見てください。すでに小学校低学年でかなり高学年レベルに達している子どもたちも少数いますが、全体的には低学年では小学1年生レベルが大多数です。学年が上がるにつれて少しずつ学年レベルも上がっています。しかし、小学校高学年からばらつきが目立ち始め、中学生になると小学校低学年のレベルに停滞したままのグループと、小学6年生レベル以上のグループという2つに分かれてしまいました。中学生では文型の「できる子」と「できない子」に両極化しまうのです。

また、補習授業校の子どもたちは、日本の子どもたちに比べて学習されにくい文型がいくつかありました。たとえば、「してもらう」や「させて

図6-3　漢字　学年別相対レベル

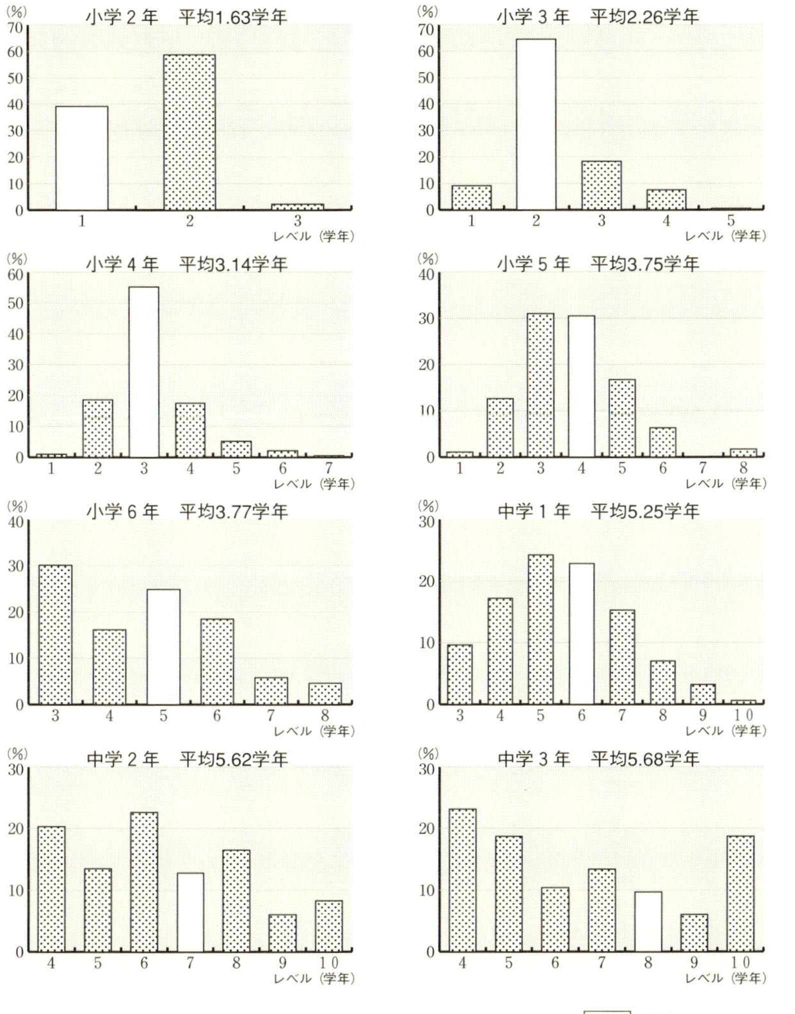

あげる」などは低学年では習得率が低く、中学の後半になるまで使えるようになりませんでした。さらに、「させられる」「させてもらう」などは、年齢と学年が上がるにつれて、日本の子どもたちとの差は広がっていくばかりでした。このような文型は使わなくても基本的な日常生活には困りま

図6-4　文型　学年別相対レベル

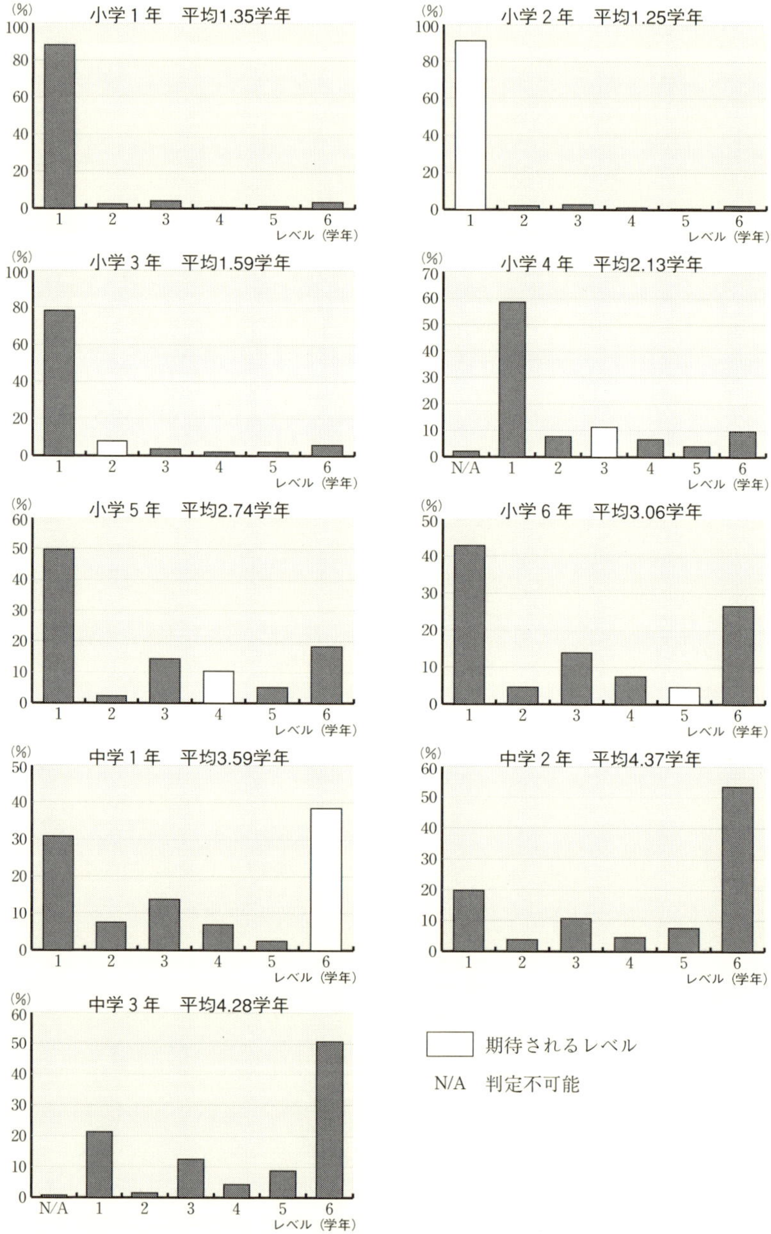

せんが、使えるようになればもっと表現力が豊かになります。このような構文は、学校なり家庭なりで意識して指導をしなければ、いつまでたっても使えるようにはならないでしょう。

③助詞

文型と同じように、この助詞のテストも小学１年生から６年生までのレベルしか測定できないので、小学１年生より下の年齢と小学６年生以上のレベルは測れません。「文型」のケースと同じように、どんなに正解率が低くても小学１年生のレベルよりどのくらい低いのか、反対に満点に近くても小学６年生のレベルよりどのくらい高いのかは、このテストでは判断できません。

図6-5を見てください。小学５年生までは小学１年生レベルで留まっている生徒が目立ちますが、小学６年生ではそれまでの傾向から一変し、学年レベル５年生以上が全体の半数近く（46.8%）を占めることがわかります。このことから、だいたいこの年齢で助詞が習得されるのだろうということがわかります。しかし、中学生になっても小学校の低学年レベルしか習得できていない生徒も非常に多いということにお気づきでしょうか。中学１年生で約３分の１、２年生で４分の１弱、３年生になっても５分の１弱の生徒たちが小学１～３年生レベルでしか助詞が使えないという結果には注目する必要があります。また、語彙や文型と同様、ばらつきが大変目立つのも気になります。それでは助詞の使い方にはどのような特徴があるのでしょうか。

調査では、子どもたちの習得過程から見ると、助詞はかなり早い段階で習得されると思われるものから中学３年生になっても正解率が低いままのものまでありました。中学生になっても習得が遅い助詞のほとんどは、「さえ」「ばかり」といった家庭での会話にはあまり必要がなく、他の助詞（たとえば「これさえ［が］あれば」「こればかりは［は］……」などの［　］内の助詞）を代用しても十分意味は通じるものがほとんどでした。しかしこれらの助詞も、文型と同様に使えればより表現を豊かにすることができるはずです。家庭や友だちとの会話だけでは助詞の使い方にも制限があり、その先は読書や学校での学習がより重要になっていきます。

図6-5　助詞　学年別相対レベル

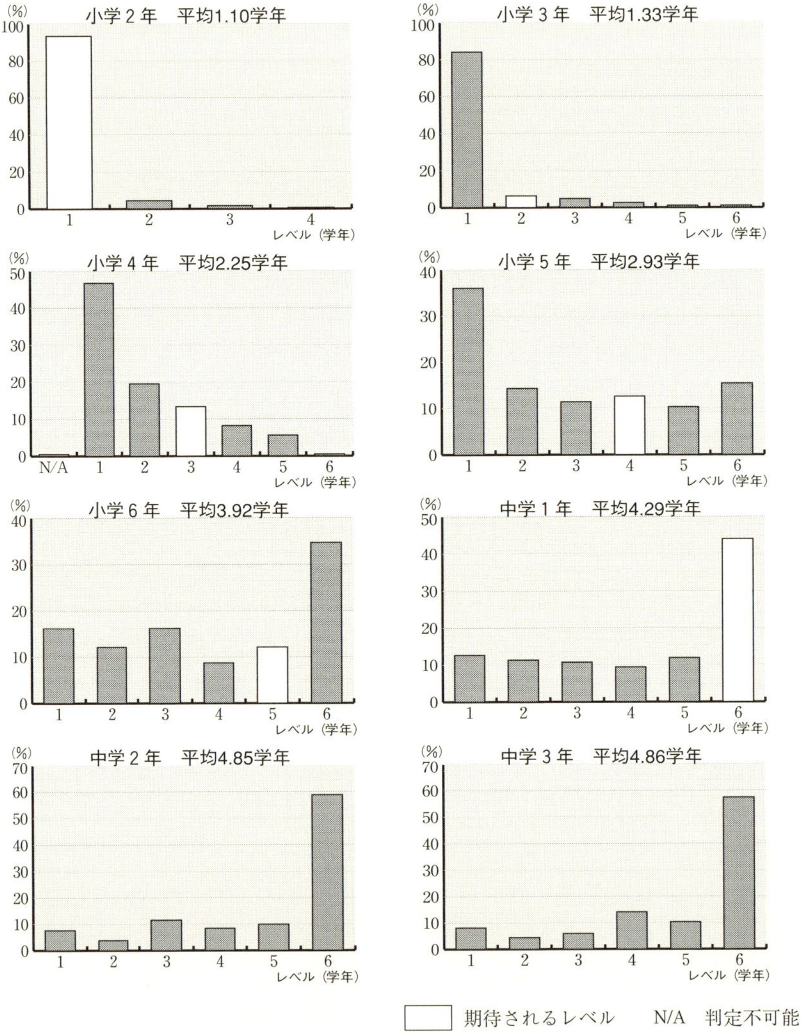

（4）アメリカでの滞在年数と言葉の関係はどうですか？

アメリカでの滞在期間が長くなった人なら誰でも、日本にいる親戚、友人たちから「英語はもうペラペラになっているんでしょう、いいですね」、などと羨ましがられた経験があるのではないでしょうか。確かに英語に接する時間が多くなり、その分日本語を使う機会が少なくなるわけですから、だれでも英語がペラペラになりそうなものですよね。この項では、アメリカの生活が長くなった場合、日本語と英語の力がどのように変わっていくのかを調査結果をもとにお話します。

中島和子氏は、「日本語しか使えなかったモノリンガルの子どもが、渡米3年目に向けてだんだんにバイリンガルになっていく一方、日本語の力がだんだん弱まっていく。その過程で、4年目くらいに日本語が『弱い言語』に、英語が『強い言語』に逆転する」と述べています(7)。私たちの調査でも、小学1年生から中学3年生までの全体の結果では、滞在年数と日本語力は反比例の関係、英語力とは正比例の関係、という結果でした。つまり、滞在期間が長くなった子どもほど日本語力の伸びが小さく、その反面英語力の伸びが大きい、というわけです。図6-6は全学年で見た滞在年数と日本語と英語の語彙力の関係を示しています。このグラフを見る限り、渡米して1年目までは日本語の語彙力の低下は特に見られませんが、すでに英語力の上達が目覚しいのがわかります。そして2年目の終わりあたりから日本語力の低下が少なからず始まっていて、日本語と英語の力がほとんど同じようなレベルになっていきます。2つの線が交差した2年後

図6-6　滞米期間と日本語語彙／英語語彙の学年レベル（全学年合計）

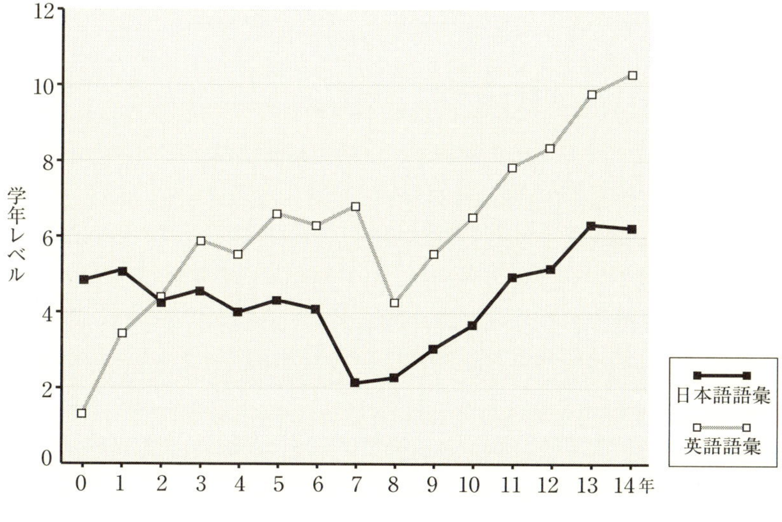

あたりからはだんだん英語力が日本語力を上回るようになっていきます。ただし、これは調査に参加した全学年をまとめたデータ結果なので、いつ英語の方が日本語よりも強い言語になっていくのか、ということについては、渡米した時の子どもの年齢や言語環境によっても違いますので一概にはいえません（これについては次の項で述べます）。

今度は各学年毎にアメリカ滞在期間と日本語の語彙、助詞、文型、漢字の４つの分野との関係をみてみましょう。まず日本語の語彙と滞在期間の関係では、小学１年生の段階からすでに滞在期間の長い子どもと短い子どもとでは語彙数に差がみられます。一方、助詞、文型、漢字の場合は、小学３年生まではそれほど差はみられません。これらに差が目立ち始めるのはだいたい小学４年生くらいからです。実際には、小学校低学年からすでに少しずつ差が出始めているのでしょうが、小学４年生くらいまではそれほど目立つ差ではありません。

語彙力とは、一言で言うと「該当年齢で学ぶ言葉の意味をどのくらい知っているか」ということですから、その言語を話す国の文化ととても深いつながりを持っています。たとえば、日本にいれば「雛祭り」「こいのぼり」「七夕」といった年中行事に関する語彙や、「床の間」「縁側」といった日本の家の造りに関する語彙、「放課後」「給食」「当番」などの学校生活でよく使われる言葉も、外国にいてそのような経験をしてきていない子どもたちには、本やビデオでも見ない限り全く未知の言葉だと思います。また、語彙は文法と違って、一生を通じて増え続けていくものです。「語彙力をもって日本語力が測れる」と言い切る研究者もいるくらいです。そのように考えれば、年齢を問わず、日本を離れた段階で語彙力の差ができてしまうのは当然かもしれません。

一方、前にも述べたように、語彙に比べると文型、助詞の使い方などの文法項目は、ある年齢に達すればほとんど基礎的な学習はでき上がってしまいます。もちろん表現の豊かさを問えばきりがありませんが、基礎的なものは日本にいれば特別な勉強をしなくても自然に身につくものです。小学校低学年では普段日常や学校で使われる会話を理解するには、ある程度の基礎ができていれば大きな問題はありません。語彙が小学校低学年から差がつき始めるのに比べ、文型や助詞が小学４年生ごろから急に差が目立ち始めるということは、この学年あたりからより複雑な表現や文法事項の学習が始まるからでしょう。教科書もそのあたりの学年から急に難しくなっていくようです。

では英語力の方はどうでしょうか。グラフからわかるように、いずれの学年においてもアメリカでの滞在期間が長くなればなるほど英語力がどんどん上達していくのがわかります。アメリカでは幼稚園から高校まで（16歳まで）義務教育です。全日制の日本語学校にだけ通うという場合は別として、普通はアメリカに来てすぐに現地校に通うことになりますから、子どもたちにとってはアメリカの現地校での生活が日常生活の中心となります。今までの日本語での生活から、英語中心の生活に一変するわけです。英語ができなければ友だちもできませんから、子どもたちは子どもたちなりに必死の思いで追いつこうとしているのでしょう。子どもたち本人の自覚はともかく、こういう状況に置かれた子どもたちの英語の上達は親が考えるよりもはるかに速いものです。もちろん同じ年齢でアメリカに来ても、子どもの生活習慣や興味などによって上達する速度は異なりますが、遅い子どもでも半年もたてば先生や友だちの話を聞いたり、言いたいことをかなり話したりできるようになると思います。

ここまでをまとめてみますと、滞在期間が長くなれば、日本語の語彙の力はかなり早い段階から差がついてしまいますが、日本語の文法や漢字の力はだいたい小学４年生になった段階で差が目立ってきます。そして学年を問わず、アメリカでの滞在が長くなればなるほど子どもの英語力は高くなっていくといえます。

ただし、これらの結果は滞在年数と日本語力、滞在年数と英語力のそれぞれに反比例、正比例の関係があったということであって、滞在年数が長くなればバイリンガルになれるチャンスがそれだけ大きいということではありません。また、いつごろから得意な言語が逆転するのかということは、単に滞在年数の問題ではなく、いつアメリカに来たか、その子の日本に対する、またはアメリカに対する興味の度合いはどうか、友だちは誰か、主に何語で遊んでいるのか、またどのくらいの頻度で日本とアメリカを行ったり来たりしているのかなど、いろいろな要因が複雑に絡み合っていますので一概には言えません。滞在年数が10年以上になった子どもたちの中には、英語の方が得意な言語になってしまい、日本語はアメリカに来たときよりもかなり落ちてしまったという子どもたちが大勢いますが、日本から来たばかりの同学年の子どもたちと比べても、ほとんど同等の学習言語としての日本語力を維持している子どもたちも少なくありません。

(5) アメリカに来た年齢と日本語力、英語力には関係がありますか？

ある年齢を過ぎると言語習得が難しくなるという「言語の臨界期説」というのを聞いたことがあるかもしれませんが、子どもの言語習得の過程と成人のそれとは違うというのが定説になっています。成人してからアメリカに来た人ならほとんど誰もが「滞在年数と英語力は関係ない」と実感しているのではないでしょうか。成人になってからアメリカに来た場合には、何年アメリカに住んでいようと、これまで身に付けた日本語よりも英語の方が達者になるということはまず考えられません。では子どもの場合はどうでしょうか。

たとえ滞在年数が同じであっても、アメリカで生まれた子ども、就学前の年齢で来た子ども、そして中学生になってから来た子どもとでは日本語力、英語力の伸びや遅れの度合いはどのように違うのでしょうか。前出の中島氏のカナダにおける英語の読解力の伸びの調査(8)では、カナダに入国した時期が7歳から9歳までの子どもたちの読解力の伸びがもっとも大きかったと報告されています。また、10歳から12歳の間にカナダに来た子どもの場合には、英語の読解力が学年平均レベルに近づくのにそれ以前に海外に出た子どもたちよりも時間が長くかかっていました。今回の調査でも、アメリカに来た子どもの年齢によって日本語力、英語力の伸び率の度合いが違ってくるということがわかりました。図6-7は渡米した年齢と日本語力、英語力の伸び率の平均を示したものですが、これによれば8歳未満で渡米した子どもたちは3年もたつと英語の方が強い言語になってしまう可能性が高いのがわかります。9歳から11歳ごろに渡米した子どもたちは3年目くらいで英語力が日本語力に追いつきますが、日本語力もかなり身についているせいか日本語力と英語力にそれ程の差はみられません。ただし、残念ながら中学3年生までのデータしかないため、それ以降にこの2つの言語がどのように関わっていくのか、つまり英語の方が強い言語に変

図6-7　アメリカ入国時の年齢と言語力の伸び

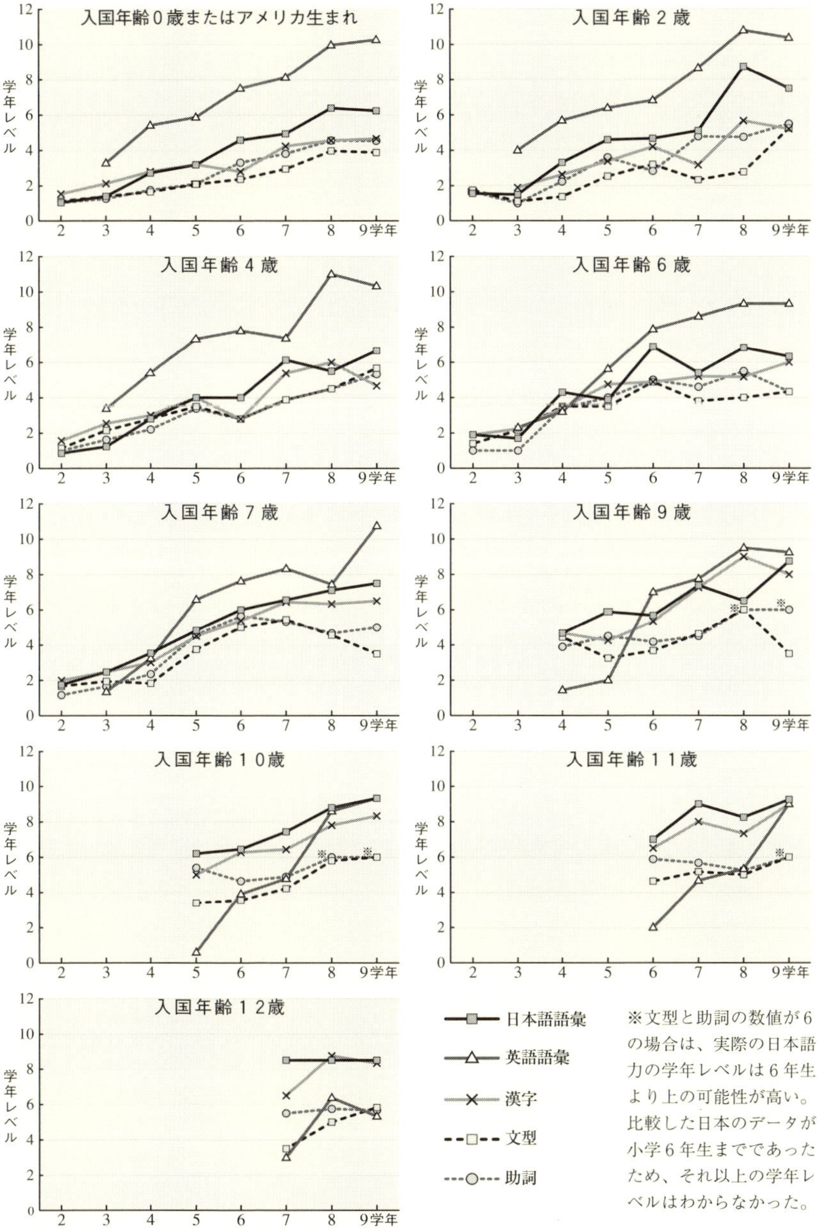

※文型と助詞の数値が6の場合は、実際の日本語力の学年レベルは6年生より上の可能性が高い。比較した日本のデータが小学6年生までであったため、それ以上の学年レベルはわからなかった。

わっていくのか、もしそうであれば滞在何年目ごろか、などの詳しい情報についてはグラフからは知ることができません。また、このグラフから、12歳以降に渡米した子どもたちは、英語力が上達しても既に身につけた日本語力を凌ぐことは難しそうだということもいえるでしょう。中学３年生になった３年後の段階でも、日本語力と英語力にかなりの開きがあるので、たとえいずれ英語がより強い言語になっていくとしても、それにはかなりの年数を要するだろうと思います。

以上のことから、次のようにまとめられます。

1）5-6歳以前にアメリカに来た場合

ほぼ３年後の小学３年生ごろまでには日本語よりも英語の方が達者になっています。そしてたとえ補習授業校で日本語を学習し続けていても、英語の方が日本語より強い言語になっていく可能性が十分ありそうです。つまり、5-6歳以前でアメリカに来て小学校・中学年までいた場合、日本に帰国するころには英語が日本語よりも強い言語になっている可能性がとても高そうです。もしアメリカに来た時点で日本語の学習をやめてしまったなら、たとえ維持できたとしても5-6歳レベルの日本語力しかないということになってしまいます。グラフで見ても、英語力と日本語力の差は歴然としています。

2）アメリカに来た年齢が７歳から８歳頃の場合

来た当時は日本語のモノリンガルでも、３年くらいたつと英語が日本語と同じようなレベルまで追いつき、その後だんだん英語力が日本語力を上回っていきます。しかし、日本語力、英語力の差は、それ以前で渡米した子どもたちに比較するとはるかに小さいのです。つまり、日本語力がある程度ついてから渡米しているので、１）の子どもたちより日本語が維持できていると思われます。

3）アメリカに９歳から11歳頃に来た場合

それ以前に来た子どもたちよりも多少英語の習得に時間がかかり

ますが、ほぼ4年後までには英語力、日本語力が同じようなレベルになっています。日本語力も2）の子どもたちよりもさらに維持度が高いようです。

4）12歳以降にアメリカに来た場合

グラフでは2年後のデータまでしかありませんが、このグラフで見る限りどうも2年以上たっても子どもたちの日本語力と英語力の差はあまり縮まってはいないようです。それ以降の英語の伸び率がわからないのではっきりいえないのですが、12歳で来た場合、英語の習得にはそれ以前に来た子どもと比べてかなり時間がかかりそうです。そして、英語が学年レベルに追いついたとしても、英語が日本語より強い言語になるには相当の年数がかかりそうです。

グラフから推測する限り、少なくとも9歳くらいまでの日本語力を身につけておけば、英語と日本語どちらも学年レベルに維持していける可能性が高いということになりますね。9歳までの日本語は、より高度な日本語を学んでいくために必要な日本語の基礎だと思います。もちろん、アメリカにいながら日本語を年齢相当のレベルに維持していくためには、本人はもとよりご両親の努力も並大抵ではないと思います。

4 今回の調査をまとめると、どうなりますか？　家庭や学校での学習にどう役立てますか？

前項では調査結果をもとに今の補習授業校の子どもたちの日本語力と英語力、アメリカに来た年齢や滞在年数と言葉の関係、日本語の特徴などについてお話しました。「補習授業校で学ぶ子どもたちは、日本語で該当学年の内容を学習するのに支障のない日本語力を持っている」ことを前提としてきた補習授業校ですが、現実は必ずしもそうとはいえなくなってきていること、そして子どもたちの日本語力が一様でなくなってきたことがわかっていただけたと思います。ここでは今までお話してきたことをまとめながら、皆さんに留意していただきたい次の3点、（1）日本語力を保つための努力の大切さ、（2）日本語力と英語力のバランス、（3）補習授業校に何を期待するか、についてお話したいと思います。

（1）日本語力を保つための努力の大切さ

海外で暮らす子どもの日本語力は、ほうっておけば段々弱くなってしまいます。日本語にふれる機会の少ない中で日本語力を維持していくためには、子どもも親も共にかなりの努力が必要です。家庭でのあり方も、日本語に接する機会が少ない分日常会話だけで済ませるのではなく、意識的に年齢にふさわしいトピックや内容について皆で話し合ったり、議論したりする時間があってもいいと思います。また、親も一緒に読書の時間を作れば、子どもも自然に本に手が出ます。調査では小学校の4年生、5年生くらいから差が目立ち始めるという結果が出ましたが、これはこの学年で急に差がついたのではなく、それまでの積み重ねが結果として現れたのだと思います。小さいうちから読み聞かせをし、子ども自ら本を手にとる習慣をつけ、読書の楽しみを教えるのが一番の近道です。そして日本に行く機会—滞在が長期化すれば毎年の「体験入学」なども—ができればなお理想的です。

（2）日本語力と英語力のバランスの問題

滞在年数が長くなるにつれて日本語力は弱くなっていきましたが、反対に英語力は滞在期間が長くなれば強くなるという結果でした。アメリカに来た年齢にもよりますが、滞在期間が長くなることによって、「日本語型」のパーシャル・バイリンガルから「英語型」パーシャル・バイリンガルに移行する可能性が十分考えられます。では、もしそうなった場合、どのようにその事実を受けとめたらよいのでしょうか。

少なくとも1つの言葉が年齢相当の発達をしていることが大切であることは既にお話しました。海外での滞在期間が思いがけず長期化し、日本語力が学年レベルよりずっと低くなってしまった場合でも、英語（または他の言葉）がその年齢にふさわしいレベルに達していれば、英語（または他の言葉）を通して学習し、社会性を養っていけますから、子どもの学習面、精神面での成長については何ら心配することはありません。確かに日本語力はすっかり弱くなっていて、親をがっかりさせてしまうかもしれませんが、日本語の力を伸ばしたいと思えば、将来日本語を再び学習するチャンスはいつでもあります。くどいようですが、日本語でも英語でも、どちらか1つの言語がその子どもの年齢にふさわしい力であれば、その言語を通して年齢に必要な知識を身につけていくことができますが、そうでない場合―具体的にはどちらの言語も2学年以上下回っている場合―には知識そのものが身につかず、大変なことになってしまいます。ですから、特に滞在が長くなった場合には、手遅れにならないうちに子どもの言語の発達状況を把握しておく必要があります。本来は補習授業校が率先して定期的に言葉の力を把握すべきだと思いますが、残念なことに今の補習授業校はその必要性に気づいていません。

もう1つ気をつけたいのは、日本語力そのものの捉え方です。日本語力のバロメータとして、漢字のみに頼らないことです。漢字は学習言語としては重要なバロメータですが、漢字の力が伸びたからといって語彙や文型を含めた日本語力全体が伸びているとは必ずしもいえません。極端なことをいえば、漢字は後々自分で学習することも十分可能です。漢字力はあくまでも日本語力の一部として理解し、長い目で見守るのがいいと思います。

(3) 補習授業校に何を期待するか

補習授業校の授業の見直しや学習者のニーズに合ったカリキュラムへの移行を求める声も少なくないようですが、この調査でもその必要性が改めてはっきりしたように思います。もちろん、既にロサンゼルス補習授業校やプリンストン補習授業校のように、新しいカリキュラムづくりを実施している学校もありますが、まだそんなに多くないのが実情です。多くの補習授業校で長期滞在者、永住者、国際結婚の子どもたちがもうとっくに生徒の過半数を超えています。今の補習授業校の目的は、一昔前のように、日本の子どもが日本に帰国してからも日本で学ぶ同年齢の子どもたちと同等の学力をつける、ということだけではないはずです。子どもたちの言語力に応じたカリキュラムをつくっていかなければ多様化したニーズに対応していくことはできません。中には「国際コース」「(「国語」ではない) 日本語コース」などの名前を冠してそのようなカリキュラムをつくって対応してきた補習授業校もありますが、ごく少数に限られています。また、せっかくのそのようなプログラムも、ある補習授業校の、現地で採用された（日本から派遣されたのではない）校長先生によると、たとえどんなに内容がすばらしくても、数年でつぶされてしまうだろうというのです。いったいなぜなのでしょう。私たちはこの数年間、その理由を観察し、考えてきました。どうやら、それには３つの主な理由があるようです。

まず１つ目は先生方です。これは生徒数が100名以上の規模の大きい補習授業校に限られたことですが、日本の文部科学省から派遣されている先生方の認識の不足です。派遣の先生方は皆選ばれて派遣されてきた先生方です。どこの補習授業校でも校長先生であったり、現地の先生方を指導する立場にいらしたりしますが、赴任するまで補習授業校の子どもは日本語が日本にいる子どもたちと同等にできると思っています。また、補習授業校は日本に帰国する子どもたちのためにあり、文部科学省の学習指導要領にそったクラスを教えることを前提にしていると信じて疑いません。従来の補習授業校の目的だけを頭において赴任されるわけです。そして赴任されたとたん、「まあ、何とできない子が多いのだろう」と驚かれます。日本語のレベルが日本の子どもと比べて１、２年以上低い子どもがかなりの割合を占めるわけですから、学年相応の内容が把握できなくても、テストの問題が読めなくても、それは子どもの学力の問題ではなくて日本語力の問題である、ということになかなか気づきません。現状を把握、理解し始めた頃は帰国時期が近づいています。日本から外国に先生を派遣する際には、その国や地域の教育事情や子どもの特色に応じた事前研修が必要です。残念なことに、この問題については私たちには何もできないのですが。

２つ目は保護者です。たとえば、あるお子さんは漢字が弱いとします。今小学６年生なのに、漢字の読み書きは小学２年生の漢字が使えるかどうか、というレベルです。そして「国際コース」というクラスがつくられて、そのクラスでは小学２年生の漢字を復習し、３年生の漢字を勉強します、と聞かされて、親は考え込んでしまいます。漢字が弱いのだから、どんどん新しい漢字に触れさせてこれ以上遅れをとらないようにしなければ、と考えるわけです。ところが、漢字は語彙と直結しており、語彙を知らずに新しい漢字を覚えても意味がないということに親は気がついていません。

また、漢字はたくさん与えればよいというものではないことも把握していません。ただでさえ漢字ができないのだから、漢字を次から次へと教えてくれるクラスに入れなければ意味がないと考えてしまうわけです。子どもが理解していないものをいくら多く与えても学習効果は上がりません。

また、親には見栄があります。反論を恐れずに言えば、「○○ちゃんも△△くんも普通の補習授業校のクラスにいるのに、うちの子だけ『できない子』の集まっている『国際コース』に入れるなんて、そんな恥ずかしいことはできない」と思ってしまいます。「できない小６の子」の英語レベルがアメリカの高校生並みで、現地校ではリーダーとして輝いている子どもであっても、というよりそんな子であるからこそ、補習授業校では間違っても「できない子」のクラスになんか入れられないというわけです。

３つ目の理由は子ども自身の問題です。親や教師が、日本語が弱い子イコール「できない子」というレッテルを貼ってしまったら、子どもだっていやでしょう。何を好き好んで「できない子が行くコース」なんか選ぶでしょうか。特に親が見栄で子どもを「国際コース」に入れたくないと考えると、子どもも同じように考えてしまいます。

前述の現地採用の校長先生は、このような状態が続く以上、どの補習授業校でも長期滞在型の子どもたちを対象にしたカリキュラムは５年以内につぶれるという残念な予言をしてくださいましたが、確かにそのようなプログラムができてはつぶれていくのを私たちも実際いくつも見聞きしています。本当に子どもの日本語力を伸ばしたいのなら、先生方も親も、もっと言語の習得に関して積極的に学習していくべきです。

今の補習授業校には、将来日本に帰国する短期滞在者の日本人子弟のための日本語教育という従来の役割のほかに、現地滞在が長くなったさまざまな日本語力を持つ日本の子どもたちのための日本語・日本文化の教育、という新たな役割が課せられているように思います。「今の補習授業校はリミテッド・バイリンガルを大量に生産しているとしか思えない」と嘆いていらっしゃったある著名な教育者の言葉が忘れられません。海外で学ぶ子どもたちの言語教育は、補習授業校と親が一緒になって考えていかなければならない大きな課題だと思います。

【注】

（1）Cummins, J. (1979) "Linguistic interdependence and the educational development of bilingual children." *Review of Educational Research,* 49. Cummins, J. (1984) *Bilingualism and Special Education: Issues in Assessment and Pedagogy.* Clevedon: Multilingual Matters.

（2）小野博（1994）『バイリンガルの科学―どうすればなれるのか？』講談社ブルーバックス。中島和子（1998）『バイリンガル教育の方法―地球時代の日本人育成を目指して』アルク。

（3）中島和子（1998）前掲書。箕浦康子（1991）『子供の異文化体験―人格形成過程の心理人類学的研究』思索社。

（4）小野博（1989）「海外帰国児童・生徒の英語と日本語語彙力の変化」『異文化間教育』Vol.3、アカデミア出版。小野博（2002）「日本人のバイリンガル育成に関する分析的研究」Teachers of Japanese in Southern California Spring Workshop 講演資料。

（5）小野博（1989）前掲書。

（6）小野博（1989）前掲書。

（7）中島和子（1998）前掲書、p.143.

（8）中島和子（1998）前掲書、pp.137-138.

❑参考文献

JBA南カリフォルニア日系企業協会（2007）『ロサンゼルス転勤で子女教育に困らないための本』Japan Business Association of Southern California, Gardena. California. USA.

中島和子（1998）『バイリンガル教育の方法―地球時代の日本人育成を目指して』アルク

小野博（1994）『バイリンガルの科学―どうすればなれるのか？』講談社ブルーバックス

第7章

二言語を学ぶ子どもの母親教育
―会話力調査と読書力調査をとおして―

岸本俊子

1 はじめに

前章ではさまざまな日本の子どもたちが、現地校と補習授業校を中心に日本語と英語の両言語を学んでいることが示され、その子どもたちの日本語力、英語力についての調査報告がなされました。対象になった子どもたちは、幼少時を日本で過ごした者もいれば、義務教育をかなり受けてから渡米した者もいます。

ここでは、アメリカで育つ日本の子どもの中でも、国際結婚で生まれ、日本語と英語のバイリンガル家庭環境で育った子どもたちを対象にします。両親が日本人である家庭に比べ日本語に接する機会が半減している子どもたちです。ほとんどがアメリカ生まれで、たとえ日本で生まれても幼少時に渡米しており、日本に永住帰国する予定はなく、アメリカ永住を最初から決めているケースがほとんどです。本来ならいわゆる補習授業校が対象とする生徒ではないのですが、小都市在住のため適当な日本語教育機関がなく親が熱心に補習授業校に通わせている、または通っていたという子どもを対象にしています。アメリカ永住を決めたからこそ、子どもに日本語を教えたいと思うのは親として当然の願いでしょう。親自身の心の問題と子どもの豊かな心の発達を考えれば、ルーツとなる母語の継承語としての日本語教育は避けて通れない重要な課題のはずです。そしてその熱意が高いからこそ、子どもが日本語学習につまずきをみせた時に動揺してしまうのです。子どもたち以上に母親がバイリンガル教育に関する十分な情報を得ていることが、バイリンガル家庭の子どもの継承語としての日本語教育を成功させる鍵といえます。ここでは、以下のことについて考えていきたいと思います。

（1）日本の子どもと母親たちがアメリカで歩んで来たバイリンガルへの道について述べ、その価値を認めるからこそ、教育を受ける機会が守られていることに触れます。親にとっても子どもにとっても大変な味方といえるでしょう。

（2）しかし、アメリカで継承語としての日本語教育を貫くことはけっして容易なことではありません。努力虚しく日本語教育を諦めてしまう例は後をたちません。会話力テストを用いた追跡調査から日本語教育の中断が子どもの日本語力にどのように影響するのか考察します。

（3）現実に小学４年生以上になると従来の型の補習授業校教育の中で日本語教育を継続させるのは至難の技です。大きな壁に直面するからです。この壁がどのように立ちはだかっているのかを会話力テストと読書力診断テストの結果から考察します。

（4）最後に子どもたちをつまずかせないためにどうしたらよいのか。またつまずいてしまった場合にどのように軌道修正の道があるのかについて検討していきたいと思います。

２ アメリカ小都市で学ぶ日本の子どもと母親たちの通って来た道

（1）マサチューセッツでの経験

マサチューセッツ州のある教育委員会から日本人生徒の英語学習を補助してほしいと依頼を受けたのは1973年の夏の終わりのことでした。私は週２日午前の２時間を小学１年生の教室で過ごすことになりました。クラスで何が行われているのかを教え、簡単な英語の導入をしたのです。素質がよく、教育熱心な両親を持つその子はみるみるうちに英語力をつけ、年が明けた頃には英語で喧嘩できるほどに成長していました。その喧嘩の様子を伝えたときの母親の目に溢れた感極まった涙は、今でも忘れることができません。

1968年１月にジョンソン大統領が初等中等教育改正法７条（バイリンガル教育法）に署名し「英語を母語としない子どもたちのためにバイリンガル教育のプログラムを確立するための規定」が発効し、1970年５月になって連邦政府の保健教育福祉省公民権局は「英語が理解できないために教育プログラムについていけない子どもがいる場合は何らかの救済措置をとるべきだ」と通達を出したのです。それから３年たった1973年９月、その通達はマサチューセッツの小さな町で確実に実行されていたのです。後に成人した本人から本当に助かったと感謝され、時間をやりくりして小学校に通った日々を懐かしく思うと同時に、たった１人の日本人の子どものために１年間私に給料を払い続けたアメリカという国にとてつもない懐の大きさを感じたものです。

（2）日系企業の大躍進、そしてバブル崩壊

あれから30数年、アメリカで学ぶ日本の子どもの教育環境は様変わりしました。まず、その人数の圧倒的な多さです。それまで各家庭で親が担当していた日本語の勉強も補習授業校で行われるようになりました。日系企業の進出に加速度が加わった1985年のプラザ合意以降、補習授業校の新設の勢いは雨後のタケノコに喩えられるほどでした。バブル景気の日本から派遣される駐在員の数とともに、同伴する子どもの数も増加の一途をたどったのです。 海外教育施設に対する日本政府からの援助も年々充実し、各地の日系企業の商工会にあたる組織が財政援助するなどで、アメリカにいながら日本の教育を当然のように受けることができる体制が整うようになりました。子どもたちは、両国政府の手厚い援助の下に、週日は現地校で英語での教育を受け、週末は日本の教育を、とバイリンガルへの道をそれぞれの形で歩むようになっていたのです。母親たちも積極的に学校運営に参加協力し、子どもの日本語力の保持と増進に努めていました。ところが日本のバブル経済が崩壊して始まった長期経済不況下にまた大きな変化に直面したのです。進出日系企業の縮小そして撤退です。日本人学校も補習授業校も生徒数が激減しました。ところが驚いたことに右肩下がりの傾向の中で確実に人数が増加しているグループがあるのです。それは長期滞在、または永住を決めた家族とその子どもたちです。現在の補習授業校はその子どもたちが支えているといえるかもしれません。生徒の姓の半数近くがカタカナ名になっている補習授業校も珍しくないのです。

（3）２つの援助のはざまで

アメリカ在住日本人といえば新一世といわれる永住者グループ、短期滞在駐在員とその家族、留学生、研究者、そして国際結婚でアメリカに生活することになった多くの人々のことです。ことに1985年の国籍法の改正により日本国籍を持つ子どもが爆発的に増加しました。かくしてアメリカ在住日本人はアメリカ各地で活躍し、その子どもは日本国籍を持つばかりか日本人の血を引くことに誇りを持ってアメリカの大地に根をおろそうとしているのです。英語力はネイティブレベルですからまさに「日米の架け橋」に最も近い候補生といえます。ところが、その架け橋候補生にとってニーズに見合った日本語教育を受ける機会が非常に限られているという現実があるため、親は多大な時間を子どもの日本語教育に費やしているのです。

（4）長期滞在または永住者の子どもの日本語教育（継承語教育）

長期滞在または永住者の子どもが日本語教育を受けたいと思ったら、日本語学校か補習授業校にいくのが妥当と思われます。日本語学校は継承語としてのカリキュラムを組んでいますから、子どものニーズを十分に満たしているといえます。しかし、問題はそうした子どもの数が多い一部の限られた大都市でしかその経営が成り立たないということです。中小都市に在住している場合は、運よく近辺に補習授業校があればそこに通うことになるのです。ところが補習授業校は、長期滞在または永住者の子どもが半数近くを占めている実情にもかかわらず、日本に帰国することを前提としたカリキュラムで授業を行っているため、クラスについていくためには並々ならぬ努力が必要となります。大規模補習授業校ではその必要性を認め、長期滞在者の子どものために特別クラスを開設するなどして対応していますが、やはり日本語学校と同じで大都市に住まないとそのプログラムの恩恵には浴せません。

子どもをアメリカで育てている日本人ならわが子にバイリンガルを望むのは当然といえましょう。生まれた時から日米２カ国語を聞いて育っている「同時バイリンガル」の子どもの日本語力を、社会人として通用できるレベルにまで伸ばすにはどうしたらいいのでしょうか。「プロフィシェント・バイリンガル」としてグローバルに活躍する可能性を何とか伸ばしたいと願わない親はいないはずです。

③ はざまにある母親たちの叫び、子どもの気持ち

適当な教育機関がなくてもわが子にはバイリンガルに育ってほしい。では、どこで、だれが日本語教育をするのでしょうか。わが子のために頑張る、それは母親（または父親）しかありません。アメリカ小都市で子どもの日本語教育に悩む母親の声を紹介しましょう。親の「言葉」教育に対する意識の差が、子どものバイリンガルへの可能性を左右していることがわかります。

（1）日本語を教えるという意識が全くなかった親たち

日本人の少ない地域に住んでいるとアメリカ社会に溶け込むのが先決と言うわけで、子どもの日本語教育には関心のない親も少なくありませんでした。ことに日本経済のパワーが全開していない1970代年前半まではその傾向が強かったようです。その子どもたちが成人した頃には、日本のアメリカにおける社会的地位が上がっており、日本語情勢が一変していたのです。日本語を教えることの重要性を認識していなかった親たちの後悔の声を聞いてください。

・「夫婦で仕事が忙しくて、子どもはアメリカ人のベビーシッター任せでした。長女は親子で日本語を話していた時期がありましたから日本語が話せますが、次女も三女も人任せで育てましたので英語しか話しません。次女は日本語ができないためにすばらしい転職の機会を逃しました。そのときは心底、親として責任を感じ反省しました。日本語を教える機会はあったのですから」
・「エンジニアの息子なんですが、姓も顔も日本人ですから会社は当然日本語ができると思ったんですね。長期日本出張を命ぜられて、本人が一番慌てたようです。今、必死で日本語を習っています。先生はアメリカ人だそうですよ（苦笑）」
・「日本語が大事なことはわかっていました。でも、私自身がアメリ

カ生活にとけ込むのに必死で正直なところ子どもの日本語どころじゃなかったんです。私や主人が日本語で話しかけると子どもたちは英語で返してきます。親の日本語は理解しても日本語は話さない、というかいつの間にか話せなくなってしまいました。もう手遅れだと思います」

（2）子どもがまだ小さい時に日本語の必要性に気づいた親たち

アメリカでは一時の日本ブームは去っても日本語／日本文化への関心は高いのですが、国際結婚という特別な環境に入って子どもの日本語教育まで気が回らなかったところ、周囲の影響で日本語教育の必要性に気づいた親たちがいます。

・「1人で子どもを育てているんです。日本に帰るつもりはないし、子どもは英語だけで育てるべきだと思ってやってきたんですが、やはり私は日本人ですから、子どもにも日本語をしゃべってほしいと思うようになりました。会社の人から聞いて補習授業校の年少グループに入りました。子どもはなかなか日本語が出てこない状態です。でもまだプリスクールですから遅くないと思い、ゆっくり日本語を教えていくつもりです。このごろは日本人の友だちとも仲良く遊んでいます」

・「夫はアメリカ人ですし、こちらで出産したので子どもに日本語を教えるなんてことは考えも及びませんでした。子どもが幼稚園に入った時、同じように国際結婚している日本人の友だちに誘われて補習授業校の幼稚部に入れたんです。日本語が全くわからず、緊張のあまり固まっているわが子を見て胸がつぶれそうなショックを受けました。反省しました。同じような国際結婚のお子さんでも日本語で楽しく遊んでいるのですから。はじめから日本語を教えるべきだったんですね。やろうと思えばできたんですから」

（3）積極的に日本語教育に取り組んでいる親たち

最寄りの補習授業校に子どもたちを送り、宿題を手伝い、予習をさせ、役員を引き受けて積極的に学校に協力し、夏には一時帰国をするなど親は全力投球であるにもかかわらず、子どもの日本語教育が思うようにいかないというバイリンガル児童の親の悲痛な叫びを聞いてください。

- 「小学校2年生の娘がいます。幼稚園までは家で日本語を話していたんですけど、小学校に入ってから気がついたら英語が主流になってしまって、家でも英語で話しています。なるべく日本語を話すようにとはしているのですが。ちょっと気を緩めてしまうと戻すのは難しいですね。子どもの顔を見ながら苦戦しています」
- 「小学校高学年の娘です。現地校の友だちとのつき合いとかお稽古ごとで、土曜日に補習授業校へ行くのをだんだんいやがるようになったんです。それで日本語は家庭学習に切り替えたんですが、うまくいきません。結局日本語学習は停滞したままです。嫌がらずに補習授業校に通わせる工夫をすべきでした」
- 「補習授業校に行くのが余程いやだったんですね。金曜日の夜、ベッドでひそかに泣いている子どもを見て、これはいけないと思い、休学させる決心がつきました。補習授業校に行かなくなって子どもの表情が明るくなったのはいいのですが、日本語の勉強は完全にストップです」
- 「現地校では本当にトップクラスなんです、うちの子は。でも補習授業校ではそうはいかなくて。学年が上になるにつれてプライドが許さないというか、いやがるので退学させました。今では高校か大学で外国語としての日本語を勉強してくれればいいと思っています」
- 「補習授業校は6年生までと言い聞かせて、いやがるのを無理に通わせました。卒業証書をもらったのでこれで一区切り。約束通り中学からは現地校生活一本。土曜日はすきなことして過ごしています」

（4）成人した子どもの声

優秀な子どもに限って、親には心配をかけたくありませんから、自分が親との関係で問題があるなど親には話さないものです。親が日本語で話しかけても英語で返している子どもとか、日常会話の域をでない日本語で話している子どもは、親とのコミュニケーションで深刻な悩みを抱えていること、そして大変な親への気配りをしていることが、大学生への聞き取り調査でわかりました。

・「大学生になって、寮生活が始まると友だちとの関係がうまくいかないとか、いろいろ問題があるんです。母にこの悩みを聞いてもらいたいのだけど、日本語で複雑な気持ちが表現できない。一番わかってもらいたい人に心が伝わらない。簡単な会話はできても親と深い話し合いができないのはとてもつらいことです」
・「込み入ったことを話そうとするとどうしても英語になってしまうんです。そうすると母が英語じゃわからないってイライラして言う。それで親子の会話は終わりです。大切な話は中学ぐらいからだんだんしなくなっちゃっています」
・「両親の英語力が十分でないことは学校に通いだしてすぐにわかりました。学校からのお知らせに対してチンプンカンプンな対応をしているからです。私がしっかりしなければ家族は大変なことになると、小学１年生の時に悟ったんです。だから私、必死で勉強しました」

4 日本語の基礎は会話力から

（1）会話能力調査の実施

わが子には日本語をなんとか習得してほしい。継承語としての日本語教育を受けさせたい。しかしニーズに合った教育機関がないことから子どもたちは厳しい現実に置かれています。せっかく通い始めた補習授業校も学年が進むにつれ退学していく子どもの状況が3の（3）の母親の声に如実に示されています。どの程度の学習支援で必要な継承日本語（社会的に適切な言語）が維持、伸長できるのでしょうか。継承語学習の中断は子どもの成長の上で何を意味するのでしょうか。子どもへの継承語教育と日々格闘している親へ、またその格闘からの離脱を余儀なくされている親への啓蒙と支援を目的に追跡調査による会話能力推移の分析を行いました。現実に置かれている状況を客観的に観察することによって、今後の対策を立てることができると考えられるからです。

対象は補習授業校に通う国際結婚バイリンガル家庭の子どもです。実施したのは2003年２月と2005年２月の２回で、カナダ日本語教育振興会が開発したOBC（バイリンガル会話テスト）を使用し、会話力の三面評価として基礎言語面、対話面、認知面の３面から会話力を調査しました。

（２）OBC について

ここで実施したOBC について簡単に説明しておきましょう。OBC はカナダ日本語教育振興会が開発したOral Proficiency Assessment For Bilingual Children の略で、日本語ではバイリンガル会話テストと呼ばれ、６歳から15歳ぐらいまでの年少者のために開発されたものです。話す力がすべての日本語力の基礎になっていますから、話す力が落ちてしまうと読む力も書く力も育ちません。幼児の時は日本語が話せていても現地校生活が定着してくると日本語の力は落ちていくものです。その子どもの会話力を評価するためのツールがOBC なのです。会話力を基礎面、対話面、認知面の３面から調べますので、どこが弱いかが診断できるメリットがあります。

基礎面では文型中心の聞く力、応答する力をみます。対話面では１対１の対人関係においてどのくらい会話がこなせるかロールプレイを通して見ます。そして認知面としては場面から離れてどのくらい認知力、思考力を働かせて言葉が使えるか、また内容に見合った語彙を選択し、まとまりのある話ができるかをみます。会話力の三面評価では基礎言語面として二言語を混ぜずに話せるかをみますが、今回の調査の場合は全員が完全に二言語を分化して話せるので評価対象に入れませんでした。基礎面で５項目、対話面は５項目、認知面で４項目を評価してスパイダーグラフで表しました。各評価項目の意味するところは下記のとおりです。

	項目	意味
基礎面	発音	自然な発音（単音、イントネーション）で話せる。
	語彙	必要な語彙が使える。
	文の生成	自分で文が作れる。
	文法的正確度（文法）	文法的に正しく話せる。
	文のタイプ･質（文の質）	簡単な文型ばかりでなく、複雑な文型も使える。
対話面	聴解力（聴解）	テスターの発話質問が理解できる。
	会話への参加態度（参加）	積極的に会話に参加しようとする。

対話面	対話の流暢度（流暢）……	テスターとのやり取りがスムーズである。
	タスクの達成度（タスク）…	課せられたタスクがこなせる。
	話体敬体……………………	「ですます体」「だ体」の区別、丁寧な表現が使える。
認知面	話のまとまり（まとまり）…	筋の通った話、理由、説明、意見が言える。
	内容の豊富さ（内容）………	話、理由、説明、意見等の内容が豊かである。
	語彙の質……………………	内容に見合った語彙を選択して使える。
	段落とその質（段落の質）…	文の切れ目がはっきりし、段落に対する意識がはっきりしている。

（3）調査による会話能力推移の分析

①“遊び友だち時代”グループ（5、6歳→7、8歳）

最年少グループ、アンディ（図7-1）とサラ（図7-2）、ステファニーの3人にOBC会話力テストを実施しました。アンディとサラはそれぞれの家庭で母親とは日本語、兄弟姉妹間でも日本語使用をルールにしており、2年間で日本語の各項目が順調に伸びているのがわかります。サラは基礎面で、アンディは対話面で目覚ましい伸びを示しており、言語形成期の遊び友だち時代から学校友だち時代前期に入った時期に日本語に十分に接していれば、それぞれのレベルに応じて会話力が伸びることをはっきりと示しています。それに反して2003年時に6歳だったステファニーは母親が日本語より英語で接している頻度が高く、ステファニーの日本語は極めて低

図7-1　アンディ

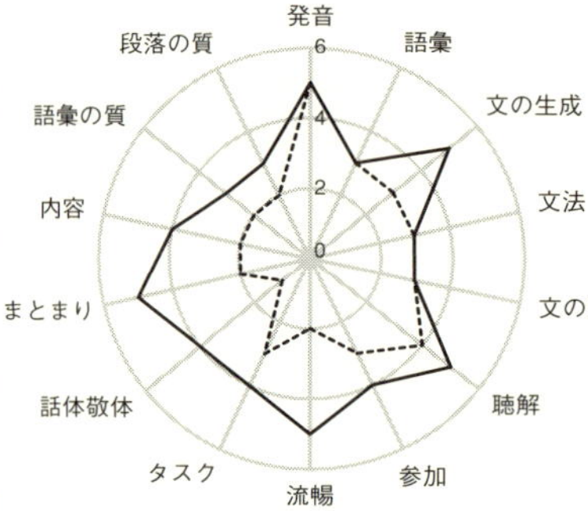

図7-2　サラ

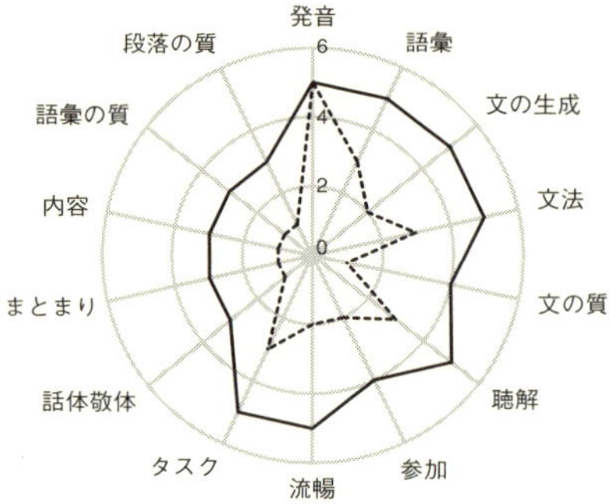

-------- 2003年　—— 2005年

いもので、語彙カードで物の名前を答えさせるウォーミングアップ段階ですでに英語が入り、日本語の発話はほとんど採取できない状態でした。そのため、グラフに結果を表すことができませんでした。調査を実施した2カ月後に補習授業校を退学してしまったのも頷けます。幼児期に日本人である母親と十分に日本語で話していないとバイリンガルの可能性は激減するという例だといえましょう。

②学校友だち時代前期グループ（6、7歳→8、9歳）

2003年の段階ではジェニファー（図7-3）、真紀（図7-4）、キム（図7-5）の3人全員がテストの結果は同じ形状を示しているのですが、2年後に大きな差がでています。真紀は学校友だち時代前期の終わりあたりで習得し始める認知面が低いのがわかります。低いのは基礎面の語彙にも対話面にも認められます。真紀の母親は最近子どもが日本語の勉強を避けているようだと報告していますが、まさに学習言語の獲得が進んでいないため授業の内容がわからず“勉強がつまらなくなっている”ケースといえます。真紀

図7-3　ジェニファー

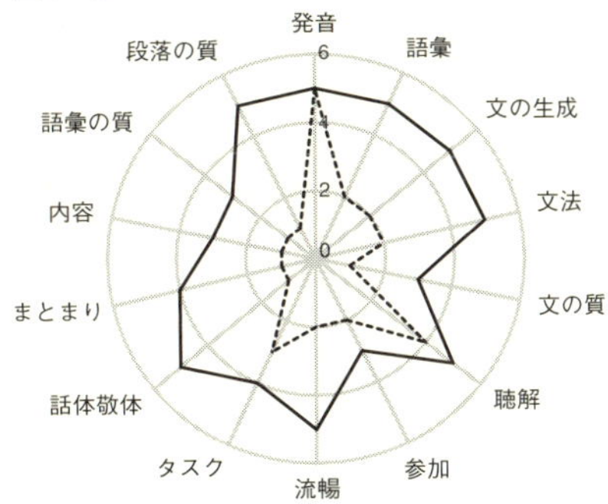

図7-4　真紀

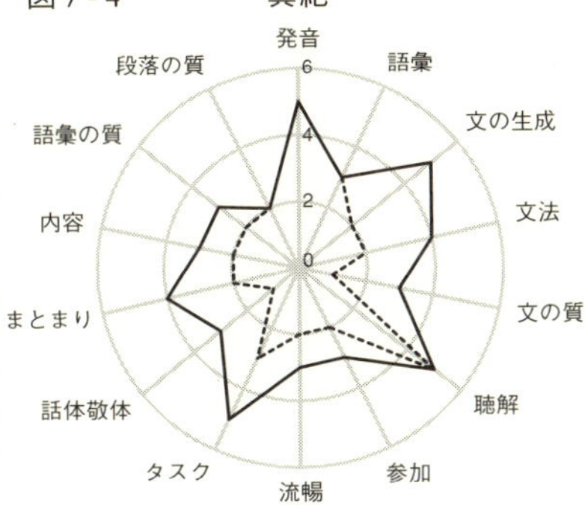

図7-5　キム

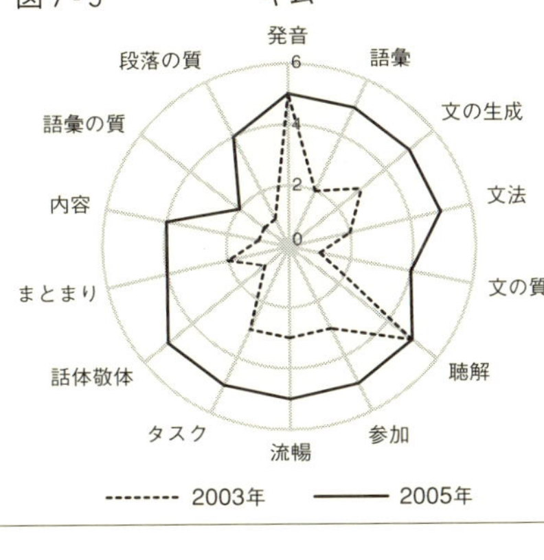

は小学３年終了で退学しています。ジェニファーもキムも 認知面は高くありませんが、基礎面、対話面で順調な伸びを示していて補習授業校の授業になんとかついていこうという努力がテストの結果に出ています。

③学校友だち時代後期前半グループ（７、９歳→９、11歳）

学校友だち時代後期前半グループはちょうど言語形成期前半の終わりから後半に入る段階で、さまざまな問題が起きていることがわかります。マイラ（図７-６）と謙（図７-７）の順調な発達に比べてトム（図７-８）とランディ（図７-９）には継承語学習のつまずきがはっきり現れています。トムは基礎面、対話面、認知面のすべてが低く、2003年の調査時の小学２年３学期の時点でクラスについていくのが非常に困難な状況でした。

図７-６　マイラ

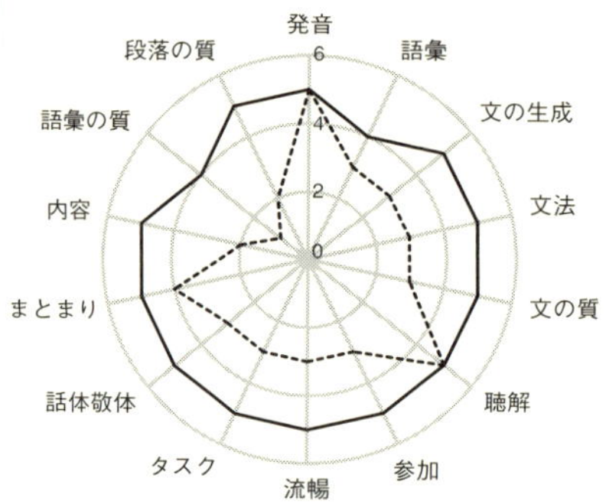

図７-７　謙

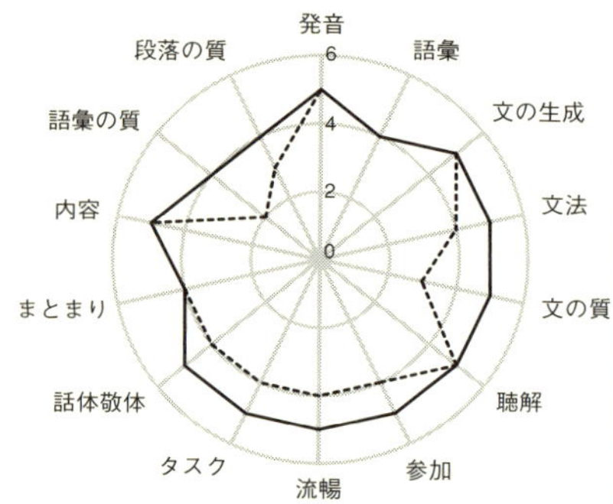

図７-８　トム

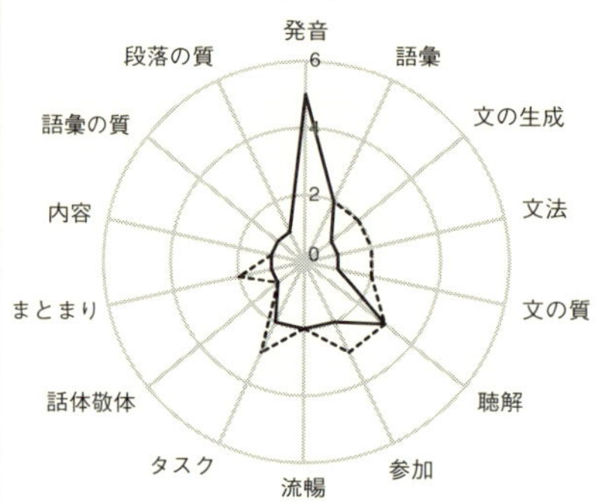

図７-９　ランディ

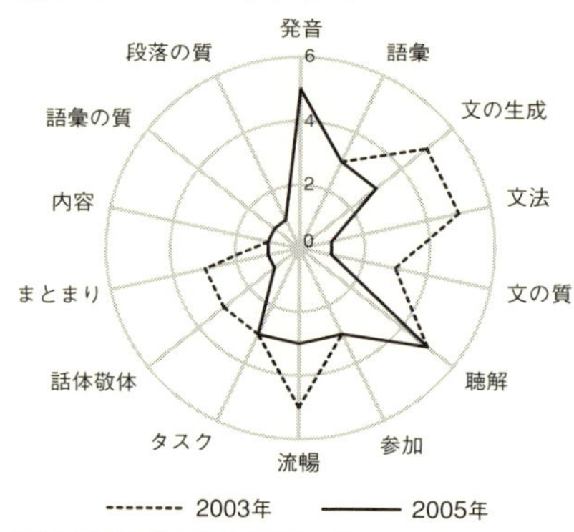

2005年の9歳の時点ではすでに補習授業校は退学していましたが、会話調査では前回を下回る結果となりました。まさに継承語喪失が始まっているといえます。ランディは基礎面、対話面には成長が見られるものの、この年齢で獲得していなければいけない認知面に全く成長がありません。マイラと謙に比べて語彙の少なさ、文の質の低さが顕著で、ここにつまずきの原因が見られます。ランディは4年生の1学期が終了したところで退学しました。一方、マイラと謙は認知面こそわずかな伸びしか示していませんが、基礎面、対話面では十分に実力をつけているのがわかります。次の言語形成期のステップへむけて大きな壁を乗り越えようとしている傾向が顕著です。

④学校友だち時代後期後半グループ（10、12歳→12、14歳）

エミリー（図7-10）はアメリカ生まれで、家庭ではほとんど英語使用という言語環境ですが、母の励ましと本人の努力で補習授業校は4年生まで進学しました。しかし5年生を前に退学しています。したがって2005年の調査では退学

図7-10　エミリー

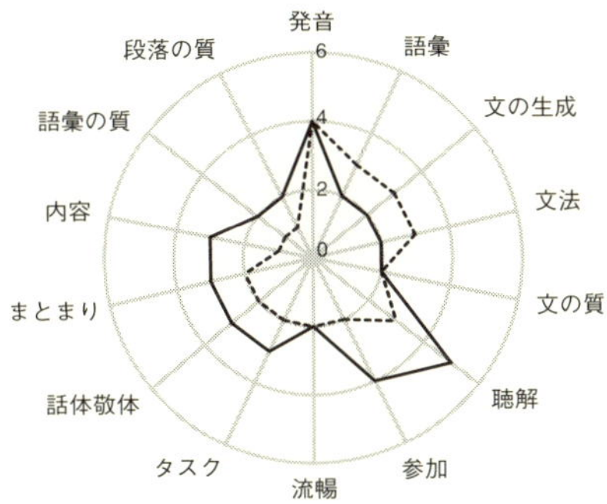

図7-11　さやか

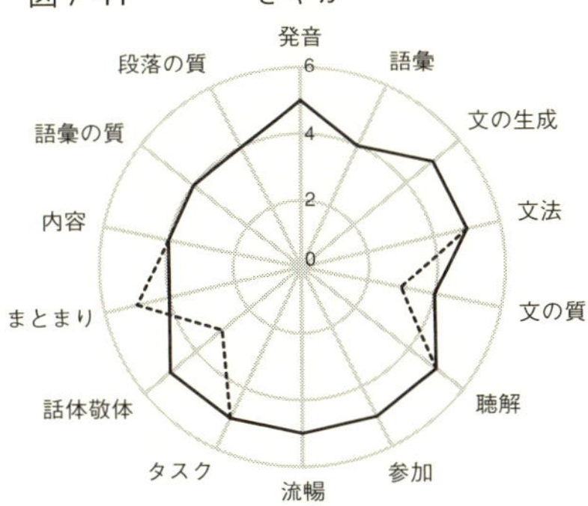

図7-12　ジュディ

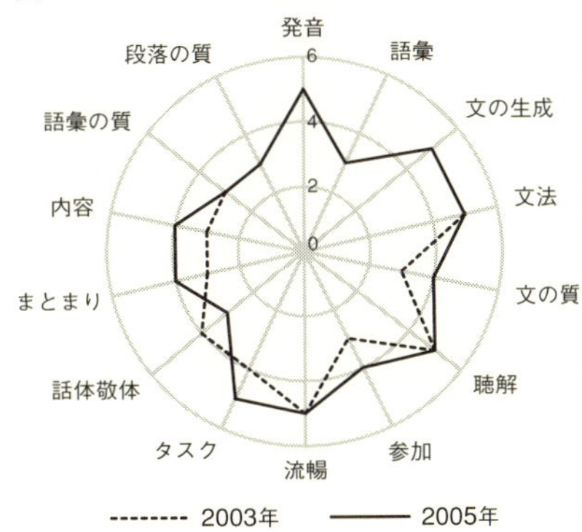

して1年たっていたわけですが、会話力はわずかに伸びているのがわかります。さやか（図7-11）とジュディ（図7-12）は家庭内では母親と日本語を話して育っています。両者ともに1回目の順調な会話力調査の結果に2回目の調査での伸びを期待していたのですが、見事に裏切られ横ばいです。2人とも2004年に退学または休学して補習授業校を離れていたのです。しかし言語形成完了期の後に補習授業校をやめても、会話力は後退も進歩もしない横這い状態にあることがわかります。

⑤言語形成完了後の中学生グループ（14歳→16歳）

2003年の調査直後に補習授業校での継承語プログラムが閉鎖されたため、リック（図7-13）もロン（図7-14）も家庭学習を余儀なくされています。実際問題として2005年までの2年間、系統立てた日本語学習はなく、読書と母親との会話で日本語に接していたグループです。リックとロンには会話力において非常に大きな差があるものの、注目すべきはリックの会話力が後退することなくそれなりに伸びていたことです。またロンのように言語形成期完了の13歳以降も補習授業校での学習を続け会話力を高めておけば、その後特に日本語の勉強をしなくとも、今までに蓄えた能力でさらに会話力を伸ばしていけることがわかります。

図7-13　リック　　図7-14　ロン

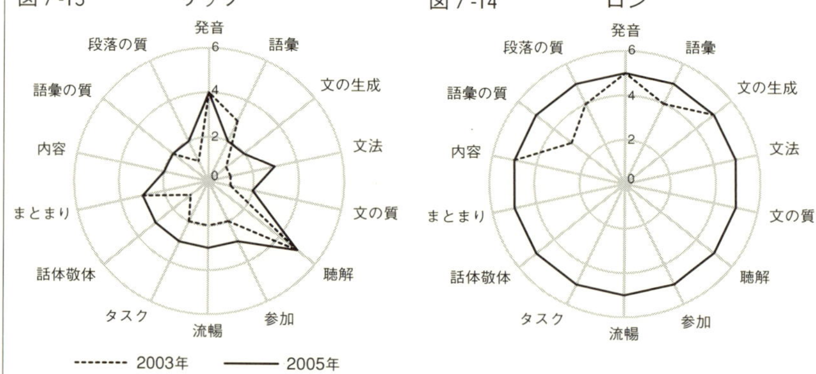

（4）追跡調査による会話能力推移の分析結果より

子どもの日本語能力の基礎となる「会話力」は「学習言語能力」と比べ

て比較的容易に獲得することができます。アンディ、サラ、ジェニファー、キム、マイラ、謙、さやかには年齢相応の成長が認められ、ことに学校友だち時代前期・後期前半にあるジェニファー、キム、マイラ、謙には著しい伸びがありました。しかし、真紀、トム、ランディ、エミリーにはつまずきが現れ、トムにははっきりとした日本語能力の後退が見られ、継承語喪失の危機に直面していることがわかります。この調査結果をまとめてみましょう。

a）乳幼児期から小学校低学年にかけて適切な継承語教育がなされなければいけません。ことにゆりかご時代（0-2歳）、子ども部屋時代（2-4歳）に豊かな日本語環境に置くことが、バイリンガル教育の第一歩であることを忘れてはなりません。この時期に母親が日英両語で話しかけてしまうと、子どもは英語だけでもコミュニケーションができるものと思い、日本語を使うチャンスを失ってしまいます。

b）子どもはまず基礎言語面、それから対話面を伸ばし、最後に認知面というように成長に合わせて会話力の各面を伸ばしていきます。ですから基礎言語が発達する前に継承語教育を中断するということは、会話力の芽を摘んでしまうようなもので、日本語能力は後退するばかりか日本語そのものを喪失する危険性すらあるといえます。それはとても残念なことです。

c）バイリンガル家庭の子どもにとって学年が上がれば上がるほど補習授業校での勉強をこなすのが難しく、補習授業校が居心地悪い場所になっていきます。 親はその対策に悩むのですが、13歳（小学校卒業）まで頑張ることが重要です。基礎言語形成は13歳で完了しますので、そこまで頑張れば、あとで日本語学習を中断しても会話力は後退しないことをこの調査が示しています。しかし会話レベルは13歳で停滞したままであることを覚えておいてください。

d）言語形成期を過ぎても15歳まで系統だった日本語学習を続けていれば、

それ以降日本語学習を中断しても会話力は伸びていくことがこの調査でわかりました。15歳までに積み上げた力は自力でさらに伸ばしていけるのです。15歳までに認知面も十分な会話力をつけておくことをバイリンガル家庭の子どもは目標にすべきでしょう。そうすれば幼少時代からの努力が報われるのですから。

5 つまずき：やめさせようか、やめさせまいか

わが子にはバイリンガルに育ってほしいと期待をもって日本語教育に取り組む母親たちですが、つまずき始めると自信がぐらつき出します。子どもが低学年の頃は将来仕事ができるだけの日本語の発達を期待していた親も、祖父母や日本にいる親戚とのコミュニケーションができればいいというレベルに期待度を下げてしまいます。親の希望で子どもに日本語を勉強させている負い目（子ども側からいえば、自分の意思で勉強しているわけではない）もあり、何よりも子どもの社会生活、現地校とその学習活動の中で日本語が全く必要でないという決定的な理由のため、無理に日本語を教えて日本語嫌い、日本嫌いになっては困るという大義名分に、悩み抜いた末、補習授業校を退学させ、家庭学習に切り替えてしまうケースが多いのです。

（1）どこでつまずくのか？

補習授業校に通っているだけでは、バイリンガル家庭の子どもが日本語を習得できないのはすでに指摘したとおりです。まして仲間からの刺激が少ない家庭教育だけでは習得する可能性はさらに低くなります。子どものモチベーションが低いうえ、ニーズに見合った日本語教育を受けていないからです。母親に度々「日本語の何をどこまで勉強させればいいのか」と質問されます。

「いやがる子どもを励まし、励まし補習授業校に通わせているのですが、うちの子の場合、到達点をどこに置けばいいのでしょうか」

「客観的にわが子の日本語のレベルを知りたいのですが。そういう研究お願いします」

「目安があれば、それを目指して頑張る力も出てくるのですが」

母親たちは子どもの置かれている困難な状況がわかるだけに励みになる「目安」を求めます。

（2）つまずきの象徴「9歳の壁」

1980年ごろより日本でも年少者の日本語教育研究がなされるようになりました。海外からの移住者が急増した1990年以降は公立学校で学ぶ外国人の子どもが目立ち始め、年少者への日本語教育が注目されてきたのです。言語間を移動する子どもたちの日本語教育を停滞させないための試みや、子どもが息切れしてしまうのはどこなのかといったさまざまな支援のための研究がなされています。対象を中国帰国者の子どもとしたもの、ペルー人の子どものもの、インドシナ難民定住者の子どもに当てたものなどさまざまです。どの論文も共通して子どもたちが「読み書き能力」不足のためにつまずいていることを指摘しています。意識的な学習によって習得する言語技術、「学習言語としての日本語獲得の段階」でつまずいているのです。学習言語を習得して抽象的な考え方が身に付き始めるのが学校友だち時代後半の9歳からといわれているため、このつまずきは「9歳の壁」といわれています。この「9歳の壁」は外国人の子どもや継承語の子どもだけでなく日本の小学生の前にも立ちはだかっています。日常言語に対する学習言語は、4年生以降の学習理解に必要で、落ちこぼれさせないためにもこの学習言語を意識して計画的に指導しなければいけないといわれています。

この「9歳の壁」は前項の会話力調査の結果にもはっきり現れています。ランディが補習授業校から脱落したのもまさに9歳の時でした。基礎面、対話面ではなんとか話せたのですが、認知面になると全く力がありませんでした。4年生の1学期で補習授業校に通うのが辛くなったのは、学習言語不足で授業についていけなくなったからです。エミリーは4年生には進級したのですが、5年生になる前に退学しています。彼女の会話力も認知面で伸びていないことが退学の原因と思われます。9歳を目前にした真紀が日本語への興味を失っていったのも、同級生に比べて認知面の伸びが低いことが原因でしょう。マイラと謙がじっくりと力をつけてグラフのチャートを大きくひろげているのは、認知面への移行が順調に進んでいることを示しています。マイラと謙は努力しながら「9歳の壁」を乗り越え進級していくはずです。

(3)読書力診断テストの結果とその考察

2006年5月に補習授業校通学組7名と中断・退学組8名を対象に阪本一郎著金子書房発行の「標準読書力診断テスト」を使用して読みの力を調べ、現実に「9歳の壁」がどのようにバイリンガル家庭の子どもの前に立ちはだかっているか調査しました。

調査結果に入る前に読書力診断テストについて説明しましょう。

今回使用したのはBⅡ型で、語の認知、文の理解、節の理解、漢字の読みの4つの面から子どもの読書能力を測ります。語の認知では①知っている語彙の量、②絵画によって表現された意味を理解する能力、③かな文字で書かれた単語の意味を読み取る能力、④似ている語形または意味の単語の異同を区別し、もっとも適当なものを選定する能力をみます。文の理解では①短文を読んで、その意味を理解する能力、②絵画によって表現された意味を理解する能力、③一定の意味を表す絵を選ぶ能力、④指示された作業を正しく遂行する能力をみます。節の理解でみるのは①節を読んで、その意味を理解する能力、②とくに文章によって指示された作業を正しく理解し、それを実行する能力、③絵画によって表現された意味を理解する能力です。漢字の読みでは①漢字を認知する能力、②訓読みを知っている漢字の習得量、③音読みを知っている漢字の習得量をみます。各面の能力が検出されるため、読書力の発達における弱点を診断することができるのが特徴です。また全国的なサンプルによって標準化された読書力発達グラフを利用して総得点に相当する読書学年、読書年齢を出すことができるため、個人の読書能力の現段階がつかめます。つまり日本の子どもと比較しての読書能力をみることができるわけです。このBⅡ型は小学校1年から3年生の児童を対象に開発されたものですが、読書力の低いものには4年生以上でも十分に使用できるということで、アメリカ在住のバイリンガル家庭の子どもの読書力調査に利用しました。指定された時間内のテスト結果と、本人たちが納得するまで時間をかけたテスト結果の双方から読書年齢を割り出し、実年齢と比較したのが次の図7-15です。

図7-15　読書力診断テスト結果（1）　補習授業校通学組

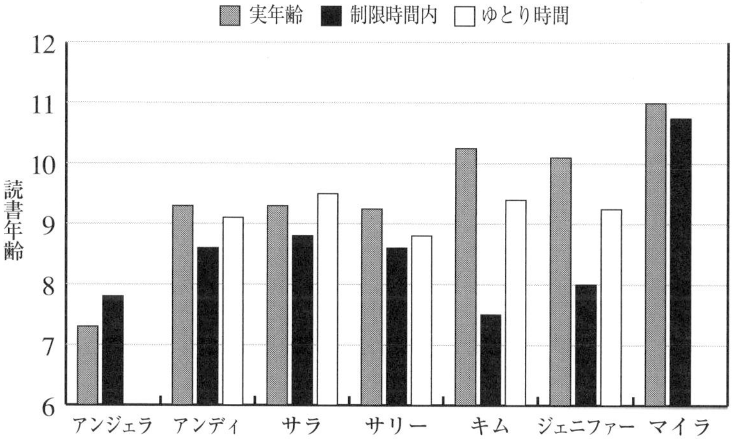

グレーは実年齢を示し、黒は制限時間内でテストを終わらせた時の読書年齢、白は十分に時間をかけた結果の読書年齢です。アンジェラとマイラが制限時間内で終わらせ、しかもアンジェラの場合は日本国内平均をほぼ１年上回り、マイラは高学年であるにもかかわらずほぼ日本にいる子どもと同じ結果を出しています。アンディ、サラ、サリーは制限時間内だと読書年齢９歳に届きませんが、時間をかければ実年齢の９歳に近い、またはそれ以上の結果を出しています。キムとジェニファーの実年齢は10歳ですが、制限内の読書年齢は８歳またはそれ以下で、時間をかけると「９歳の壁」を越えるという結果です。アンジェラとマイラを除いた平均的なバイリンガル児童が補習授業校クラスで苦戦していることがうかがえます。ただし、日頃の努力が無駄になっていない証拠は、時間をかけると「９歳の壁」まではたどり着いている点です。今後の継承語児童の指導の鍵がここにあるように思われます。

アンジェラは４人きょうだいの長子で、母親の確固とした教育方針でテレビは見せず、時間があれば読書をさせています。またアメリカ人の父親は帰宅時間が遅いため休日をのぞいて家庭内言語はほとんど日本語が使用されています。マイラは出生時から両親が「一人親一言語」の原則を貫き、父親は多少の日本語は理解していても、はじめから子どもには英語で接しています。母親は子どもたちのためのブッククラブを主宰するなど、子ど

図7-16　読書力診断テスト結果（2）　補習授業校退学組

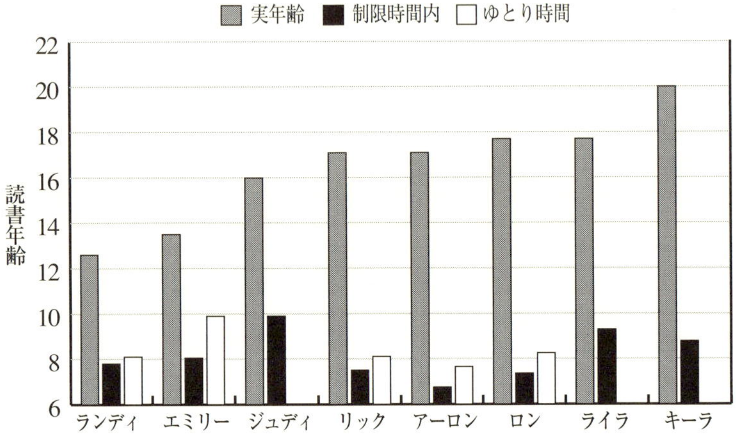

もの言語教育には非常に熱心です。

アンジェラとマイラの親の教育方針にはバイリンガル家庭が参考にすべき言葉教育の基本が詰まっています。

中断組の結果（図7-16）を見ると、やめたとはいえ補習授業校での苦労は何だったのだろうかと嘆きたくなるような結果が出ています。補習授業校を離れてから系統だった日本語学習をしていないのが原因であることは明らかです。時間内に終えたのはライラとキーラだけで10歳レベルに迫っているのがわかりますが、2人の年齢を考えると、やはり学習言語（学習言語力）としての日本語が9歳に入ったところで停滞し十分に発達していないといえます。ところが会話力の点からみるとジュディ、ロン、ライラ、キーラはなんの問題もなく、限りなくネイティブに近い力を持っているのです。会話力と学習言語力は全く別であること、学習言語は自然には伸びず努力しないと獲得できないということ、会話力は中断しても伸びるケースもあるが、学習言語は中断したら必ず後退してしまうことがこの表から読み取れます。

日本語学習を中断して学習言語が後退してしまっても、日本語学習を再開した場合にその能力を取り戻すことができるのでしょうか。可能だとしたらどの程度のスピードで取り戻すことができるのでしょうか。この今後の研究課題は、中断を余儀なくされた学習者とその親をあらたな希望に繋げることができるにちがいありません。

（4）つまずかないために

「学習言語としての日本語」習得のハードルは、バイリンガル家庭の子どもにとっては想像以上に高いものです。母親が立ちはだかる壁の高さを認識して子どもの継承語教育に取り組むことが、つまずかないための第一歩といえます。これをこえなければ社会人として通用する日本語力は獲得できず、高度発達型バイリンガルは目指せません。テストと同時に実施した母親アンケートの結果とこの読書力診断テストの結果を合わせて考察すると、つまずかないで壁を乗りこえるための親の心得はつぎのようになります。

1）言語に対するしっかりした教育姿勢を持ちましょう

まず自分の子どもをどのように育てたいのか、子どもにとって何が幸せなのかを考えてください。そして「はじめに言葉ありき」の言葉をどのように教えたいのか。もちろん読者のみなさんはバイリンガルを目指していることと思いますが、技能の面からみて聴解型バイリンガル（英語は４技能完璧にできるが、日本語は「聞く」だけ。親が日本語で話しても子どもは英語で答えるという型）、会話型バイリンガル（「聞く」「話す」は日本語でもできるが、「読む」「書く」は英語でしかできない）、読み書き型バイリンガル（「聞く」「話す」「読む」「書く」の４技能が日英両方の言葉でできる）のどれを目指すのか。そして英語と日本語の到達度からみてもちろんリミテッド・バイリンガルは避けるべきですが、プロフィシェント・バイリンガルを目指すのかパーシャル・バイリンガルで納得するのか、親としての教育姿勢をもってください。人間の成長には個人差が大きいものです。親がしっかりと方針を決めずに「隣の芝生」に振り回されていると、迷惑するのは子どもです。

2）そのためにも子どもが言語を習得していく過程を知りましょう

子どもが誕生して「ばぶばぶ」と喃語が出始め「ママ」など言葉を１つ２つ言い始めるうちに語彙も増え、次第に整った文を話すようになり、学校に通い始めて当たり前のように言葉を覚えていきますが、実は言語形成のステップを一つ一つ踏みながら言語を獲得しているのです。まず言語形成期は前期と後期に分けられます。前期は０歳から８歳まで。０歳から２歳までがゆりかご時代といわれ、２歳から４歳までは子ども部屋時代、５歳から６歳までが遊び友だち時代、小学校に入学し８歳までを学校友だち時代前期といいます。ここまでが言語形成期前期です。そして「９歳の壁」の９歳から13歳までが学校友だち時代後期になり、学習言語を基礎にした抽象的概念の学習が始まり、13歳で一応言語形成期が完了します。後はその出来上がった基盤の上に知識を積み上げてさらに言語能力を磨き上げていくことになります。ですから９歳になる前に言語の基礎力を完成させて、抽象的な概念が入り易い状態にしておくことと、13歳までに言語の貯蔵庫を最大限に大きくしておくことが重要になります。

子どもはいったん生まれてしまいますと、後は待ったなしで成長していきます。子どもがどの言語形成期にあるかを頭にいれて適切な言葉教育をすることが、バイリンガルを成功させる鍵であるといえましょう。

3）「一人一言語」またはそれに準じた家庭内言語のルールを決定し実行しましょう

両親の第一言語が異なる場合は、父親と母親がそれぞれ違った言語で話しかけるという「一人一言語」の原則はすでに有利性が実証され広まっているようでいて、実行している人が少ないのが現実です。ことに母親が日本人で英語が得意であると、周囲に理解してもらいやすいため英語で話しかけている例が多いのですが、ゆりかご時代から「一人一言語」の原則を貫くのがバイリンガルを成功させる有効な方法の１つです。子どもには教えようとして話しかけるのでなく、覚えてほしい言葉で必要な時に話しかけていればいいのです。それぞれの言葉、日本語と英語をそれぞれの人が代表していることが必要なのです。子どもにとって心理的に負担になり弊害も出るのではないか、また家庭不和の原因になるのではという批判もありますが、家庭の事情に応じて柔軟に対応することが必要でしょう。「一人一言語」を徹底させるのが無理な状況の場合は、家庭内言語のルールを決めて実行しましょう。

4）子どもと日本語で接触する時間は長さではありません。質の高い時間をもちましょう

よく耳にするのが、母親が仕事をしているため子どもをデイケアに預け、どうしても日本語で接触する時間が短く、気がついたら子どもは英語が中心になっていたという反省です。その短い接触時間をまずどのように使っているか分析してみることです。テレビをつけたままでいたり、母親も疲れているので話しかけるのを怠ったりしていないでしょうか。子どもと今日は何の話題で楽しもうか、どんな本を読んであげようかという気持ちでいたら、自ずから質の高い時間が持てるようになるはずです。

5）「読み」の習得は意識的に取り組みましょう

「読み書き能力」不足が「9歳の壁」を乗りこえられない最大の原因ということは前に述べました。そこで読書力を育てることが重要な課題になります。読書への導入としてまず実践したいのが「読み聞かせ」です。乳幼児期から小学校低学年までは親が積極的に取り組むことによって、聞く力を育て、本に対する興味を持たせ、読書を楽しめる人間に育てる効果があります。親と子の絆が強まるという効果もあり、ぜひ実行しなければならないものです。会話力とちがって「読み」の力は弛まぬ努力を続けなければ得られないものであることを認識し、親業の重要な仕事の1つとして読書への導入となる「読み聞かせ」を実行してください。

6）日本語での学習歴は重要なので、継承語学校や補習授業校があれば入学させましょう

日本語で学習することはそのまま学習言語を習得する道です。家庭学習、通信教育等さまざまな方法はありますが、やはり学校という組織で学ぶことに勝るものはありません。仲間をみつけ、切磋琢磨する経験は子どものみならず親にも得難い経験になるはずです。最寄りに該当する学校があればぜひ入学の手続きをとってください。補習授業校に入学させる場合は、バイリンガル家庭の子どもであることに十分な理解と協力が得られるように親は努力しなければいけません。

7）できるなら日本の学校に体験入学させましょう

体験入学による日本語能力増強の効果は経験的に実証されています。ですから一時帰国時にはできる限り体験入学させたいものです。2002年の言語背景調査でもバイリンガル家庭の子どもの方が短期駐在組子弟より体験入学の頻度が高いことが示されています。それだけ効果の高さを認めているといえるでしょう。体験入学は当然の権利として与えられているのではありません。受け入れる学校も在籍児童生徒に好ましい刺激となり、国際的な視野を持たせる有効な手段と考えて受け入れてくれるのです。受け入れを拒否する公立学校も出ているという昨今、親たちはせっかくの機会が失われないよう、受け入れ先の教師・児童生徒の立場も考慮して体験入学を実行してください。

8）会話力が高くても学習言語能力は伸びないことを認識しましょう

子どもの会話力が高いと、「話が通じる」「十分用が足りる」と親は安心してしまい油断するものですが、会話力が高くとも学習言語能力は身につかないことを認識してください。また義務教育が終わっても安心してはいけません。学習をやめた途端に読みの力も書きの力も落ちることを知っておいてください。義務教育が終わるまでに日本語で読書する楽しみと習慣を身につけさせるのが、学習言語または知的言語としての日本語をさらに伸ばす最善の方法といえるでしょう。

9）高度の思考力を身につけさせましょう

学習言語を習得して高度の思考力を養うことは、ジム・カミンズの二言語相互依存説が実証しているように日本語ばかりか英語においても効果を発揮します。英語の方が強い子どもには英語で培った高度な思考力で日本語を伸ばすことも可能です。いずれにしろ学校友だち時代後半に入ったら、意識して高度な思考力を伸ばすような会話、読み書き指導を家庭でもすべきでしょう。子どもとの会話の内容を点検してみてください。日常の話題に終わっていませんか。また子どもが現地校でどんな勉強をしているのか把握してください。日本語では日常言語に終始していても英語では高度の思考力を駆使して宿題をこなしているに違いありません。

(5) つまずいてしまったら

さて、努力虚しく子どもの日本語教育につまずいてしまった場合、つまり日本語学校なり補習授業校を退学してしまった時にどのようにして軌道修正することができるのでしょうか。日本語との永遠の別れを避けるため、いつでも日本語学習が再開できる体制を維持しておくのが大切です。

1) まず原点に戻ってお子さんの言語教育に対する親の教育姿勢を見直すことです

子どもの日本語能力に何を期待しているのですか。子どもにとって何ができれば必要かつ十分だと考えているのですか。2005年に行った親の希望調査によると、話す力では「親の言うことがわかる」「日本人との会話がある程度できる」と答えた親が中断組の70%、読む力では「仮名と漢字で簡単な単語が読める」「簡単な手紙や日常生活に必要なものが読める」が70%、書く力では「仮名と漢字で簡単な単語が書ける」「簡単なメモや手紙が書ける」が同じく70%を占めていました。親の期待が現実の厳しさに直面して、「帰国した時に年齢相応の学年で勉強できる」「日本語で仕事ができる」というレベルから急降下していることがわかります。それでいいのですか。

2) なぜつまずいたか原因を考えましょう

補習授業校中退のパターンとしては「読み書き能力」不足で「9歳の壁」が乗りこえられなかったケースがほとんどです。その原因を考えた時に子どもの日本語の能力の弱点が浮かび上がってきます。十分に会話する力がない場合もあるでしょう。日本語の基礎能力が育っていない場合もあります。原因究明が問題解決につながるはずです。

3) 年齢相応の教材を使うこと

家庭学習に切り替えた場合、基礎からやり直すと張り切って小学校高学年の子どもに1年生の教科書を使うケースがありますが、子どもが楽しく日本語を勉強するためには年相応の知的レベルを維持しなければ面白くありません。子どもが興味を持ちそうな読み教材を選んでください。

4）楽しくなければ身につかない

日本語は勉強したいけど補習授業校は難しすぎるというのが子どもの思いでしょう。どのような形で日本語学習を続けるにしても、楽しくなければ続きません。同じような立場の子どもを集めて読書会、日本語で遊ぼう会などを主宰し、子どもの日本語への興味を繋げておくことが肝要です。そして日本語を知っていて良かった、得したと子どもが実感できるような経験をさせることです。日本の親戚との交流、遊びに来たいとこの通訳をしてあげる、日本から来たばかりの子どもの学校での英語を助けてあげるなど、子どもにとってはバイリンガルであることに自信をつける絶好のチャンスになると思います。

6 おわりに

日本の国際化はIT技術の進歩と相俟って想像以上のスピードで進行しています。もはや海外で暮らすことに母国を遠く離れているといった感傷はなく、国際結婚も珍しくなくなりました。国際社会が身近なものとなりつつあるからこそ、国際理解の必要度も高まっているのです。バイリンガル家庭に育つ子どもは２つの言葉と文化を獲得できる優位な立場にあり、国際社会で羽ばたく夢を実現させるには最も近いところにいるといえます。母親は継承語教育の機会が少ないアメリカ小都市でわが子の明るい将来を願って、バイリンガルへの道を目指して奮闘し続けています。そんな母親たちを支援できたらと、私は、「バイリンガル・フォーラム」という母親勉強会を立ち上げました。年に２、３回の不定期な集まりで情報交換会をかねたバイリンガル教育の勉強会をしています。「先生、こんな集まりをもっと早くしていただいていたら…」という母親を「まだ遅くないですよ」と励まし、継続することの効果を説いています。「いろいろな先輩の話が聞けて、子育ての参考になります」と赤ちゃんを抱えた若い母親も通ってきます。赤ちゃんのときから親が真剣に取り組めば、世界のどこに住んでいても、子どもをバイリンガルに育てることは、意志さえあれば可能なのです。

今後、「９歳の壁克服」のための目安、つまりスタンダード 作成を目指しての調査・研究のため、さらなるつまずき調査、教育現場の問題点、指導法の研究、国語指導計画・該当州 Language Arts Standards の研究など課題は山積みです。

❑参考文献

バトラー後藤裕子（2006）「年少者への言語文化教育―模索を続けるアメリカの事例が示唆すること」『日本語教育』128号

ダグラス昌子（2005）「年少者のための継承日本語教育におけるプロジェクトアプローチを使った合同授業のデザイン」ATJ JHL Journal

ダグラス昌子・片岡裕子・岸本俊子（2003）「継承語学校と日本語補習授業校における学習者の言語背景調査」『国際教育評論』 1号

藤森弘子・柏崎雅世・中村彰・伊東祐郎（2006）「日本人学校・補習授業校における日本語指導の現状と課題」『日本語教育』128号

石井恵理子（2006）「年少者の日本語教育の構築に向けて―子どもの成長を支える言語教育として」『日本語教育』128号

片岡裕子（2003）「補習校における継承語学習者のための日本語コースカリキュラム：可能性と実施について」ATJ セミナー

カナダ日本語教育振興会（1997）「継承語としての日本語教育―カナダの経験を踏まえて」

カナダ日本語教育振興会（2000）「子どもの会話力の見方と評価―バイリンガル会話テスト（OBC）の開発」

カニングハム久子（1988）『海外子女教育事情』新潮選書

川上郁雄（2003）「年少者日本語教育における『日本語能力測定』に関する観点と方法」『早稲田日本語教育研究』2 号

川上郁雄（2005）「JSL カリキュラムの理解と地域における支援の在り方」平成17年度文化庁日本語教育大会・日本語教育研究協議会・第 4 分科会講演

岸本俊子（2005）「継承語喪失の危機：追跡調査による日本語能力の分析」ATJ セミナー

岸本俊子（2006）「継承語喪失回避への支援」ICJL 口頭発表

岸本俊子「バイリンガル・フォーラム設立背景と実践報告」SEATJ 07 Proceedings

箕浦康子（1984）『子供の異文化体験―人格形成過程の心理人類学的研究』思索社

森美子（2005）「二言語のはざまで育つ補習授業校の子どもたち」鎌田修・筒井道雄・畑佐由紀子・ナズキアン富美子・岡まゆみ編『言語教育の新展開―牧野成一教授古稀記念論集』ひつじ書房、pp.426-446.

中島和子（1998）『バイリンガル教育の方法―地球時代の日本人育成を目指して』アルク

中島和子（2005）「ポルトガル語を母語とする国内小中学生のバイリンガル会話力の習得」鎌田修・筒井道雄・畑佐由紀子・ナズキアン富美子・岡まゆみ編『言語教育の新展開―牧野成一教授古稀記念論集』ひつじ書房、pp.399-423.

中島和子ほか（2005）「国内国際学級：二言語による読書力査定とその基準―発達段階に合わせたバイリンガル・リテラシー・テストの必要から」母語・継承語・バイリンガル教育研究会

齋藤ひろみ（1998）「内容重視の日本語教育の試み―小学校中高学年の子どもクラスにおける実践報告」『中国帰国者定着促進センター紀要』6号

齋藤恵（2003）「学びと成長を支援する年少者日本語教育実践に向けて―オーストラリアの年少者ESL教育におけるスキャフォールディングの分析から」『早稲田大学日本語教育研究』2号

阪本一郎（2004）『標準読書力診断テスト（手引）』金子書房

佐藤郡衛（2007）「異文化間教育と日本語教育」『日本語教育』132号

末藤美津子（2002）『アメリカのバイリンガル教育―新しい社会の構築をめざして』東信堂

内田伸子監修・早津邑子著（2004）『異文化に暮らす子どもたち―ことばと心をはぐくむ』金子書房

第3部

アイデンティティの揺らぎから新たなアイデンティティの模索へ

補習授業校の卒業式
写真提供サム・コールマン氏

第8章

二言語で育つ子どものアイデンティティ

知念聖美

1 言語学習におけるアイデンティティの重要性

皆さんは、「移動する子どもたち」という言葉を聞いたことがあるでしょうか。越境する子どもたちや言語間を移動する子どもたちのことをいいます。つまり、日本から海外に行く子どもたち、あるいは海外から日本に移る子どもたちのことをいったり、日本語と外国語をいろいろな場面（学校、家庭、コミュニティ）で使い分けたりする子どもたちのことをいいます。日本の国際化が盛んになるにつれ、「移動する子どもたち」も多くなりました。その多くの子どもたちは、日本以外の文化に触れ外国語を習得して、将来「国際人」として頼もしく活躍することでしょう。

しかし、日本と海外を移動する子どもたちの言語学習の問題は深刻です。新しい言語を学ぶというのは親が思っているほど容易なことではなく、異文化という特殊な環境の中、心理的なストレスを抱えながら学習していかなければなりません。また、特に海外での滞在年数が増えると、日本語学習の問題も生じてきます。日本語力を伸ばしていくどころか、日本語力の維持さえも難しくなっていくケースも少なくありません。

言語を学ぶというのは単に言葉だけの問題ではなく、習慣などの面において、その言語を話す文化やコミュニティとの同化、あるいはそのコミュニティへの適応が図られ、学習者のアイデンティティに変化が起きるといわれています。このように、言語学習にはアイデンティティの問題も多く含まれているにもかかわらず、家庭や学校での語学指導や子どもたちの語学力に関する議論が多くなされる一方、アイデンティティについての議論は比較的なされていないと指摘する教育関係者もいます。この章では、二言語で育つ子どもたちのアイデンティティについて考えていきたいと思います。

現在アメリカで補習授業校に通う子どもたちは多くいますが、そのような子どもたちは、アメリカ文化と日本文化、そして英語と日本語が常に入り混じる環境に置かれており、ありとあらゆる異文化を体験しながら自分のアイデンティティを形成しつつあります。中でも長期滞在、あるいは「永住組」とよばれる家庭の子どもたち（幼少の頃渡米した、もしくはアメリカ生まれの中学生・高校生）のアイデンティティは複雑だとされていて、一般的にいう「根無し草」になってしまう恐れもあるといわれています。

ここでは、アメリカ西海岸の補習授業校に通う、アメリカ生まれの日系二世の中学生と高校生の子どもたち60名を対象に行ったアンケート調査とインタビュー調査の結果をもとに、アイデンティティの重要性について考えていきたいと思います。対象としたのは、現在アメリカで増えつつある新一世（戦後の移民者）の子どもで、家庭で日本語を話しており、日本の高校あるいは日本の大学に進学の予定がない子どもです。調査では、子どもたちのアイデンティティを中心に、それをとりまく補習授業校、家庭環境、日系コミュニティなどとの関係を探ってみました。

2 「日本人である」ことの意味

この調査では、子どもたちに「自分は日本人であると思うか」という質問をしましたが、先ず考えなければいけないのが、子どもたちにとっての「日本人である」ということの意味です。アメリカ生まれの日系の中学生や高校生の子どもたちが考える日本人であるということは、果たしてどのようなものなのでしょうか。

インタビューで直接子どもたちに、「あなたにとって、『日本人である』ということはどういうことですか」という質問をしてみました。その結果、主に３つの要因が挙げられました。まず１つ目に、「日本人である」とは、日本の文化的要素が多く取り入れられた生活を送るということのようです。たとえば、日本の食事をしたり、日本語のテレビ番組を見たり、週末には日本のお店に行ったり、補習授業校に行ったりすることのようです。

日本人であるという要因の２つ目は、日本語を話すということです。今回調査した子どもたちの家庭では、ほとんどが家では日本語を使うようにと親にいわれているようで、きょうだいとは英語を話すというケースも多くありましたが、日本人の親とは必ず日本語を生活の中で使っています。

以上の2つの点は、インタビューをした子どもたち全員が挙げた日本人であることの意味です。自分のアイデンティティについて、「家では日本語を話しているし、日本食を食べて日本語のテレビをよく見るから、自分は日本人だと思う」と話してくれた子どもも多くいました。

また、3つ目の要因として、日本の環境への適応性を挙げた子どもたちもいました。つまり、日本へ行った際に問題なく1人で行動できるかということも日本人であることの大切なポイントのようです。たとえば、電車の切符を買って乗ったり、コンサートのチケットを購入したり、日本の携帯電話を使って電話をかけたりすることなどができるかどうかも、彼らにとっては大切な日本人であるための条件のようです。特に日本の社会では、生活面においてもテクノロジーが普及し変化が目まぐるしく、1年日本を離れていると、事情が変わっていたりすることが多々あります。日常会話の日本語は何の問題もなく操ることができても、日本に住んだことがない彼らにとっては、日本の環境に適応していくことは決して容易なことではありません。以前、「自分は英語より日本語ができるし日本語の方が自分の気持ちをうまく表現できる」というアメリカ生まれの日系の兄弟がいましたが、そんな彼らも日本に行くと電車の乗り方もわからないし、周りの人に聞いてみても変な顔をされるそうで、そんな時やはり自分たちは日本人ではないのだと感じると話してくれました。

3 「日本人」と「アメリカ人」のはざまで

子どもたちは、日本の文化的要素が多く取り入られた生活を送ること、日本語を話すこと、日本の環境への適応性があることなどが、日本人であると考えているようですが、果たして自分自身のアイデンティティについてはどのように考えているのでしょうか。

アンケート調査で、アイデンティティに関するいくつかの質問をし、どのくらい日本人だと感じているかということを1から6のスケールで（6

＝最も日本人）表示してもらいました。その結果、60名全体の平均値は若干日本人寄りの3.33でした。学年別にみると、中学生が3.17で、高校生が4.09でした。この中学生と高校生の差については後ほど述べますが、ほとんどの子どもたちが、日本人でもなくアメリカ人でもないアイデンティティを持っていることがわかりました。

また、「自分のことを何人だ思いますか」という質問もしてみました。この質問の回答には５つの選択肢を設けました（図８-１を参照してください）。「日系のバックグラウンドはあるがアメリカ人」「アメリカ人に近い日系アメリカ人」「アメリカ人にも日本人にもかたよらない両方の性質を同じくらい持っている日系アメリカ人」「日本人に近い日系アメリカ人」「アメリカに住んでいるが日本人」の５つです。その結果、「アメリカに住んでいるが日本人」あるいは、「日本人に近い日系アメリカ人」と答えた学生の割合は高校生が一番高いという結果が出ました。

ここでもう一度確認しておきたい点は、今回調査を行った対象はアメリカ生まれでアメリカ育ちの子どもたちだということです。にもかかわらず、全体的に見て、アメリカ人としての意識は100％ではありません。また日本人としての意識も100％ではなく、彼らのアイデンティティはまさに日本人とアメリカ人のはざまにあるのです。そのアメリカ人でもない日本人でもない、日本人かアメリカ人かを決めかねる心境が子どもたちの中に存在しているようです。アイデンティティに関しても、日本人とアメリカ人

図８-１　アンケート：自分のことを何人だと思いますか？

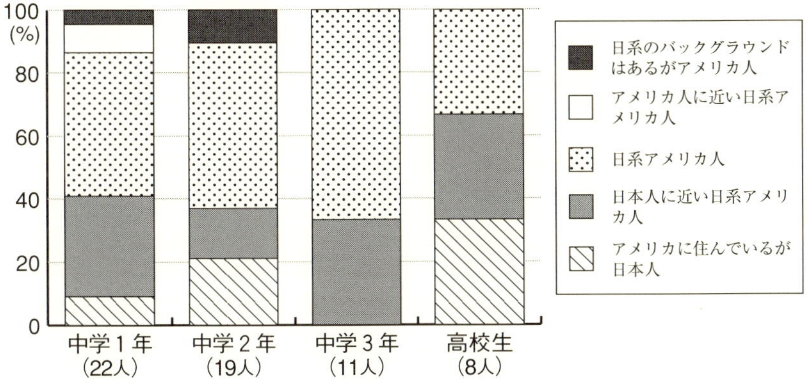

の間を移動しているのです。

ではどのような要因が、そのような日本人かアメリカ人かを決めかねる心境と関係しているかを考えてみたいと思います。次に、インタビュー調査で得られた重要な糸口になると考えられるいくつかの事項を紹介しましょう。

4 「インパーフェクト(中途半端)」な日本人

60名を対象としたアンケートでは、子どもたちは「日本人」でもない「アメリカ人」でもないアイデンティティを持っていることがわかりましたが、インタビューでも、そのような声を聞くことができました。インタビューで彼らに将来のことを聞くと、アメリカの大学を卒業したら日本で働いてみたいと考えている子どもが何人かいることがわかりました。彼らは夏休みなどに何度も日本に行った経験がありますが、実際に２、３カ月以上の長期滞在をした経験はありません。日本に住んだ経験のない彼らが、日本で働くということはかなり勇気がいることだと考えられますが、彼らにとって日本に住むことは、さほど不自然なことではありません。それは、アメリカ生まれのアメリカ育ちであっても、彼らは「日本人」としてのアイデンティティも持ち合わせているからです。しかし、彼らの中には、「インパーフェクトな日本人」というアイデンティティも同時に存在しています。ある子どもが、自分のことを日本人だと感じるが決して「パーフェクト」な日本人だとは思っていないと話してくれました。その理由を聞くと、日本に住んだことがないからだというのです。また、他には、日本人なのにアメリカに住んでいる自分は「インパーフェクト」だと話してくれた子どもたちもいました。彼らの言う「インパーフェクト」とは何かと探ると、どうやら日本の環境に適応できるかどうかの確信がないということが大きく影響しているようです。日本で働いてみたいという意向は、「インパーフェクトな日本人」から、より「パーフェクトな日本人」になるために、将来自分を日本で試してみたいという好奇心の表れかもしれません。思春期にある子どもたちのアイデンティティを研究しているジーン・S・フィニー (Jean S. Phinney) とスティーブ・ターバー (Steve Tarver)

は、自己のアイデンティティを模索し確立しようとしている者は、その文化についての本を読んだり、文化活動に参加したり、同じエスニックグループ（民族）の人と交流を盛んに行い、より深く自分のエスニックグループに溶け込もうとすると述べています。日本に住んでみたいという好奇心も子どもたちにとっては、自分探しの一歩なのかもしれません。

5 「ホームレスネス」を感じている子どもたち

「インパーフェクト」なアイデンティティを抱えるということは、自分のよりどころとする所が見つからない「ホームレスネス（home-less-ness）」、日本語でいういわゆる「根無し草」につながります。はっきりとしたアメリカ人、あるいは日本人としての帰属意識がないため、自分の居場所が見つからないケースも少なくないようです。興味深いことに、多くの子どもたちはインタビューで、「日本に行く」「日本に帰る」という表現を無意識に同時に使っていました。子どもたちにとって日本は「行く」ところなのか、それとも「帰る」ところなのかは、彼ら自身もわからないところなのでしょう。ただ、「ホームレスネス」を感じている彼らが唯一、アメリカ人でもない日本人でもないある特定のグループへの帰属意思を感じる場があります。それが補習授業校です。彼らが通う補習授業校には同じ境遇、つまり、バイリンガルでありバイカルチャルという境遇にあって、そして同様の悩みを抱えている友人がたくさんいます。補習授業校に通う彼らの間で生まれる１つのグループに対しての帰属意識によって一体感が助長されるようです。ただその帰属意識は「日本人」としての帰属意識よりも、「バイリンガルでバイカルチャル」というグループへの帰属意識のようです。アイデンティティと補習授業校の関係はまた後ほど詳しく述べますが、補習授業校は子どもたちのアイデンティティ形成に一役かっているようです。

「ホームレスネス」とか「根無し草」という表現を使ってしまうと、日本人でもなくアメリカ人でもないアイデンティティが否定的なものに受けとめられがちですが、その中立的なアイデンティティを決して悲観的にとらえなくてもいいのではないでしょうか。日本人でもなくアメリカ人でもないというしっかりとした自己独自のアイデンティティを確立し、またその同様なアイデンティティを持つグループへの帰属意識を高めることにより、居心地のいい自分の居場所を見つけることができます。日本が「ホーム」であるのか、それともアメリカが「ホーム」であるのかという二極的な考え方が「ホームレスネス」あるいは「根無し草」という概念を生み出すのであって、「ホーム」が日本である必要もアメリカである必要もなく、日本人かアメリカ人かという２つの枠組みにこだわる必要もないのではないでしょうか。たとえば、日本人でもありアメリカ人でもあるという、日系アメリカ人という１つの確立されたアイデンティティがあってもいいと思います。その中でも、先ほどの質問の５つの選択肢にあったような「日本人よりの日系人」あるいは「アメリカ人よりの日系人」などの多様な「日系人」があってもいいのではないでしょうか。そのような場合、アメリカの日系コミュニティが彼らの「ホーム」になるケースも多いでしょう。日本人でもアメリカ人でもある必要がないと気づいた時、あるいは日本人でもありアメリカ人でもあると気づいたとき、居心地のいい自分の場所を見つけることができます。さらに、同様のアイデンティティを持つ人とのネットワークづくりをすることにより、そのグループへの帰属意識が高まり、そのネットワークが自分の「ホーム」となりえるかもしれません。

しかし、自分の居場所を見つけるというのは容易なことではなく、そこにいたるまでにはある一定の時間とプロセスが必要とされます。このプロセスに関しては後ほど述べますが、アイデンティティというのは環境に影響されやすく常に流動的なもので、中学生、高校生の年頃にアイデンティティが確立されるというのはあまり見られないケースでしょう。

⑥ 将来を考え始めたとき

では、いつ頃になったらアイデンティティが確立され始めるのでしょうか。この章の３で紹介した、どのくらい自分のことを日本人と思うかというアンケートの結果では、中学生は3.17、そして高校生は4.09というのがありましたが、これを簡単に解釈すると、高校生は中学生よりも強く自分を日本人だと感じているということになります。一般的には、アメリカに長く滞在すればするほどアメリカ人になっていくといわれますが、今回の調査ではそのようなことは確認されませんでした。高校生の方が、中学生より日本人としての意識が強かったのです。この現象はどう理解したらよいのでしょうか。

インタビューで直接高校生と話すことができましたが、その中で感じられたのが、彼らがこれからの進路を考え始めた時に自分は日本人だと意識し始めるようだということです。ある子どもが、大学へ進学することに悩んでいた時にアメリカ人の友人に相談してみたところ、「行きたくないなら行かなくてもいいのでは」というアドバイスをもらい、同じ悩みを補習授業校の友人に相談したところ、「親の期待にも応えるためにやはり大学へ行ったほうがいい」というアドバイスをもらったそうです。アメリカ人の親と日本人の親は、教育観をはじめさまざまな観点において価値観が異なるケースが多くあり、子どもが成長して人生における大事な決断をしなければいけない場合には、日本人の親が持つ価値観がその子どもの決断に大きく影響します。少なくとも高校生は大学進学について真剣に考えなければいけない時期で、親の期待や意向もかなり気になります。そのような時、日本人の親がいる家庭環境を理解してくれるのが、やはり同じ境遇にある補習授業校の友人で、補習授業校の友だちと一緒にいると安心すると話してくれた子どももいます。自分の将来のことを具体的に真剣に考え始めた時の家庭環境や友人関係の中で、自分のことをより強く日本人だと認識するようになるようです。

高校生の時期に、日本人としての意識が高まるという現象を裏付けるデータが今回の調査で得られました。実はこのアンケートを行った半年後にも同様のアンケートを行ったのですが、6カ月の期間をおいたその両方のデータを比較した結果、中学生の日本人としてのアイデンティティの伸びよりも、高校生の日本人としてのアイデンティティの伸びの方が大きかったのです。つまり、同じ6カ月という期間に、中学生よりも高校生のほうが、日本人としてのアイデンティティが強まったということです。

高校生のほうが中学生よりも日本人としての意識が高く、高校生の時期に日本人としての意識が高まるという結果を理解するうえで、とても参考になる研究があります。ルーシー・ツ（Lucy Tse）という言語習得の研究者がアイデンティティ形成に関するモデルを提示したのですが、このモデルには、アイデンティティが確立されるまでの４つの段階（ステージ）が想定されています。その４つの段階というのは、以下のような順です。

①自己のエスニックグループ（民族）に対しての意識レベルが低い状態（つまり、自分の民族的背景が気にならない時）
②自己のアイデンティティがまだ曖昧な状態、あるいは自己のアイデンティティを否定的にとらえる状態
③自己のアイデンティティが肯定的なものに変化しつつある状態（つまり、自分のアイデンティティを前向きに受けとめ始める時）
④自分のエスニックグループへ積極的に溶け込もうとする状態（つまり、自分と同じ民族の人たちで成り立っているコミュニティに積極的に参加しようとする時）

今回インタビューをした高校生の何人かは、同じ境遇を持った友だちと一緒にいると安心すると話してくれましたが、このような状態は、このモデルでいう③と④の段階であると考えられます。このアイデンティティ形成モデルが示唆することとして、アイデンティティはあるパターン化された過程を経て形成されるということと、子どもたちが成長するにしたがい「より日本人」になっていくということがあります。前にも述べたように、自分の居場所を見つけるというのは容易なことではなく、そこにいたるまでにはある一定の時間がかかります。またアイデンティティというのは環境に影響されやすく常に流動的なものですが、補習授業校に通う子どもたちは、将来を考え始めた時（この調査では高校生の時期）に日本人としてのアイデンティティを持ち始めるようです。

７ エスニックアイデンティティ形成をとりまく要因

アイデンティティというのは環境に影響されやすいものですが、アイデンティティ形成に影響を与える社会的要因は数多くあります。次に、最も影響が大きいと推測される補習授業校、家庭環境、日系コミュニティの３

つの要因に絞って、これらの要因が子どもたちのアイデンティティ形成にどう影響を与えるのかを考えていきたいと思います。

（1）補習授業校

補習授業校とアイデンティティ

まず、アンケートの結果でわかった補習授業校とアイデンティティの相関関係ですが、子どもたちの答えを分析したところ、アイデンティティと子どもたちが補習授業校に対して持っている印象は、相関性があることがわかりました。つまり、補習授業校に対して肯定的な印象を持っている子どもたちは、比較的否定的な印象を持っている子どもたちよりも、日本人としてのアイデンティティが強いということです。このことは、アイデンティティが形成されるうえで、補習授業校が大切な役割を果たしているということがいえます。また、アイデンティティと３つの社会的要因（補習授業校、家庭環境、日系コミュニティ）の中でも、統計的に分析した結果、補習授業校とアイデンティティの関連が最も深いということもわかりました。アンケートの中に、補習授業校とアイデンティティの関連を直接聞いた質問がありました。「補習授業校にいる時、自分は日本人だとの思いが強くなる」ということにどれだけ同感するかという質問でした（図８-２を参照してください）。１から６のスケール（６＝とてもそう思う）で答えてもらったのですが、結果は高校生で最も高い5.29でした。つまり、補習授業校に行くことによって、日本人としての意識を高めているということに

図８-２　アンケート：補習授業校にいる時、自分は日本人だとの思いが強くなる？

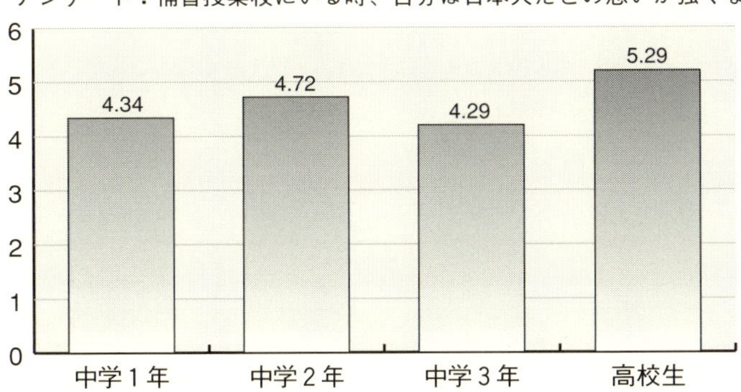

なります。

アンケートでは、補習授業校の一番好きなことも聞いてみました。好きなこととして一番多く挙げられたのは、「友だちと会うこと」でした。その次に「勉強」「学校行事」などが挙げられました。これからもわかるように、子どもたちにとって、友だちと交流することは補習授業校での一番の楽しみとなっています。先に述べましたが、彼らはインタビューで「自分たちは同じ境遇にあって、抱えている悩みも似ている。お互いの気持ちがよくわかる」と話しています。また、「補習授業校で日本人の友だちと会って話すのは楽しい。日本語で冗談を言ったりできるし、日本人にしかわからないことも話せる」と言っています。このような声は、いかに補習授業校が日本人の友だちとの交流を深める場として機能しているか、そして自分たちが共有するアイデンティティを確認する場として一役かっているかを示唆しています。彼らの話してくれた日本人の友だちとの交流は、同じエスニックグループにより深く溶け込むことで、彼らはそのような交流を大いに楽しんでいるようです。またそのような状態が、自分のアイデンティティを模索し、確立することにつながります。ちなみに、補習授業校の一番嫌いなことも聞いてみたところ、「宿題」「学校での勉強」「時間的制約（週末の時間が減る、クラブ活動とのやりくり）」などの声がありました。

「継承語学校」（自分のエスニックグループ、または親が話す言語を継承語として学ぶ学校）に関しての一般的な文献はいくつもありますが、その中で継承語学校の役割について記述しているものがあります。その役割の１つに、子どもたちが自分たちのバックグランドについての知識を得る機会を与えるということがあります。その結果、実際に自分たちのアイデンティティについて模索するようになった時、人生のさまざまな機会の選択肢がより広がります。柴田節枝氏も、日本語学校の役割は日本語や日本文化を教えること、そして他の子どもたちや大人たちと実践的な日本語を使う機会を子どもたちに与えることにあり、そのような学校は、子どもたちのアイデンティティ形成を促進する場だと述べています。

補習授業校とアイデンティティと日本語力の関係

補習授業校に通う子どもたちの間で、ある１つのグループに対しての帰属意識が生まれ、それによって一体感が助長されるようだと述べましたが、このような過程は言語習得にも大きな影響があります。補習授業校がアイデンティティを形成するのに大切な役割を担うということを理解する上で、「エスニックグループ・メンバーシップ」というキーワードが重要になってきます。この「メンバーシップ」は、ある一定の言語を話すグループに対して、自分もそのグループの一員として自覚することを指すものです。ある研究者は、学習者がその言語を話すグループの一員だということを学習者自身が自覚した時に、最も効果的な言語習得が可能だと述べています。つまり、今回の補習授業校の子どもたちのケースで考えると、子どもたちが自分たちを日本人だと意識した時、日本語学習に対する意欲も高くなるということです。

先に、補習授業校に対して肯定的な印象を持っている子どもたちは、比較的否定的な印象を持っている子どもたちよりも、日本人としてのアイデンティティが強いということがわかったと述べましたが、実は、子どもたちが補習授業校に対して持っている印象は、日本語力とも相関性があることもわかりました。今回の調査では、子どもたちに自分たちの日本語力を自己評価してもらいました。その結果、補習授業校に対して比較的良い印象を持っている子どもは日本人としてのアイデンティティも強く、さらに日本語力も比較的高いということがわかったのです（自己評価という手段は信頼性に問題があるという指摘がありますが、同じ子どもたちを対象に行った別の調査で、この子どもたちの自己評価はある程度正確なものだという結果が出ており、それを考慮すると、今回の調査結果も信頼がおけるものだと考えられます）。

（2）家庭環境

家庭環境とアイデンティティ

今回の調査で、家庭環境とアイデンティティの関連も探ってみました。その結果、子どもたちの日本語学習に関して家庭のサポートがあると答えた子どもたちは、日本人としてのアイデンティティが比較的強いことがわかりました。今回アンケートで聞いたサポートとは、以下のような項目です。

質問１	親は自分が家庭で日本語を使うことを望んでいる
質問２	補習授業校の学習内容や宿題について親とよく話す
質問３	親は自分の補習授業校での成績に満足している
質問４	親は日本文化に関連したクラブなどに入ることをすすめている
質問５	親は自分が日本人らしい言動をとることを望んでいる
質問６	親は日本語に対して好意的である
質問７	親は日本人に対して好意的である
質問８	親は日本文化に対して好意的である

アンケートでは、これらの項目に関してどのくらい同感するかを１から６のスケール（６＝とてもそう思う）で答えてもらいました（図8-3を参照してください）。これらの項目すべての平均値は4.54でした。

ここで興味深い結果がありました。この項目の中で最も平均数値が高かったのは、以下の３つでした。（　）内は平均数値を示します。

1.	質問８	親は日本文化に対して好意的である	(5.56)
2.	質問６	親は日本語に対して好意的である	(5.53)
3.	質問７	親は日本人に対して好意的である	(5.39)

これらの結果は、いかに子どもたちが親の動向を敏感にとらえているかということを表しています。親の態度次第で、子どもの日本語学習に対しての姿勢が影響される可能性が大きいということが考えられます。ある研究者は、バイリンガルの子どもが特定の言語に対して持つ印象のほとんどは親の影響によるものとし、親は子のモデルになるような言語使用をするべきだと提言しています。「子は親の背中を見て育つ」という言葉がありますが、まさにこのことをいうのではないでしょうか。

またインタビューでは、親から「日本人だから日本語を話しなさい」といわれていると話す子どもたちも多くいました。今回の調査対象となった子どもたちの家庭では、お母さんが英語をあまり話せないという事情も

図8-3　アンケート結果：ファミリーサポートについて

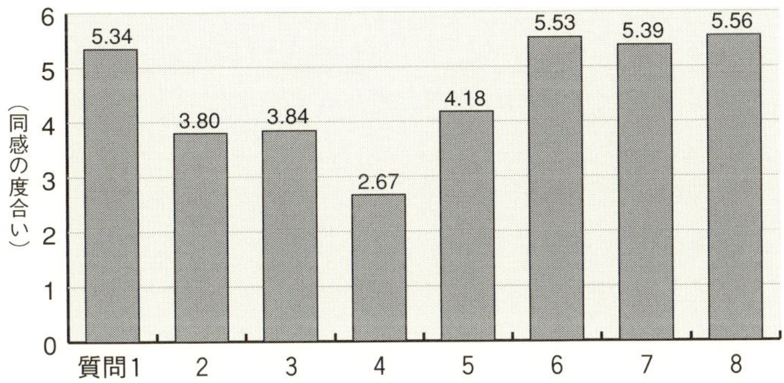

あったせいか、家では必ず日本語を話すようにしつけられているようでした。中には、「日本人の親に英語で話すのは失礼だ」といわれている子どもたちもいました。「日本人ならば日本語」という親のメッセージを繰り返し聞くことによって、また家庭で日本語を使うことによって、子どもたちにも日本人としての自覚が強くなっていくのでしょう。インタビューの全体的な印象として、「日本人ならば日本語を話しなさい」という親のメッセージを子どもたちは十分に理解しているようでした。上のアンケート結果でもわかるように、多くの子どもたちが「親は自分が家庭で日本語を使うことを望んでいる」という質問に対しての平均値はかなり高いもので、平均値は5.34でした。

また、日本語の使用だけではなく、家庭に日本の習慣を取り入れることも、子どもたちが日本人だと意識する大切な要因です。「うちではほとんどが日本食で、日本のビデオもよく借りて家族で見る」と話してくれた子どもが、「家ではあまり日本の生活と変わらないから、私は日本人だと思う」と話していました。興味深いことに、インタビューをした全員の子どもたちが、「日本人というのは日本食を食べること」と話しており、その他にも、「日本のテレビを見ること、日本の本を読んだり音楽を聴いたりすること」なども、彼らにとっては大切な日本人であることの条件のようです。このような家庭環境は親がつくってあげなければならないことを考えると、日本人としてのアイデンティティを助長したり、日本文化への理解を深めたりするためには、家庭の支援が不可欠です。

このような親の役割をルーシー・ツは「ゲートキーパー」と呼びました。ここでの「ゲートキーパー」とは、ゲートを閉ざす人という意味ではなく、ゲートをしっかり開けてあげる人という意味合いのものです。つまり親は、子どもたちが日本人としてのアイデンティティを助長したり、日本文化への理解を深めていく道への機会を与えてあげたりする「ゲートキーパー」なのです。親がそのような機会への「ゲート」を開けてあげることにより、子どもたちの将来の選択肢も広がっていくのです。しかし最初から閉ざされている「ゲート」では、子どもたちの選択肢は限られたものになってしまいます。親の「ゲートキーパー」としての役割は、子どもの将来の可能性を広げてあげるためにとても大切なものなのです。

家庭環境とアイデンティティと日本語力の関係

家庭で日本語を使ったり日本的な習慣を取り入れたりすることは、日本人としてのアイデンティティと直接関連していることがわかりましたが、その他にも家庭環境は、子どもたちの日本語力とも相関性があることが今回の調査でわかりました。つまり、子どもたちの日本語学習に関して、家庭のサポートがあると答えた子どもたちは日本語力も比較的高いことがわかりました。家庭で日本語を使っているのと使っていないのとでは、日本語力に大きな差がついてきます。毎日の積み重ねが大切なのです。

しかし、英語力もネイティブ並みにある今回の調査対象であるこの子どもたちにとって、彼らの日本語力というのはとても喪失しやすい性質をも持ち合わせています。インタビューをしたすべての子どもたちは親と暮らしていましたが、アメリカの中でも遠く離れて大学の寮などに住む大学生のお兄さんやお姉さんがいる子どもたちもいました。そのお兄さんやお姉さんの話をしてくれたのですが、家族と一緒に住んでいた時は家では日本語を話していたのに、家族と離れて住むようになってからは、たまに家に帰ってくると英語が混ざってしまうといいます。そのようなお兄さんやお姉さんが大学を卒業して親元に戻ってきた時には、日本語よりも英語が完全に優勢になっているというのです。これは、家庭で日本語を話すことがいかに大切かということと、継承語としての日本語は喪失しやすいということを表しています。家庭環境が子どもの日本語力を大きく左右するため、日本語を維持したり、日本語の力を伸ばしたりするためには、家庭での日本語使用が不可欠となります。

（3）日系コミュニティ

日系コミュニティとアイデンティティ

今回のアンケート調査では、日系コミュニティとアイデンティティの関連も探ってみました。その結果を述べる前に、まずこの調査が行われたアメリカ西海岸の日系コミュニティについて簡単にご説明しましょう。

多くの日本人が住むアメリカ西海岸の都市には、日本語学校・補習授業校があります。2007年現在、西海岸全体で少なくとも30の学校が存在しており、これらの学校に、日本語を継承語として学んだり日本で教えられるような学科（国語、数学、社会など）の勉強をしたりする学生が数多く在籍しています。また、日本語のメディアもかなり発達しており、日本語番組を放送するテレビ局やラジオ局がいくつかあります。また、無料で日本語の出版物を配布している新聞社や雑誌社なども数多くあります。これらに加え、多くのレンタルビデオショップがあり、日本からの情報入手ということに関しては、不便さを感じることはありません。食生活面においても、日本食のレストランや日本の商品を売っているスーパーも数多くあり、日本食も比較的簡単に手に入ります。日本語が話せる医師や弁護士、そしてソーシャルサービスもあるので、英語が話せない場合はそのようなところに頼ることもできます。西海岸には、戦前からの日本からの移民が築いてきた日系コミュニティが存在し、それらのコミュニティは二世や三世、そして新一世（戦後の移民者）たちの活躍を背景に、またさらに大きく発展を成し遂げてきました。

そのような土壌で生まれ育った、今回の調査の対象となった補習授業校に通う日系二世の子どもたちのアイデンティティと、日系コミュニティという要因には何か関係があるのでしょうか。アンケート調査ではあまり関連性が見られなかったのですが、インタビュー調査でマスメディアに関して興味深い点が見られました。

マスメディアの影響は子どもたちの生活にかなり浸透しているようです。中でも日本のテレビ番組はインタビューをしたすべての子どもたちが頻繁に見ているようです。多くの子どもたちが、「アメリカの番組より日本の番組のほうがずっとおもしろい」「アメリカの番組はつまらないが、日本のバラエティーショーやドラマはとてもおもしろい」と話しており、日本語の番組しか見ないという子どもたちもいました。

なぜそんなに日本の番組のほうが面白いと思うのかを直接聞いてみたところ、ある高校生は、「日本の高校生活に憧れているので、日本のティーンエージャーの生活を描いたドラマなどを興味深く見ている。自分と同じような高校生が出てくる日本のドラマが好き」と話していました。また他の高校生は、「自分と似た人たちがたくさん出てくるから、日本のドラマは面白いと思う。私はアメリカ生まれだけど、アメリカ人に全然見えないし、自分でもアメリカ人だと思っていない。アメリカ人は別世界に住んでいるように思える」と話してくれました。日本の番組を見ることによって、子どもたちは日本に住んでいるような疑似体験をしているようです。またそのような疑似体験をすることにより、日本文化への興味を深めたり、日本人としてのアイデンティティを強めていくのかもしれません。また日本の番組から、目まぐるしく変化するティーンエージャーの流行などの情報を取り入れているようです。

日系コミュニティとアイデンティティと日本語力の関係

学術的な文献の中に、テレビが言語学習に及ぼす影響を書いたものがあります。その文献によると、テレビも子どもたちにとっては社会的なネットワークの１つで、テレビという媒体からその言語特有のコミュニケーションの仕方を学ぶというのです。テレビや雑誌、新聞などのマスメディアは、日本語を聞いたり読んだりする力の向上につながりますが、特にテレビでは実際の日本での生活言語が使われているので、生の日本語の表現に接する一番適した媒体といえるでしょう。テレビでは、アメリカにおいては触れる機会が少ない、場面に応じた生の日本語と触れることができます。たとえば日本の大学の場面での教授と学生の会話、会社の場面での上司と部下の会話、病院の場面での医師と患者の会話など、テレビではさまざまな場面での日本語を聞くことができます。またそれと同時に、文化的な知識も学ぶことができます。

また、話す力を伸ばすことに関しては、日系コミュニティに参加することがいいようです。アメリカで日本人と接する機会が頻繁にあるというのは、アイデンティティ形成に大きな影響を与えると同時に、日本語力を伸ばす大きなきっかけとなります。インタビューをした高校生の中には、スポーツチームのコーチや、日本食スーパーのレジなど、ボランティア活動やアルバイトをしている子どもが何人かいました。補習授業校に通う子どもたちは、補習授業校では学習言語を使い、家庭では日常言語を使っています。しかし、それ以外での場面において日本語を使う機会がある子どもたちというのは限られてきます。ボランティア活動やアルバイトを通して、家庭の内と外の複雑な日本語の使い方や敬語の練習をすることができます。言語は文法や語彙だけではなく、その場面に一番適切な話し方でコミュニケーションができるかどうかが最も大切なことだと考えると、日系コミュニティは、場面に応じた日本語力を養う絶好の場だといえるでしょう。

また、前にも述べましたが、アイデンティティと言語力には相関性があるという結果を考えると、日系コミュニティのメンバーとして積極的に活動することにより、アイデンティティの形成、そして日本語力の向上にもつながっていくということが考えられます。

8 まとめ

この章では、アメリカ生まれでアメリカ育ちの補習授業校に通う日系二世の中学生と高校生がどのようなアイデンティティを持っているのか、そしてどのような社会的要因がアイデンティティ形成に影響を及ぼしているのかについて考えてきました。日本から来た親たちにとって気がかりとなる点は、どのようにして子どもに効率よく英語を習得させるか、またアメリカ滞在が長い親たちにとっては、どのようにして日本語力を維持していくかなどの言語に関しての問題でしょう。しかし、言語学習は心理的要因や社会的要因と密接な関係があるため、子どもたちの言語学習支援をするためには、語学の面だけではなく、子どもたちが置かれている環境の全体像を考えてあげることが大切です。

今回の研究では、日本人としてのアイデンティティと日本語力と家庭環境には相関性があるという全体像が見えました。家庭で日本語学習へのサポートをしてあげたり日本の習慣を多く取り入れた環境をつくってあげることは、日本語の力が伸びるだけでなく、アイデンティティ形成にも重要な役割を果たします。子どもの将来の選択肢を広げて可能性を最大限にしてあげるためには、家庭におけるサポートは不可欠な要因なのです。また親の熱心な姿勢を子どもに見せてあげることも大切でしょう。

アメリカにおいて、現地校、補習授業校、家庭、コミュニティの間を移動しながら子どもたちのアイデンティティは形成されつつありますが、彼らの将来にとって、心が最も豊かになり、人生を前向きに歩んでいくことができる、「日本人」「アメリカ人」の枠組みにとらわれないアイデンティティを確立していって欲しいというのが一番の願いです。

❑参考文献

川上郁雄（2005）「JSLカリキュラムの理解と地域における支援の在り方」平成17年度文化庁日本語教育大会・日本語教育研究協議会・第4分科会講演 <http://www.bunka.go.jp/1kokugo/17_tokyotaikai_04bunkakai.html>

Phinney, J.S. & Tarver, S. (1988) "Ethnic Identity Search and Commitment in Black and White Eighth Graders." *The Journal of Early Adolescence*, 8(3), 265-277.

Shibata, S. (2000) "Opening a Japanese Saturday School in a Small Town in the United States: Community Collaboration to Teach Japanese as a Heritage Language." *Bilingual Research Journal*, 24(4), 465-474.

Tse, L. (1997) *Ethnic Identity Development and the Role of the Heritage Language*. Unpublished doctoral dissertation, University of Southern California.

Tse, L. (2001) *"Why don't they learn English?": Separating Fact from Fallancy in the U.S. Language Debate*. New York, NY: Teachers College Press.

第9章

高校生にとって「日本人」とは
ーアイデンティティの政治ー

小林聡子

1 はじめに

アメリカの高校での生活を想像してみてください。「映画やドラマで見るような白人や黒人のアメリカ人と友だちになって、芝生の上で大振りなジェスチャーや英語で会話する」といったイメージでしょうか。実際に、親の仕事の都合で日本からアメリカに行き、現地の高校へ通っている子どもたちの生活とはどのようなものなのでしょう。アメリカに駐在する家族は、主に小学校や中学校の学齢期の子どもを連れて来る場合が多いものの、滞在が長期化したため、子どもが高校までいる場合や、高校からアメリカに来る例も決して少なくありません。これまでの研究は、小・中学生を対象にしたものが多く、高校生に関してはほとんど注目されてきませんでした。特に、そのアイデンティティに関しては、「日本人」か「アメリカ人」か、という二項対立的なとらえ方をしており、子どもたちが具体的にどういった友人関係を築きながら、どのようなアイデンティティの取り方をしているのかはあまり明らかにされてきませんでした。また、多くの研究が学校だけに焦点を当てており、学校の外やインターネットなどの生活空間についてはあまり注目されてきませんでした。

ここでは、日本から来た短期滞在家庭の子どもが多く在籍しているパール高校での観察、インタビュー、さらにインターネット上の会話をもとにした調査から、日常的な生活空間で、「日本人」というエスニシティをどう理解し、どのように自分たちのアイデンティティを位置取っているのか、また、そこにはどのような要因の影響があるのかを明らかにしていきます。ここに出てくるパール高校の子どもたちの例はさまざまなケースのうちの１つでしかありませんが、この章を通して、トランスナショナルな環境で生活する子どもたちのアイデンティティに関する理解を深め、アメリカ滞在中や帰国後の生活や学業面でのサポートをするための手立てになればと思います。

[2] 日本人生徒のグループ化とアイデンティティの取り方

パール高校はロサンゼルス郊外の比較的裕福な地域に位置しています。学校案内によれば、生徒の大半が「白人」で、「アジア系」はその次に多いグループだとされています。また、それほど割合は大きくないものの、「アフリカ系」や「ヒスパニック系」生徒も在籍しています。パール高校で私がリサーチを始めて1カ月ほど経ったある日、それまでなかなか歩き回れなかった校内をシホが案内してくれた時のことです。シホは日本の高校3年生にあたる12年生で（アメリカの場合、日本のように中学や高校で1～3年に分けられておらず、小学校1年から高校3年までを連続で1年から12年と数える）、私が観察していたELD（English Language Development）プログラムのアシスタントをしていました。シホは日本で生まれ育ち、この時点でアメリカに来てから約4年ほどでした。普段からなるべく英語を使うように意識しているというので、いつもシホと話すときは彼女に言語を合わせていました。この日も、大半は英語で話しながらシホが学内にどんな生徒たちがいるのかを説明してくれました。カフェテリアの方へ歩いていくと、私がELDプログラムで知り合った日本人生徒たちの多くが中で昼食を取っているのが見えました。

例1）

シホ：It's funny that I know them. I don't talk to those…Japs, but I hear about them from my friends.
（あの人たちのこと自分が知ってるのはおかしいんだけど。私はああいう「ジャップ」とは話さないし。でもね、友だちとかからよく話を聞くんです）

小林：Oh really? Oh, I wanna go into that lunch area.
（そうなんだ。あー、あの昼ごはん食べるところに入ってみたい）

シホ：You wanna go there? To see the typical Japs? I don't want to go straight in there. Because they are gonna say hi to me and after that, they will only talk to you.
（あそこに行きたいの？　典型的ジャップを見に？　あそこに入って行くのやだなー。だって、きっと挨拶はするだろうけど、あとは聡子さんにしか話しかけないだろうし）

このように、シホはカフェテリアにいる日本人生徒たちを「Japs（ジャップ）」と呼び、彼らと交わりたくないというある種の嫌悪感を示していることがわかります。日米間の戦争の歴史を学んだことがある人にとって、「Jap（ジャップ）」という言葉を耳にするのは少なからず驚きを覚えることかもしれません。私自身、アメリカに住んで６年以上になりますが、これまで日常生活の中でこの言葉をほとんど聞いたことがありませんでした。ところが、パール高校の日本人生徒たちの口からこの言葉が発せられるのはめずらしくなく、リサーチを始めた当初は私も非常に驚いたものでした。読者の中にも「日本人なのに、どうして？」と思う人がいるかもしれません。

そもそも「日本人」というアイデンティティは、国籍で定められているものでも、生まれながらに備わっているものでもありません。「『日本人』でない人・『日本』的でないもの」との比較があって初めて生じるものです。たとえば、パール高校で学んでいる日本から来た生徒の大半は、日本にいた時、自分が日本人であることを意識したり、クラスメートや先生が日本人かどうかを考えたりする必要はありませんでした。アメリカに来てから、行動、服装、言語、学習態度などの特徴から、校内で「日本人ではない人」「日本人」「日本的なもの」を認識し、自分がその一員かどうか意識することで「日本人」というアイデンティティを持つようになるのです。また、こうやって意識される「日本人」というアイデンティティは、アメリカで生活する子どもたちにとってはさまざまな葛藤をはらんでいます。単純に「自分は日本人である」と捉えるのではなく、英語をどれだけ話せる・話すのか、日本人以外の友だちがどれだけいるのか、何に興味があるのか、などさまざまな要素を周りと比較しながら、自分の「日本人性・非日本人性」を見てとっているのです。その際に、シホの例のように、「Japs」などのラベルを使いながら多様に「日本人」の中のグループを理解し、「自分は日本人の中でもどんな特徴を持ったグループの日本人なのか」を位置づけているのです。

では「グループ」とは一体何でしょうか。基本的に「集団」「コミュニティ」あるいは「グループ」といった概念は、私たちがその存在を信じることで成立しています（Anderson, [1983] 1991）。シホの例のように、パール高校で「Japs」という「集団」が存在するかのように生徒たちがそれに関して言及したり、自分や他の生徒がその一員であるかのように認識したりすることで初めて「Japs」というグループが「想像・創造」されているのです。ここで重要なのは、私たちが「Japs」や「日本人」というラベル自体に先入観をもって判断するのではなく、生徒たちが一体どのようにそのラベルを使っているのか、それは当事者にとってどのような意味を持つのか、そこにどのような要因が絡んでいるのか、という方に目を向けることなのです。これらの点を踏まえ、以下では、普段の生活の中で、パール高校における日本人の生徒たちがどのように「日本人」やその内部における「グループ」を認識しながら、自分たちのアイデンティティの位置取りをしているかを明らかにしていきます。まず、彼らが自分のグループや他のグループを認識する際にどのようなラベルを使用しているのか、そして、そのグループ分けの特徴から、「日本人」というエスニシティやその内部のグループがどのような空間や構造に支えられているのかに注目していきます。

3 日本人生徒のグループ間の関連

パール高校では、ヨーロッパ系アメリカ人を中心として、他にも多様なエスニシティの生徒たちが学んでいます。ところが、私がリサーチを始めて、多くの日本人生徒たちといろいろな話をしていて気が付くのが、生徒たちが学内に「日本人コミュニティ」があるという認識を持っていて、自分たちの交友関係をそのコミュニティを中心に理解していることです。先に出てきたシホの例にある「Japs」というグループの認識からもわかるよ

図 9-1　パール高校の「日本人グループ」間の関連

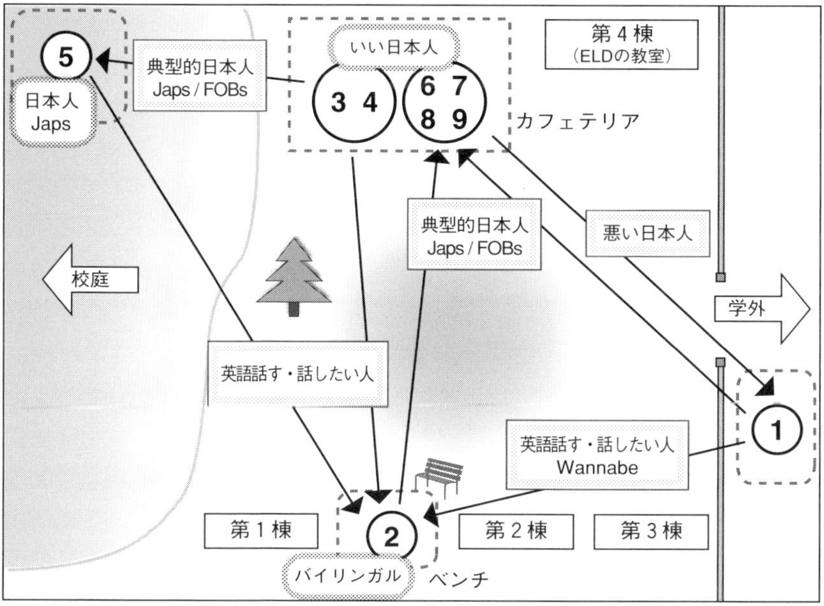

グループ	メンバー	昼食	性別	塾	学年	ELD
①	ジュン他	学外	男子	無	- - - 12	ELD 修了
②	シホ、ミホ他	ベンチ	女子	無	- - - 12	ELD 修了
③	シンヤ、セイジ、マサシ他	カフェテリア	男子	有	- 10/11 -	ELD 3
④					- - - 12	ELD 修了
⑤	シュウイチ、ケンタ、ユウジ他	校庭	男子	有	9/10 - -	ELD 1, 2
⑥	サクラ、リンコ他	カフェテリア	女子	有	9/10 - -	ELD 1, 2
⑦					- 10/11 -	ELD 3
⑧	ミズキ他				- 10/11 -	ELD 修了
⑨					- - 11/12	ELD 修了

うに、さらにその「日本人コミュニティ」の中にはさまざまなグループが混在していて、その関係性は非常に複雑になっています。上の図 9-1 は、生徒とのインタビューをもとに、2005 年の時点でどのように学校における友人関係を把握していたのかを抜粋して図にしたものです(1)。

図 9-1 に表したように、生徒らが学校内での人間関係を表現する際、共通して描かれたのが、まず昼食時に集まって食べる場所で、図 9-1 に

破線の枠で記してあるように、学外、カフェテリア、校庭、ベンチに分けてグループを認識していることです。次に「女子グループ」と「男子グループ」や各学年の境界線、そして、「塾へ通っている・通っていない」も、グループの特徴として使われています。さらに、英語学習プログラムであるELDの影響ですが、パール高校の場合初級のELD 1から上級の3までが用意されています。現ELD生徒か元ELD生徒か、そして現ELD生徒であれば、どのレベルかということが、生徒たちが描く「日本人グループ」間の関連における各グループの特徴として最も顕著に表れていることがわかります。

また、これらのグループ内外間でも、それぞれの生徒がさまざまな視点から多様なラベルを用いて自分の位置取りをしています。図9-1では、あるグループが他のグループに向けてつけたラベルが四角の中に、そして楕円の中に太字で表されているものが自らの呼称を示しています。以下、いくつかの例を挙げながら関連を説明していきます。

（1）学外

ELD修了済みの12年男子を中心とした①のグループは、昼食時には車で学外へ出て行きます。彼らから見て、塾に通っている生徒やカフェテリアに日本人だけで固まって日本語しか話さない生徒らは「典型的日本人」であり「Japs」「FOBs（Fresh-Off-the Boat：船から下りたばかりの新参者）」などのグループであると表現されます。「FOB（フォブ）」とは、アメリカでの生活に慣れているアジア系の旧移民などが、母国の風習、文化、服装、言葉などがまだ色濃く残る人を嘲笑するときに使用されたりすることが多いスラングです。日本で戦争の歴史を学んだ際に一度は耳にしたことがある「Jap」と違い、「FOB」というラベルは、アメリカで初めて知ったという生徒が大半です。

（2）ベンチ

②はELD修了済みの12年の女子生徒のグループで、冒頭で出てきたシホなどが中心となっています。カフェテリアの日本人生徒らを「典型的日本人」「Japs」ないし「FOBs」と呼び、自分たちとは一線を画しています。

その理由として、①の生徒らと同様、「日本人同士で固まっていること」また「日本語しか話さないこと」を主に挙げています。特にELDの生徒は「典型的日本人」であるとし、ある種の嫌悪感を表しています。一方、自分たちを表現する際には、「バイリンガル」、または「典型的ではない日本人」とし、カフェテリア内の日本人との差異化をしています。彼女たちはなるべく普段から英語を使うように意識しており、学内でも「Japs」以外と関わるように心がけているといいます。また、他の生徒たちからも「英語を話す・話したい人たち」と認識されており、時として否定的に「Wannabe（アメリカ人になりたがっている人）」と呼ばれることもあります。

（3）カフェテリア

次に、カフェテリアの中にいる生徒たちの視点です。③のELD3男子をベースにしたグループは、10年生から11年生の男子で構成されており、①のグループを「悪い日本人」と位置づける一方、自分たちは「いい日本人」であるとしています。①と②がカフェテリアの「日本人」をまとめて「典型的日本人」であると描写する一方、③の生徒らは、カフェテリアを離れた校庭で昼食をとっている⑤のELD1とELD2の男子グループを「典型的日本人」「Japs」「FOBs」と表現しています。その理由は、やはり①と②のグループが③を含むカフェテリアの日本人生徒らを「典型的日本人」「Jap」「FOB」と呼ぶのと同様で、「日本人同士で固まっているから」「日本語しか話さないから」だとしています。

上記のグループ以外にもカフェテリアの中にはELD1から2の9年生を中心とした⑥、ELD3の10、11年生を中心とした⑦、ELD修了済みの10、11年生の⑧、その他ELD修了済みの11年～12年混合の⑨などの女子グループもあります。これらカフェテリアの各グループは、男女とも毎日決まったテーブルを占拠し、年度の入れ替わりで学年が上がると、席もそれに合わせて移動する暗黙のルールを守っています(2)。また、A塾とB塾のどちらに通っているかによって、さらにグループの中が分かれています。

（4）校庭

⑤の生徒らにとって、自分たち以外の日本人のグループ分けの基準は、

塾、学年、ジェンダーです。彼らはカフェテリアに足を踏み入れることはほとんどなく、常に校庭の隅で食事を取っているため、基本的に塾以外ではカフェテリアの日本人生徒と交流がありません。そのため、塾に通っていない人やカフェテリアで日本人生徒たちがどのような位置取りをしているのか、ということに関して、ほとんど知らないといいます。ただし、パール高校のカフェテリア内の生徒たちがほぼ全員⑤の生徒と同じA塾ないしB塾に通っているため、誰が誰とグループ化しているのかは大体把握しています。また、日本への興味も強く、自分が「日本人」であるというアイデンティティも非常に強く持っていることが特徴的であり、自分たちを「Jap」と呼ぶ生徒もいます。

以上のように、日本人生徒たちは、ジェンダー、学年、ELD、塾などのさまざまな要素と、昼食をとる物理的位置と絡み合わせて、「自分のグループ」と「他のグループ」の境界線を引き、さまざまなラベルを用いて理解していることがわかります。たとえば、ELDを修了した生徒は、現在ELDにいる生徒らを「典型的日本人」「Japs」「FOBs」と呼び、現ELD生徒の間では、ELDのレベルが高いものが低いものを「典型的日本人」「Japs」「FOBs」と呼び、さらに、ELD1とELD2の生徒らは自分たち自身を「日本人」「Japs」であると表現しています。そもそも、長期滞在中の日本人生徒たちによれば、「日本人は日本人で固まる」ことや「日本語しかしゃべらない」ことを理由に「アメリカナイズされた日本人」ないし「永住組」(主に日系アメリカ人を指している) から「Jap」や「FOB」と言われたのがきっかけで、自分たちもこれらのラベルを使うようになったといいます。また日系人に対してではなく、同じように「駐在組」の日本人生徒のグループに向けて「Japs」や「FOB」という政治的・歴史的に差別的な意味合いがあるラベルを使用することで、そのグループの日本人生徒たちよりも自分たちが優位であると位置づけています。

一方、ELD 1とELD 2の生徒らのように、自らを「Jap」や「FOB」と呼ぶことは、単に自分たちを卑下しているのではなく、日本人同士でいることや日本語を話すことを好む自分たちの位置取りを正当化する役割があります。もちろん、時と場合によりけりで、これらのラベルの使用やグループ分けの仕方はある程度異なってくるものの、このように自分たちの中での「日本人」の枠組みを多様に理解しているのです。その反面、「日本人」の枠組みを柔軟に理解しようと意識すればするほど、「日本人」というこえられない境界線をより明確に意識してしまうのも事実でしょう。
では、集団化する日本人に対して非常に否定的な意見を持っている生徒が多いにもかかわらず、一体どうしてこのように「日本人」がグループ化するのでしょうか。

4 生徒の社交空間：学校・塾・インターネット

下の２つの絵をご覧ください。この絵は、当時11年生であったセイジ（グループ③）が描いたイメージマップで、**図９-２**は日本にいた頃のコミュニティにおける行動範囲をまとめたもの、**図９-３**は現在のアメリカにおけるものです。まず明らかに違うのは、マップの細かさでしょう。日本では、徒歩、自転車、バス、電車など、さまざまな交通手段があり、ある程度高校生は自由に活動ができますが、ロサンゼルスのパール高校がある地域は広いだけでなく、交通の便が悪いのです。電車が無く、バスの便も悪い。坂も多いため自転車にも不向き。そのため、学校へ行くにも、スーパーに行くにも車が必要であり、高校生である彼らが自由にどこかへ行くことはままならず、親もしくは友だちの親が同乗する車だけが交通手段だという現実があるのです。そのため、何をするにも、基本的に親が子

図９-２　セイジの日本のイメージマップ

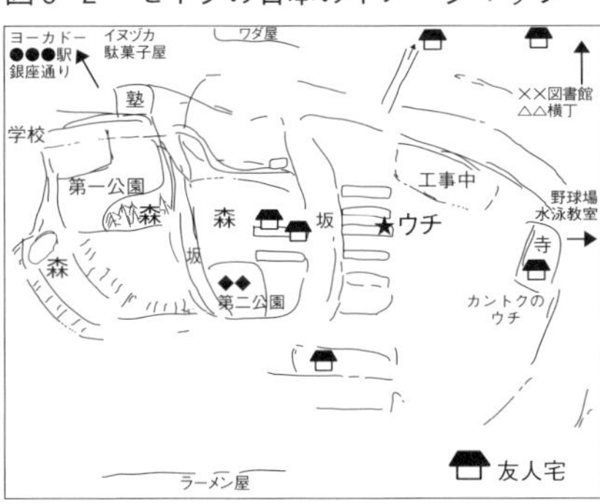

図９-３　セイジのアメリカのイメージマップ

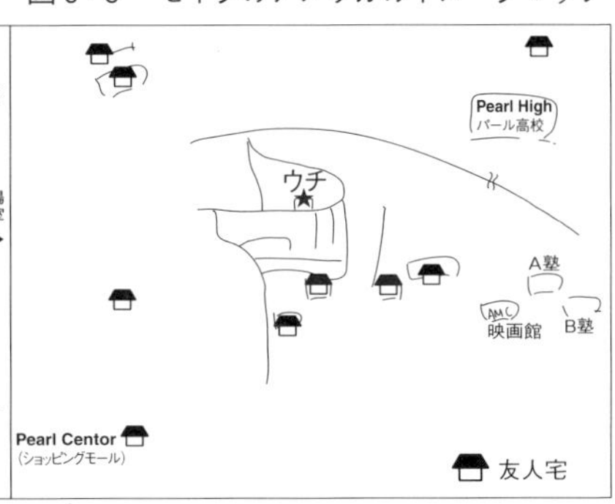

どもの活動を管理している状態ともいえます。

次は、アメリカにおける行動範囲に関するユウジ（グループ⑤）とのインタビューの一部です。

例2）

ユウジ：学校、塾、あとはどこも行かないからなぁ。ここら辺しか行かない。学校も大事だし、塾も大事だし、それ以外は家にいるけど。まぁ散歩する時間があるなら野球場とか行くけど。試合見に行くんですよ。野球場行ったり、バスケットもそうだし。あとは、うーん、ないな。……動ける範囲が狭いんすよ。すぐ買いに行けない。

小林：はいはい。コンビニとかね。

ユウジ：コンビニがない。コンビニあっても弁当とか売ってない。すぐ買いに行けないし、歩いて行けるような距離じゃないんですよ。日本だったら歩いて行きましたけど、遠いっすから、あと坂とかあるし、あまりなんていうかな、外に出ようという気にはなりませんね、ここは。そこは嫌ですね。

小林：なるほどね。行動範囲ね。物理的に無理だもんね。

ユウジ：物理的に無理ですね。

＊＊＊

小林：家では何やってるの？

ユウジ：家にいて、本読んだり、まぁゲームしたりインターネット。まぁそこら辺しかしない。

ユウジが説明するように、歩いて動ける範囲が狭いため、外に出る機会が必然的に「学校」と「塾」に限られていることがわかります。同じ理由から、インタビューに応じてくれたユウジ以外の生徒たちにとっても、親が車で連れて行く学校、塾、家の往復が日常で、それ以外には、友だちの家へ連れて行ってもらうか、学校から歩いていけるカフェやファーストフード店程度しか行動できる範囲がありません。デートをするにも親に遊園地なり映画館なりに連れて行ってもらわなければなりません。このように行動範囲が限られている生活の中で、ユウジも述べているように、多くの生徒にとって学校、塾、インターネットという空間が必然的に重要な社交の場となっているのです。では一体これらの空間がどのように「日本人」というエスニシティを認識させ、日本人間のグループ化に影響しているのでしょうか。以下では、生徒たちの社交空間である学校や塾、そしてインターネットという空間の構造と特徴に焦点を当て、生徒が描く「日本人」像やグループ間の位置取りについて考えていきます。

（1）物理的空間ー学校と塾

①学校

他の英語学習者と同様に、多くの日本人生徒たちがパール高校でまず初めに履修するのは、ELD プログラムです。カリフォルニア州の公立校におけるELDプログラム在籍者の８割以上がスペイン語話者で占められているものの、パール高校はその土地柄もあり、各クラス半数以上を日本語話者が占め、次いで韓国語、北京語話者が占めています。また、他の学校のELD プログラムでは、大抵の場合、母語使用が禁止されているのですが、パール高校の ELD 教師らは生徒が互いの学習を助け合うための母語使用は認めています。そのため、私が観察していた ELD の授業においては、生徒間では日本語、韓国語、北京語がクラス中を飛び交い、教師とのやりとり以外は生徒から英語が聞こえてくることはほとんどありませんでした。また、教師らは単に「アメリカではこうなんだ」と押し付けるのではなく、あくまでも生徒らの文化的背景を尊重しながら学習を進めていました。

このELD プログラムでは、他の授業とは異なり、英語学習者である自分たちがクラスの主体であり、自国文化・言語を認めてもらえ、同言語の友人らと共に授業を受けられる大事な空間となっていることは間違いありません。その一方で、ELD プログラムの内容や位置づけには、エスニシティを強化させる機能もあるといえるのです。たとえば、英語を学習中である母語や出身国が異なる生徒らが集まっているため、英語での会話よりもどうしても母語での会話が優先してしまい、「日本人」「中国人」「韓国人」といったグループができ易いため、各エスニシティの境界線をより意識するようになっていきます。また、ELD の教室で「日本」「中国」「韓国」「アメリカ」といったような比較をしたり、日本に関しての意見を求められたり、まるで日本の代表であるかのように見られたり、行動したりすることで、日本人生徒らは自分が「日本人」であると否応なしに自覚させられるのです。

一方、メインストリームの授業では、特別な言語的サポートもなく、生徒個人の文化的・言語的背景への配慮もされていません。そこでは、「アメリカ人」の方が優れていて、英語学習者である自分は劣位だと感じる生徒が多いことは容易に想像がつくでしょう。そのため、ELDプログラムとメインストリームの授業の双方へ通うことで、「日本人」である自分や「英語学習者」である自分を「対アメリカ人」の構造の中で理解するようになる仕掛けになっているのです。

このような状況で、「日本人ではない生徒と友だちになりたい」と強く思っている生徒が日本人生徒の中でも非常に多いのです。しかしながら、英語学習者である彼らがパール高校に入って初めに入るクラスの一つがELDであり、英語がままならないうちに日本語を話す他の生徒らと共に授業を受ける唯一のクラスであるだけでなく、そのまま持ち上がりで2年から3年間主に同じメンバーで学ぶようになっているため、一度ELDで友人関係が築かれると、そのまま卒業まで一緒というケースがほとんどなのです。どの年にどのELDレベルに入ったのかによって、グループ化がなされていくため、先の図9-1で説明したように、ELDのレベルやELDを修了したかどうかが各グループの区分けになっています。また、自分がどのレベルのELD生徒であり、どのグループの日本人なのかという認識は、固定された位置に存在しているELDの教室へ通うことや決まった場所で毎日昼食を食べることにより目に見える形で把握され、毎日の学校生活の中で体感・実感するのです。このように、学校という空間こそが、日本人生徒が集団化する仕組みの1つとなっているのです。

②塾

学校という空間で目に見える形で日本人というエスニシティや日本人グループが認識されている一方、生徒らの数少ない社交場の1つである塾においても、同じような傾向が見られます。ロサンゼルスなどの日本人が多い地域には、日本の高校や大学へ「帰国生（以前で言う帰国子女のこと）」枠で進学するための、日本人による日本人のための塾がいくつも存在しており、短期滞在者の子どもの大半はこれらの塾を利用しています。学校のメインストリームの授業やELDプログラムとは異なり、塾では生徒も教師も全員日本人であり、日本での高校・大学受験を目指しています。塾によって特色が異なるものの、共通しているのがSAT（Scholastic Assessment Test：日本でいう大学入試センター試験のようなものでアメリカの大学進学の際の評価にも使われる）やTOEFL（Test of English as a Foreign Language：外国語としての英語力を測るテスト）、また小論文など、帰国生枠の大学受験に必要な科目を教えていることです。この他、現地の学校の授業についていけるように数学や英語の授業があったり、現地校の宿題を手伝ったりと、日本から来ている生徒たちのアカデミックなサポートシステムであることは間違いありません。

行動範囲が物理的に制限されている生徒たちにとって、学外で堂々と友だちと会える場所、というのが塾なのです。たとえば、ミズキ（グループ⑧）の家では親が塾を勧めたわけではないものの、「友だちがいるから」という理由で妹が親に塾に行かせてくれるよう頼んだといいます。このように、周りの友だちが行っているからという理由で塾へ通い始めることも多いのです。また、1週間に4日から6日を塾で過ごす生徒が多いため、どこの塾に行くのかが友人関係と深く関わり、異なる塾の生徒間で対立することもあるといいます。塾には受験という同じ目標に向かって学ぶ日本人生徒が通っているだけでなく、塾の講師らがさまざまな催し物を考えたり、塾の生徒同士で遊びに行ったりと、アメリカの学校とは少し異なった、ユウジいわく「日本の学校みたいな」関係性を築くことができるといいます。アメリカ人が中心である学校では、英語に不自由を感じながら学ばなければならず、また、自分がマイノリティである日本人だと強く認識させられながら、日本人同士でELDのレベルなど学校特有の力関係を意識しながら生活しなくてはなりません。そのため、学校に面白みを感じない生徒たちの多くが、授業がない日でも自主勉強をしに率先して塾へ通ったりしているのです。このことからも、塾がこれらの生徒たちにとって救済的な空間となっているといえます。

塾という存在がこのように多くの生徒の生活に深く根付いている中、初めはアメリカでの大学進学を希望していた生徒たちまでも、高学年になるにつれて日本での大学受験を目指すようになることも稀ではありません。たとえば、図9-1で表した調査に参加してくれている24人の生徒たちの中で、シホ・ミホ・ジュンの3人以外全員が日本で大学受験をした、もしくはする予定です。なぜこれほど、日本の大学を受験する割合が高いのでしょうか。生徒たちの話によれば、「家族の帰国」以外に大きく分けて2つの理由があります。まず、アメリカの高校生活が楽しくないことによる日本での高校・大学生活への憧れです。特に、アメリカに親の都合で連れて来られた生徒たちにとっては、英語との奮闘、差別の経験などから、「日本だったら……」という思いが強く、そういったストレスから一時的に解放されるのが、塾という場所なのです。ここで「日本の学校」のように、日本人の友人や塾の講師らと自由に楽しく日本語で関わることで、さらに、「日本」が理想化されていき、「アメリカ」や「アメリカ人」に対する嫌悪や自分が「日本人」であり、「日本」へ帰るのだという思いも強化されていく傾向があるのです。

もう1つの理由は、日本で受験した方が「いい大学」へ入れるということなのです。たとえ、ELDを修了して、メインストリームのクラスで1日中勉強するようになったとしても、これらの生徒たちはアメリカでは常に英語学習者であることは変わりありません。そのアメリカで有名大学への進学を希望するとなると、高校の成績、SATの結果、小論文などを含め、メインストリームの生徒たちと競わなければなりません。そのため、アメリカでこれらの生徒たちが大学進学をするということは、ほとんどの場合、「コミュニティカレッジ」へ行くことを意味しているのです。コミュニティカレッジとは2年制の短大のようなもので、公立であれば4年制大学よりも授業料が格段に安く、基本的な入学の条件が高卒以上であることから、一般教養の単位をここで取ってから4年制大学に編入するメインストリームの高校生もかなり多いのです。しかしながら、日本では、編入・転学というものがそれ程頻繁に行われるものではなく、初めから1つの大学で決まった学部に進学するために受験対策をする方が一般的です。このような大学進学に対する傾向や価値観の違いから、コミュニティカレッジへの進学は駐在で日本から来た親や生徒からは敬遠されがちなのです。また、日本では海外で２年以上就学経験がある生徒は、大学受験の際に「帰国生」というカテゴリーに入り、多くの有名大学で一般受験よりも優遇された条件で受験をすることができるのです。このような状況で、よほどアメリカでやりたいことがあったり、アメリカでの生活が気に入っていたり、または家族がアメリカに永住予定でない限り、最終的にアメリカでの大学進学を選ぶ生徒は数える程しかいないのです。

駐在組の生徒たちのほとんどが高校の早い時期から塾へ通い、受験の年である12年生になると、日本の受験生と同じように、受験勉強が中心の生活になります。そうなると、ますます塾で過ごす時間が増え、更に同じ塾の日本人生徒らとの交流が深くなり、学校においても、同じ塾の生徒たちと自然と集まるようになります。また、固定されているELDの教室へ毎日通い、同じ場所で同じ仲間と昼食を食べることで、生徒たちが自分たちを「英語学習者」や「日本人」であると認識するのと同じように、毎日日本人しかいない塾へ日本人の友だちと通うことは、視覚的・感覚的にも自分が「日本人」であることを認識させる大きな要素となっているのです。

（２）仮想現実空間ーインターネット

これまでに、学校、塾といった物理的な空間の特徴が、パール高校の日本人生徒たちのグループ化を支える構造となっていることを明らかにしてきました。一方、もう１つの社交場であるインターネットでも、同様の特徴が見られます。近年、日本国内でもバーチャル空間での子どもたちのやり取りが注目を集めていますが、パール高校に通う日本人生徒たちを含む海外で生活する日本の子どもたちの日常生活においても、インターネット上の交流が重要な位置を占めています。にもかかわらず、一体具体的にどのような交流がなされているのかということは、これまであまり明らかにされていません。この節では、パール高校の日本人生徒らのネット上の交流やアイデンティティの位置取りに、少し詳しく注目していきたいと思います。

インターネットというと、匿名でのチャットや情報交換といったイメージが強いのではないでしょうか。もちろん、そのような使い方もするでしょうが、パール高校の日本人生徒たちは、友だちと「メッセ（インスタントメッセージ）」で話したり、日本語のソーシャル・ネットワーキング・サービスである「ミクシィ」やMSN「マイスペース」を使って自分のブログや写真などを友だちと共有したりと、バーチャルなコミュニティを築いています。子どもたちの生活の中でインターネットが非常に大事な位置を占めていることから、対面での関わりだけでなく、ネット上で生徒たちと会話をすることで、学校では決して見えてこなかったことがいくつか見えてくるのです。

たとえば、授業中、非常に口数が少ないだけでなく、授業外で話しかけても短い受け答えしかなかった数名の生徒たちが、オンライン上だと非常に饒舌にいろいろな話をしてくれます。顔を突き合わせず、声を出す必要も誰かに見られていると意識することもないため、子どもによってはオンラインのチャットはある種の親近感を保てる空間であるといえます。ただし、顔が見えないため、どのような意味合いを込めて発言しているのか、どんな表情をしているのか、などは文脈から推測しなければならないという面もあります。また、インターネットで彼らがどのようなことを話し、どのような友だちと繋がっているのかを知ることで、彼らの活動範囲や交友関係をよりよく把握することができます。学校の様子だけを見ていたのでは、学内での交友関係がまるで一番重要でそれがすべてであるかのように思ってしまったかもしれません。しかしながら、異なる空間で話をすることで、生徒たちが学校で見せるものとは違う側面を知ることができます。「バーチャル空間でのアイデンティティは現実のものと違うのではないか」という疑問もあるかもしれません。確かに、生徒たちは学校で見せる自分とは違う側面もインターネット上で見せています。しかしながら、オンラインでブログ等をつけている生徒の多くが、自分の学校や塾の友だちとそれを共有していることから、自己表現の仕方にたとえ脚色を加えていたとしても、それが自分たちが友人らに見て欲しい自分の一面であることに変わりはないといえるでしょう。

①ネット上の自己表象の仕方

バーチャル空間での自己表象の手立ての１つが、絵文字、字体、口調、漢字、ひらがな、カタカナ、英語などさまざまな表現法の選択をすることです。この調査に協力してくれた生徒たちがどのように言語を使用して自己表象をしているのか、以下、いくつかの例を挙げながら、まず、その大まかな傾向と解釈を説明していきます。

まず、MSNのインスタントメッセージシステムのフォント（字体）の標準設定は「ゴシック」であるのに対し、生徒によって太字にしたり、サイズや色、字体を変えたりします。たとえば、図9-1で、校庭のグループ⑤にいるケンタは以下のように筆書きの「**行書体**」を使用しています。

例3）

ケンタの発言：**お久しぶりです〜**

このように、「和」を意識した字体の選択をすることも、ケンタが自己をどう表現したいのか、他者からどう見られたいのか、という表れの1つであるといえます。また、ケンタだけではなく、同グループのシュウイチ（グループ⑤）のネット上の文体も目立って漢字や熟語が多く、「メッセ」や「マイスペース」でも丁寧語に徹しています。また、彼らを含む数人の生徒たちの間に、細かい日本語の正確さを追求する傾向も見られます。以下は自分の名前がどのようにつけられたのかをシュウイチと話していた際の会話の一部です。

例4）

シュウイチ の発言　：両親……詳しくは父親ですかね…
シュウイチ の発言　：詳しくというより正確には
sato の発言　：うんうん

このように、シュウイチや一部の生徒は自分の日本語を常に振り返り、見直す傾向があります。彼らの間では、「『正しい』日本語が使えるか・複雑な漢字が書けるか・敬語が使えるか」などは、自分が「日本人」であるということを保持・強調する手立ての1つだと捉えられているのです。

また、「スクリーンネーム（ネット上で使用する自分のニックネーム）」も、自分が他者にどう見られたいか、という自己表現の手立ての1つになっています。普段から友だちに呼ばれているニックネームをそのまま使う生徒が多いものの、その書き方は平仮名、カタカナ、英語とさまざまです。友だちを検索する際にも使用するスクリーンネームはある程度固定的な役割があるのに対し、「Sato ： 風邪気味」のようにスクリーンネームに添えることができる一言はより流動的で、個性が出るといえるでしょう。たとえば、冒頭の例で出てきたシホは、「shIhO：nEveR LoOk bAck（Never look back『振り向くな』)」など、よく英語でメッセージを添えています。ここでシホが使っている大文字と小文字を不規則に使用する書き方は、日本でいえば全角・半角・記号などを組み合わせた「ギャル文字」のようなもので、アジア系アメリカ人の特に女の子が自らのアイデンティティ「aZyAn pRydE（アジアン・プライド)」をネット上で表現するために使われ始めたものだといわれています。日本語でも携帯・ネット文字が筆記に使用されるようになりましたが、現在は、このような英文字の使用がアジア系だけではなく、小学生から20代くらいまでの若者にネット上だけではなく、筆記の際にも使用されることがあります。このようにアメリカの生徒の間で流行っていることを取り入れているのかいないのかというのは、単に自分をどう表現したいのか、他者からどう見られたいのか、ということだけではありません。まず、それが選択肢としてあるのか、つまり、アメリカの生徒と交流があったり、彼らの間で何が流行っているのかに興味があったりして、そのようなサブカルチャー的情報にアクセスがあるのかどうか、ということなのです。使うのか使わないのかという選択は、知っているという前提の上で成り立つのです。その観点から、シホなどは、ある程度アメリカのサブカルチャーを知っていること、そして、その上で自己表象のために日本語でも標準的な英語でもなく「aZyAn 文字」を使用しているといえるでしょう(3)。

また、チャットで使用する言語スタイルに関しても、日本式とアメリカ式では異なっており、その違いが生徒の間でも反映されています。たとえば、「笑う」という表現1つにしても、英語であれば「LOL（Laugh-Out-Loud)」と打ち込むのが一般的であるのに対し、日本語の場合、漫画でもよく使用されている「(笑)」があります。また、最近ではネットゲームや

「2ちゃんねる」の影響で、「笑い（Warai）」のイニシャル「w」が漢字の「(笑)」の代わりに使用されることがあります。パール高校の日本人生徒の間でもほぼ全員が「w」を使用していますが、その中で、シュウイチは例外的で、必ずといっていいほど漢字で「(笑)」と打ちます。また、ケンタの場合は「w」と「(笑)」を混ぜて使います。2005年の時点で「w」というのは「(笑)」ほど一般的に使用されておらず、また、「2ちゃんねる」などをほとんど見たことがない生徒たちも多かったのですが、少なくとも私の研究に参加してくれている日本人生徒らの間で、シュウイチ以外はほぼ100％の確率で常用していることから、どのようなルートであれ、彼らがネット上でくもの巣のように繋がっているということが推測されます。また、周りが「w」を使う中、あえて漢字の「(笑)」を使用するシュウイチの選択も、彼なりの自己表現であると考えられるでしょう。

さらに、インターネット言語で頻繁に使用されるのが「顔文字」です。これにも英語と日本語の違いがあり、たとえばスマイルを英語の顔文字で表現すると「:)」であったり「:-)」であったりと、横向きの笑顔が作られます。一方、日本語の場合正面向きで作られ、基本的な「(^-^)」やより複雑な「ヾ(*°∀°)八(°Д°*)ノ」などがあり、漢字、記号、カタカナ、平仮名、アルファベットなどを組み合わせて作られる表情の種類は、英語に比べると、とても多様になっています。また、現在はインターネット上で顔文字辞書が多く出回っていることもあり、そのバリエーションはスマイルだけでも優に100を超えます。このようにバリエーションが多いため、生徒によって使用するキャラクターも異なります。以下は図9-1でカフェテリアのグループ③にいるマサシとの会話の一部です。

例5）

マサシ の発言　：柱|・ω・`)　ｲﾙｶﾅ？
sato の発言　：それかわいい
マサシ の発言　：いいだろぉw
マサシ の発言　：ヾ(´・ω・`)ノ″
sato の発言　：いいなーっ

このように、マサシの場合はクマのキャラクターを使用しています。それに対し、たとえば、カフェテリアのグループ⑥にいるリンコは、「この間はごめんね‼(ノ´ω`・。)」のように、少しマサシとは異なるキャラクターで表情を出していました。また、普段の会話でも英語と日本語を混ぜて使っているシホは、ネット上の会話においても英語のスマイル「:)」と日本語の「(>v<*)」などを混用しています。

また、インターネット上の自己表現の仕方には、このような絵文字や字体の使用法のようなインターネット特有な違いがあるだけではなく、英語と日本語をどのように使用するかといったインターネット以外でもみられる差異も顕著に現れます。たとえば、シホなどは、チャットでも英語と日本語を交えながら話します。以下はアメリカで大学に進学した後、両親が日本へ帰国することが決定し、兄弟と猫と新たに引越しをすることについて話していた際の会話の一部です。

例6）

シホ の発言：　それによって猫ちゃんらにもアジャストしてもらわなぃといけない。。

＊＊＊

シホ の発言：　いろいろ take care しなきゃいけない事が増えた。。

このように、シホは英単語をカタカナで「アジャスト（適応する）」と表したり、そのままアルファベットで「take care（気をつける・面倒を見る）」と挿入したりしています。また、普段の会話では英語を交えない生徒らも、「ヒストリー／History（歴史）」「マス／Math（数学）」のように学校で使用される英単語の場合は、カタカナやアルファベットで表記することが多いのです。また、カタカナで書くのか、アルファベットで書くのかという選択は、会話で「英語っぽい」発音で単語を挿入するのか、はたまた「日本語っぽい」発音を使うのか、という選択のように常時行われています。

また「アメリカ人」は「アメ人」というように、日本語の言葉の省略の特徴が日本語と英語の混用に適用されることもしばしばあります。たとえば「来学期」のことを英語で「Next Semester（ネクスト・セメスター：Semesterは2学期制でいう学期)」といいますが、それを「来セメ（ライセメ)」としたり、授業の「1時間目」は英語で「First Period（ファースト・ピリオド)」であるのを「1ピリ（イチピリ)」と表したりします。このように日本語でも英語でもなく、日本やアメリカの学校でも一般的には使用されていない単語を、普段の会話だけでなくインターネット上でも、生徒たちが作り、使用し、共有しているのです。

このようなオンラインの言語スタイルの選択は、個々の生徒間での違いはもちろんあるものの、各グループでの特徴も見られます。図9-1の①や②の生徒たちは、少なくとも日本語のインターネット上のソーシャル・ネットワーキング・サービスやチャットでそれ程活発に交流していない、もしくは、いくつか上に出てきたシホの例のように、日本語の会話や文の中に英語の表現が多く入ってきたりする傾向があります。また、校庭の⑤グループの生徒たちの多くが、丁寧かつ正確な日本語で、漢字も多用する特徴があります。一方、これら二極の間にあるのが、カフェテリア内の生徒たちです。グループが多様で人数も多いこともあり、話し相手や状況によりけりで言語スタイルもバラエティに富んでいます。このように、オンラインにおいても、普段の会話の言語スタイルと似た各グループの特徴を垣間見ることができるのです。

②ネット上の自己紹介

次に、マイスペースやミクシィなどのオンラインブログにおける自己紹介の内容をもとに、何人かの生徒たちのアイデンティティの位置取りを見ていきましょう。以下はケンタの自己紹介文の一部です。

例7）

「自分はアメリカに現在進行形で滞在中の一般人で、日本の文化をこよなく愛しています」

ケンタは、現住所の欄にも日本の都市名を書き、興味は「京都」と記しています。ここから、まず、ケンタがアメリカには「在住」しているのではなく、あくまでも「滞在」していると捉えていることがわかります。他にも、アメリカでの生活が数年に及んでいるにもかかわらず、現住所に日本の都市名を書くなど、あくまでも一時的にアメリカに滞在しているだけだという捉え方をしている生徒が何人かいます。次に、ケンタが自分を「一般人」であると表現していることから、自分が「普通の『日本人』」であることをアピールしているのがわかります。しかしながら、「日本人」であることを疑ったことも考えたこともなければ、あえて「自分は『日本人』である」と宣言することがないように、ケンタが「一般人」であることを強調したり、「日本の文化をこよなく愛している」と述べたりすること自体が、自分の「日本人性」を強く意識している証拠だといえるでしょう。このように「日本人性」を強調する生徒がいる一方、シンヤ（グループ③）のように自分のアイデンティティの曖昧さを以下のように表現する生徒も多いのです。

例 8）

「現役高校生でアメリカに住んでいます。でも英語よくワカリマセン。日本語も最近うまく出てこなくなりました」

ケンタたちのように「滞在」という言い方ではなく、「アメリカに住んでいます」と表現していることから、アメリカを基盤に自分を見ていることがうかがえます。ただ、「でも英語よくワカリマセン」と加えていることから、「アメリカに住んでいる」＝「英語ができなくてはいけない」という構図がブログの読み手にあるだろうという前提がシンヤの中にあること、そして自分がそこに当てはまらないと表現していることがわかります。さらに、「日本語も最近うまく出てこなくなりました」という言い方からも、「日本人」であれば「日本語ができて当たり前」という前提から、自分をずらして自己表現していることがわかります。ケンタのように「日本人性」を強調する生徒もいれば、シンヤのように自分の中で「アメリカにいる人はこういう人」とか「日本人はこういう人」という先入観と自分自身とのずれを表現する生徒も多いのです。このように各生徒たちはブログを読む人々に向けて、自分がどのように見られたいのかを考えた上で、自己紹介を書き込んでいるのです。

③オンライン・コミュニティ

以上のように、生徒たちはブログを始めた当初は、不特定多数のネットユーザーを視野に入れて自己紹介をしています。ところが、ほとんどの場合、ブログの内容を徐々に学校や塾などの友だちやその友だちに向けて書くようになる傾向が見られ、そこから誰が誰とネット上で交友関係があるのかが見えてきます。たとえば、以下はリンコのブログからの引用です。

例9）

「みなさん！もうすぐサクラの誕生日だよーーー！すっごい楽しみ！喜んでくれるかな？」

図9-1で同じグループ⑥であり、さらに同じA塾に通っているサクラの誕生日に関する計画についての内容であることから、リンコが示している「みなさん」というのが同じ学校もしくは同じ塾の友だちに向けていることがわかります。また、リンコのブログの内容に対し、何人かの友人から「楽しみだねー！」などのコメントが残されており、誰が彼女のブログを読んでいるのか、そして普段の交流があるのかがわかります。

生徒たちの（少なくともオンラインにおける）交友範囲は、彼らが利用しているプログラムの特徴からも目に見えるようになっています。マイスペースもミクシィも、自分の友だちを「友だちリスト」に載せることで、自分のページと友だちのページをリンクできる作りになっています。マイスペースの連絡媒体のベースになっているのが、「メッセンジャー」と呼ばれるチャットシステムで、そこの友だちリストに入っていれば、誰がマイスペースを更新したのかなどが自動的に知らされるようになっています。また、マイスペース自体にも友だちリストが設定でき、友人のマイスペースとリンクをすることができたり、自分のページを誰が見ることができるのかを制限したりもできます。一方、ミクシィの場合も、自分の友人をリストに入れ、お互いのブログや写真などを見たり、それにコメントを書き込んだりすることができるようになっています。マイスペースもミクシィも、間接的につながっている人のブログを見たり、コミュニティ内で人を探したりすることもでき、網の目のようにオンラインの友人を友だちリストに載せることができるのです。たとえば、以下はマサシのブログ上でのケンジのコメントです。

例10）

ケンジ：マサシ友だちにしてたっけ？追加に入れるねー

マサシが直接自分の友だちリストには入っていなかったものの、他の友人の友だちリストからマサシのブログを見つけたケンジが、「マサシ友だちにしてたっけ？追加に入れるねー」とコメントを残し、自分の友だちリストにマサシを加えています。ここからも友だちリストに目に見える形で載っているということが、「友だちである」証拠の一つだと捉えられていることがわかります。他にも、学校で一緒にご飯を食べている図9-1（パール高校の「日本人グループ」間の関連）でいう⑤のグループの中から、ケンタやシュウイチらがお互いを友だちリストに載せていることから、彼らが互いに友人であると認識していることがわかります。それ以外の生徒たちも、オンラインでチャットをしたり、お互いのページに書き込みを残したりするなど、さまざまな交流を行っています。また、以前は多くの生徒がマイスペースを利用していたものの、最近ではほぼ全員がミクシィへ交流の場を移動していることからも、ネット上でもある種の集団性を持っていることがわかります。

インターネット上でこのように繋がっていることは、単にコミュニケーションをとって友好を深めているというだけではありません。日本語のソーシャル・ネットワーキング・サービスであるマイスペースやミクシィなどを使い、友だちリストで誰が誰と友人であるのかがリスト化され、共有されている写真から画像化され、ブログの内容やそれに対するコメントからも誰がどのグループに属しているのかを可視化する機能もあるのです。もちろん、インターネット上だけではそれが見えてはこないものの、学校や塾などの友人関係も含めて考察してみると、ネット上の自己表象の仕方やグループの傾向も、パール高校の日本人生徒たちが「日本人」と集団化し、その内部で細かいグループに分かれている構造を支える１つになっていることが明らかなのです。

5 結び

親の事情でアメリカに住んでいる日本人生徒たちは、行動範囲が限られた環境の中、学校、塾、インターネットという空間で交友関係を築きながら、マイノリティである自分の「日本人」というエスニシティを意識しています。確かにこの時に使用される「Jap」や「FOB」などのラベルには歴史的・政治的にネガティブな意味合いがあるものの、これらの定義を変化させながら用いることで、自分や他の生徒をいくつかのグループに分類し、日本人の枠組みを多様に理解し、自分のアイデンティティの位置取りをしているのです。また、このような日本人のグループ化というのは、生徒たちが置かれた環境により構造的に維持され、強化される面があることも明らかです。このようなアイデンティティの位置取りは何も日本人が多く在籍しているパール高校のような場所に限られて行われるものではありません。たとえ日本人が学内に１人であろうとも、また、高校に限らず、幼稚園、小学校、中学校であろうとも、海外に住んでいる子どもたちはさまざまな形でアイデンティティの位置取りを日々しているのです。

では、これらの子どもたちは、日本へ戻ることでこのようなアイデンティティの葛藤から解放されるのでしょうか。パール高校の生徒たちに関していえば、日本に戻ることで「Japs」や「FOB」といった日本人間のグループ分けに使用されていたラベルは消えていく傾向があります。しかしながら、今度は日本における自分の日本人性の位置取りに「帰国（帰国生／帰国子女の略）」というラベルを取り入れ、帰国生ではない日本人と自分たちとの差異化をするようになります。たとえばアメリカが嫌いで自分が日本人であるというアイデンティティを非常に強く持っていた生徒らが、「日本生まれのアメリカ育ち」と自分を表現するようになったりします。彼らの「日本人」というエスニシティをめぐるアイデンティティの位置取りは、アメリカにいるときも、日本に戻った後も、このように多様に繰り広げられていくのです。彼らはこれからもいろいろな場所でさまざまな人と関わる中で、自分の「日本人性」を幾度となく捉えなおしながら、「日本人」という枠組みを繰り返し再構築していくのでしょう。

ここでは、アメリカで生活している子どもたちの「日本人」というエスニシティをめぐるアイデンティティの位置取りを、学校・塾・インターネットという子どもたちの社交場の特徴との関係から明らかにしてきました。海外で生活する・していた子どもたちを生活面・学習面でサポートしていく上で、「日本人」「アメリカ人」「帰国生」といった先入観にとらわれず、決して単純ではない日々の彼らのアイデンティティの位置取りをさまざまな角度から理解することが必要なのです。そうすることで、それぞれがどのようなことに悩んだり、価値を見出したりするのかがわかるだけでなく、一体子どもたちが生活するさまざまな空間のどのような特徴が彼らの生活や価値観、交友関係に影響を与えているのかが見えてくるのです。そこから、生徒たちのニーズに沿った具体的な対応の手立てが見つかるのではないでしょうか。

謝辞　本研究において、パール高校の生徒や先生方をはじめ、多くの方にご協力いただきました。心より感謝とお礼を申し上げます。

【注】

（1）生徒たちの描く「グループ」というものは流動的であり、新入・転入・卒業による入れ替わり、趣味、恋愛、クラス、塾などの一致・不一致等、さまざまな要素が絡み合って再編成が繰り返されています。そのため、ここで描いた日本人間のグループ相関図もあくまでも、現在と過去という時間軸の中で、2005年から2006年にかけてパール高校に通っていた生徒たちが認識していたものであり、今後生徒の変化によって、グループ相関図の描かれ方は変化していくものと思います。

（2）詳しくは佐藤郡衛・小林聡子（2006）「アメリカにおける日本人生徒のエスニシティをめぐる位置取りの政治－ロサンゼルス地域のA高校のELDを事例にして－」『国際教育評論』3号（東京学芸大学）、pp.29-43. を参照。

（3）ただし、ここでは名前同様、インターネット上のスクリーンネーム等も個人特定を避けるために変更してあります。

❏参考文献

佐藤郡衛・吉谷武志編（2005）『ひとを分けるもの　つなぐもの』ナカニシヤ出版

Anderson, B. ([1983] 1991) *Imagined Communities: Reflections on the Origin and Spread of Nationalism.* London: Verso.

佐藤郡衛・小林聡子（2006）「アメリカにおける日本人生徒のエスニシティをめぐる位置取りの政治－ロサンゼルス地域のA高校のELDを事例にして－」『国際教育評論』3号（東京学芸大学）、pp.29-43.

Bucholtz, M., & Hall. K. (2005) "Identity and Interaction: A Sociocultural Linguistic Approach." *Discourse Studies,* 7(4-5), 585-614.

Eckert, P. (1989) *Jocks and Burnouts: Social Categories and Identity in the High School.* New York: Teachers College Press.

Emerson, R. M., Fretz, R. I., & Shaw, L. L. (1995) *Writing Ethnographic Fieldnotes.* Chicago: The University of Chicago Press.（R．M．エマーソン, R．I．フレッツ, L．L．ショウ『方法としてのフィールドノート—現地取材から物語作成まで』佐藤郁哉・好井裕明・山田富秋訳、新曜社、1998年）

Julie, B. (2003) *Women Without Class: Girls, Race, and Identity.* Berkeley: University of California Press.

Mendoza-Denton, N. (2002) "Language and Identity." In J. K. Chambers, P. Trudgill & N. Schilling-Estes (Eds.), *The handbook of language variation and change* (pp. 475-499). Oxford: Blackwell.

Patthey-Chavez, G. G. (1993) "High School as an Arena for Cultural Conflict and Acculturation for Latino Angelinos." *Anthropology and Education Quarterly,* 24(1), 33-60.

第10章

「第三の文化」をもつ子どもの育成に向けて
－子どもたちをいかに支えるか－

佐藤郡衛

1 二言語を習得するには

ここまでアメリカで育つ日本の子どもたちの言語の発達やそのための教育について考えてきました。言語は、子どもたちにとり、認知発達に重要な役割を果たすだけでなく、対人関係を形成したり、自分を表現したりする上でも欠かせないものです。ただ、2つの言語を習得することは容易ではないことをおわかりいただけたことと思います。最後に、各章で述べられたことをもとに、子どもたちが2つの言語を習得するにはどのようなことが必要かを改めて考えていくことにしましょう。

第1は、日本語でも英語でも、どちらかひとつの言語をその子どもの年齢にふさわしい力にしていくことです。日本から来たばかりの子どもは、英語の習得に必死です。やがて、現地の学校生活にも慣れ英語が優位になり、日本語の遅れが目立つようになりますが、英語で論理的に考える力、表現できる力をしっかり身に付けていればいいということです。この前提には、4章で紹介されている「言語基底部共有説」(言語にはどの言語にも共有の部分と各言語に特有の部分があり、この共有の部分は一度獲得すると次の言語にも移行するという説) という考え方があることはいうまでもありません。

第2は、2つの言語を伸ばすには、幼児期から小学校低学年での支援が重要だということです。ダグラスさんは、4章で幼児期から小学校低学年の子どもを対象にして、2つの言語をどのように習得していくか、そして、どのような支援が必要かを提案しています。「話し言葉が読みの発達に影響していくこと、つまり、読みの力は、話し言葉を土台にして発達していくこと、そして、学校での学習の成功、不成功をきめる要になるのは読みの力」だという点を強調しています。その上で、「第一言語の基礎が固まる小学校入学前後」に、話し言葉の発達を支える支援が必要だと指摘しています。このことは、英語を第一言語にしている永住者や国際結婚家庭の子どもでも同様です。７章で岸本さんは、「乳幼児期から小学校低学年にかけて適切な継承語教育」が必要であり、特に「ゆりかご時代（０～２歳)」、「子ども部屋時代（２～４歳)」に、豊かな日本語環境に置くことがバイリンガル教育の第一歩だと指摘しています。アメリカでも幼児期の日本の子どもたちが増えていますが、この時期に適切な支援が必要だということです。

第３は、学習するための言語の力を獲得することの重要性です。これは、各章で語られていますし、これまでも主張されてきたことですが、改めて強調しておきたいと思います。バイリンガルとは、聴く力、会話力だけでなく、学習するための力といった面があります。各章で「話し言葉から、書き言葉、読みの力への発達」「学習言語力」「基礎言語面から、対話面へ、そして認知面の発達へ」などと表現こそ違え、認知面の発達に支えられた学習するための言語の力の習得の重要性を指摘しています。ただし、この「学習言語能力」が具体的にどのようなことかというと議論が分かれますが、「読み書き」できる力という点では一致しています。英語も日本語も相応の「読み書き」ができる（プロフィシェント・バイリンガル）ようになるということは実は大変なことですが、アメリカで育つ日本の子どもたちは、そうした可能性を持っているということは確かなことです。

第４は、家庭の役割が重要だということです。３章で片岡さんは、「短期滞在の子ども」「長期滞在の子ども」「永住の子ども」「２つの国籍をもつ子ども」「日系アメリカ人」、そして「国際結婚の子ども」などその家庭背景が多様な点を指摘しています。それぞれ、家庭での支援の仕方は違っていますが、共通しているのは、家庭が子どもの言語の習得に重要な役割を果たすという点です。英語が優位な子どもにとって、学習するための日本語の力を習得する場はごく限られているため、いきおい家庭の果たす役割が大きくなってきます。ただ、家庭での役割が母親一人に任されとしたら大変ですので、父親も含めた家庭教育のあり方、あるいは日本語で教えるスポーツクラブ、さらには子どもたちの楽しみでもある日本の漫画、ゲームなどを利用するなど、多様な方法を考える必要がありそうです。

第5は、言語の習得のためには多様なチャンネルが必要だということです。日本から来た子どもたちは、アメリカの学校に通うようになれば、やがて英語が優位になっていきます。5章で越山さんたちは、1年程度で「英語がわかる」ようになり、逆に「日本語が難しいと感じるようになった」「日本語が伸び悩んでいる」という子どもが多くなることを報告しています。これは、日本語に触れる機会が少なくなり、日本語を保持することが難しくなっていくということです。学習するための日本語の力を習得するには、補習授業校の役割が大きくなりますが、現実に補習授業校がうまく機能しているかどうかという問題があります。6章で片岡さんたちは、補習授業校は、「長期滞在者、永住者、国際結婚の子どもたちがもうとっくに生徒の過半数を超えています。今の補習校の目的は、一昔前のように、日本の子どもが日本に帰国してからも日本で学ぶ同年齢の子どもたちと同等の学力をつける、ということだけではないはずです」と指摘しています。確かにその通りです。子どもたちに力をつけるには、子どもたちの実態にあった教育を提供することが大切です。子どもが変われば提供する教育の質も変えなければなりません。教えるべき内容が先にあるのではなく、子どもにあうように料理していくことです。それが補習授業校の役割ではないでしょうか。レシピが昔は1つでよかったが、いまは複数用意しなければならないということです。補習授業校については、改めて検討しましょう。この他、日本語に触れる機会を折にふれ、つくっていくことの大切さが本書の随所で指摘されています。

2 どのような支援が必要か

（1）日本語力が圧倒的に優位な子どもへの支援

では、2つの言語を習得するには具体的にどのような支援が必要でしょうか。まずは、短期滞在の子どもで、英語よりも日本語の力の方が圧倒的に優位な子どもへの支援です。アメリカでは、移民の子どもへのさまざまな支援が学校でなされています。2章でバトラーさんが語っているように、移民の子どもを取り巻く環境は厳しいものがあり、英語習得への圧力が強まっていますし、州によってはバイリンガル教育の廃止やESL（ELD、ESOLなど）教育の質の低下なども指摘されています。ただ全体的にみると、英語の習得には一定の配慮がされています。短期滞在の子どもたちは、アメリカの学校生活に当初とまどいをおぼえながらも、少しずつ英語もわかるようになり、学校に適応していきます。こうした子どもたちの支援としては、日本語を支えにして英語の習得をはかることが有効です。この点について、5章で越山さんたちは次のような提案をしています。「得意な言語での理解は、弱い言語での学習を促進させます。たとえば、現地校で課題となるシェークスピアの『ハムレット』を予め日本語で読んでおけば、英語で読む際に内容がよく理解できるようになるでしょう。また、日本語と英語の両方の学習にも役立ちます」。日本語を手がかりにすることで、英語の学習を進めるのは、学習の連続性をつくる上でも大切なことです。就学前や小学校低学年の子どもならなおさらです。日本語の習得が英語の力の向上につながっていきますので、英語力が十分でない子どもについては、日本語で絵本やお話、物語などを読み聞かせしたり、自分で読めるようにしたりしていくような配慮が必要でしょう。

（2）英語力が優位な子どもへの支援

では、長期滞在や永住者の子どもたちで、日本語力よりも英語力が上回っている子どもへの支援はどのようにしたらいいのでしょうか。この本でもこうした子どもに焦点を当ててきましたが、日本語の力をどのように保持するかが課題になります。幼児期から小学校の低学年では、4章でダグラスさんが述べているように、「話し言葉」の発達への支援が必要です。「家庭で日本語を使っているから大丈夫ということではなく、接触量が限られている場合、人為的に接触量を増やし、会話の中で聞き返しや情報の確認をするという形で正しい語彙や表現を与えていくこと」が重要だと述べています。さらに、「話し言葉」から「読みの力」へと発達させていく必要があります。「読みの力」を育成するには、一人読みができるようになった時点で、「終始一人で黙読をさせるのではなく、定期的に音読をさせて、内容を理解しているかどうかをチェックする必要」があるということです。傾聴に値する提案ではないでしょうか。さらに、ダグラスさんは、

「読みの力」を伸ばすには、易しい本を「たくさん読むことが必要だ」とも指摘しています。

読書は、小学校高学年から、中学生、高校生でも必要で、5章で越山さんたちもその重要性を指摘しています。読書量に応じて、読む力がつくだけでなく、語彙が増え文法力もついてきますし、なによりも言葉を文脈に埋め込まれたものとして理解できるようになります。読書の大切さはわかるが、なかなかできないという声が聞こえてきそうです。しかも、いまはインターネットでいろいろな世界に入り込むことができますし、多くの情報が瞬時にとれます。なかなか読書に向かっていかないのが正直なところかもしれません。

最近、日本でも読書が奨励されています。読書に熱心に取り組んでいる帰国生徒の多い中学校での取り組みを紹介しましょう。自分がこれまで読んで心にのこっている本を紹介しあうという活動です。あらかじめ、人にすすめたい本のリストをつくり、それを友だち同士で紹介しあっていました。もちろん、日本語でも英語でもどちらで表現してもいいことになっています。おもしろい本に出会うと、何となく人に話したくなります。それをうまく授業に取り入れたわけです。子どもたちは、感想文が嫌いでも簡単な紹介文なら書いてもいいといいます。友だちに触発され自分も読んでみたい気持ちになるというのです。友だち同士お互いに本を紹介しあえば、おもしろい本に出会う機会も多くなります。海外は本が溢れんばかりの日本の状況とは違います。そうした中だからこそ、友だち同士おもしろいと思った本をどんどん紹介していくことが読書のきっかけになっていくようにも思います。親が子どもに紹介文を書いたり、友だち同士で紹介文を書いたりすることもできそうですし、補習授業校なら少し工夫すればできそうなことです。日本の学校では、毎朝、15分間程度、読書の時間にあて効果をあげています。読書は、学校での学習を下支えする力をつけることになります。幼児期の積み上げの成果が、小学校4年生、5年生で出てくるという結果が本書で示されています。読書を通した日常の積み上げが、やがて学習をするときに開花していきます。

（3）日本語を継承語にする子どもへの支援

アメリカには、アメリカ生まれで、永住する日本の子どもたちも多く住んでいます。英語が第一言語で、日本語が継承語になっている子どもたちです。こうした子どもたちが日本語を習得するのは容易ではありません。7章では、こうした子どもたちを対象にさまざまな提案を行っています。ここでは、岸本さんの提案をもとに具体的な支援について考えていきましょう。第1に、家庭の教育方針とルールを明確にすることの大切さが指摘されています。子どもの将来を考えて、どのように2つの言語を育成するかを決めることの大切さです。子どもの可能性を信じるのはいいですが、過剰な期待で2つの言語が中途半端になることは避けたいものです。3章で片岡さんは、2つの言語とも中途半端な子どもの例を伝えています。家庭内できちんとした言語使用のルールを決めるというのはそのためです。

第2に岸本さんは、子どもが言語を習得していく過程での適切な支援が必要だと指摘しています。言語はいくつかの段階を追って発達していくため、それぞれの段階でどのような支援が必要かを考えることが大切だということです。たとえば、乳幼児期から小学校低学年までに、親が積極的に「読み聞かせ」に取り組むことで、聞く力を育て、本に対する興味をもたせ、読書を楽しめる人間に育てる効果があるといいます。このことは、「質の高い」活動を行うということにもつながります。「子どもと今日は何の話題で楽しもうか、どんな本を読んであげようかという気持ちでいたら、自ずと質の高い時間がもてるようになる」と指摘しています。子どもの言語の発達段階ごとに、「質の高い」活動に取り組みたいものです。

第3は、長期滞在や永住者の子どもへの支援と同じで、補習授業校に通うことや日本語に触れる機会を多くつくることです。補習授業校で仲間と共に学びあうということで、日本語の学習の継続性も可能になります。しかも、学校は友だちとの関わりを通した学びあいの場であり、友だちとの共同的な関係を通して、さまざまな力を獲得していく場です。特に、日本語を継承語とする子どもたちにとっては、日本語の学習の継続性と同時に、共に学びあうことで、互いに助け合う、励まし合うといったことを学びとっていきます。この他、岸本さんは、日本に一時帰国した際の体験入学などもすすめています。要は日本語に触れる機会、場を意識的に多くしていくことで、日本語の習得をはかっていくということです。日本語を継承語とする子どもたちにとって日本語を学ぶことは大変なことです。継続して日本語を学ぶことは、自分の未来の選択の幅を広げていくことつながっていきます。

③ これからの補習授業校の役割とは

本書では、子どもたちが日本語を習得していく上で、補習授業校の役割が大きいことを指摘しました。その意味では、補習授業校に通うこともすすめています。ただし、そのためには、補習授業校自体をとらえ直す必要があります。本書でも補習授業校の改革の必要性を指摘しました。「補習授業校は日本語を教える場ではない」といった批判が出てくるように思いますが、きちんと現実を見据えなければいけません。

アメリカの都市部を中心にして補習授業校の子どもの構成比率が大きく変わってきています。日本への帰国を前提にした短期滞在の子どもよりも、長期滞在や永住の子どもの方が多くなったということです。そうなると、補習授業校の役割も変える必要があります。こうした事態に直面し、いくつかの補習授業校では、子どもの変化に対応し、カリキュラム開発を行い、長期滞在や永住者の子どもの日本語の力を伸ばす取り組みを行っています。ただそれがうまくいっていないことが片岡さんたちの指摘からうかがうことができます。逆に、日本に帰国する子どもだけを対象にしようという補習授業校もあります。地域ごとに実態が違っているため、どちらがいいといった結論は出せませんが、もし、長期滞在者や永住者の子どもを受け入れるのであれば、提供する教育を変えることが必要です。しかも、長期滞在や永住者の子どもの入学を認めないと、補習授業校の経営が成り立たないという事情もあります。

現状では、多くの補習授業校で日本国内の教科書にもとづいて授業を行っています。補習授業校は原則土曜日だけのため年間授業日数は40日前後です。それで、日本国内と同じ内容をこなすことはどだい無理があります。そこに、補習授業校の独自性や創意工夫が求められるわけです。日本の学習指導要領に準拠して各教科の目標を設定し、それを達成するために適切な内容を選ぶことになります。その際、内容の精選は可能ですし、子どもの日本語力に応じた内容を選ぶことも可能です。こうしたことは派遣教員（日本の政府は、小中学生の子どもの数が100人を超えている補習授業校に１人教員を派遣しています）の大きな仕事です。日本の学校と同じことをやることが派遣教員の仕事ではありません。ですから、派遣教員には教育のプロとして、力量が求められるわけです。

日本語の力が十分でない子どもたちが多くなればなるほど、日本国内と同じ内容では対応できません。６章で片岡さんたちは、補習授業校の調査を通して、「日本語で当該学年の内容を学習するのに支障のない日本語力」を前提にできなくなっていることを報告しています。この事実をきちんと把握しなければいけません。日本国内でも、日本語の力が十分でない子どもが急増し、新しい対応が始まっています。補習授業校でも新しい対応が必要ですし、日本国内からも支援の手をさしのべることが必要です。補習授業校は、やみくもに「帰国後の教育のため」という一元的な考えを推し進めるのではなく、子どもの実態を把握し、どのような支援が必要かを問い直していかなければいけません。

補習授業校では、これから「公共性」を追求することが課題になるように思います。「公共性」などというと難しく聞こえますが、補習授業校をどうするかをみんなで考え、いい学校にしていくことです。そのためには、話し合いの場に参加する人に平等に参加の機会が保障されていること、複数の価値や意見の存在を認めそれが承認される場であること、しかも対話の道が開けていることといった仕組みが必要です。補習授業校の位置づけ、教育目標の設定、カリキュラム編成、学級編成、授業の進め方、教師の採用等々、そこに関わる人たちが積極的に議論し、自らで決めていくことです。そのためには、自由な対話ができるような場づくりと組織体制づくりから始めるほかないように思います。

まずは、運営委員会や理事会の改革から着手することが大切でしょう。多様な意見・価値を持った人が学校運営の意志決定に参加し、それぞれの立場を踏まえてどのような学校づくりをしていくかの議論が必要です。また、子育てをめぐる親同士の対話、あるいは子どもをめぐる具体的な問題への対応などの輪を広げていくことも必要です。広い意味での「子育てネットワーク」を補習授業校という場を通して作り上げていくことです。企業も運営委員会に順送りで人材を送り込むという発想ではなく、新しい視点からこうしたネットワークの形成に一役買えるような支援策を模索すべきでしょう。日本から派遣される教員もそうした広い視野と柔軟な姿勢が求められます。子どもの実態を踏まえて、どのような教育が適切かをしっかりと対話しながら組み立てていくことが派遣教員の仕事です。このことを赴任前にあらかじめ刻み込んでほしいものです。

補習授業校の主役はあくまでもそこに来ている子どもたちです。子どもにあった教育を提供することが関係者の仕事です。片岡さんたちが提案している日本語力をきちんと判断できる基準の開発や子どもの生活背景や学習状況の把握などもこれからの課題です。

4 「第三の文化」をもつ子どもの育成

アメリカで育つ日本の子どもたちが、どのようなアイデンティティを形成するかは、親の大きな関心事です。この本の８章と９章は、子どもたちのアイデンティティの問題に焦点をあてました。８章で知念さんは、補習授業校に通うこと、家庭で日本語のサポートがあること、日系コミュニティへの参加が高いことなどが「日本人としてのアイデンティティ」を強めることになり、日本語力も向上すると指摘しています。アイデンティティを枠づける要因に着目していますが、環境によってアイデンティティのとり方が変わることも示唆しています。

一方、９章で小林さんは「短期滞在の高校生」を対象にして、子どもの側からアイデンティティをどのように自分なりに位置づけているかを明らかにしています。特に、「日本人」という枠組みを多様に理解し、自分のアイデンティティの位置取りをしている様子を伝えています。アイデンティティを他者・環境との関係で、自分なりに再構成し、自分の居場所を確保しているということです。

この２つの章の結果からいえることは、言語の習得とアイデンティティは関連していること、そして、アイデンティティは決して固定的なものではなく、他者や環境との関連で変容するものであり、かつ、主体的に選びとっていくことが可能だということです。ここで、アイデンティティについて専門的な議論は避けたいと思いますが、大事な点は、アイデンティティを１つの固定したもの、あるいは「統合」したものとしてはとらえられなくなっているということです。「日本人」「アメリカ人」といった固定した枠では子どもたちのアイデンティティをとらえられなくなっています。子どもたちは、個人のおかれたさまざまな文脈に応じて、自分のアイデンティティを再構成しています。別な言い方をすれば、アイデンティティを流動的で、多層的なものとしてとらえていくということです。それは、特定のナショナリティに規定されないハイブリッド（混淆的）なアイデンティティを意味しています。ハイブリッドなどというと難しく聞こえますが、日本かアメリカかといった二項対立ではなく、両方の面をもち、さらにはそれをミックスして新しい面をつくりあげるということです。

これまで、アメリカで育つ日本人の教育のねらいは「良き日本人の育成」でしたが、こうしたねらいを再考すべきでしょう。２つの言語を習得する子どもたちには、新しいアイデンティティの枠が必要です。この点、大変、示唆に富む本があります。マーフィ重松さんの『アメラジアンの子供たち』という本です。「アメラジアン」とは、アメリカ人を父に、アジア人を母にもつ人たちを指す言葉です。こうした「アメラジアン」の存在は、新しいアイデンティティ概念を発達させることにつながるというのです。マーフィさんは、「ハイブリッドであることは単に違いを賞賛することではなく、個人が困難で苦痛に充ちた選択に直面する。ハイブリッドは境界を超えているので、そういう境界の意味にしがみつこうとする人からはいつも受け入れられるとは限らない」と指摘しています。そして、この書を著した意味を「人種的特徴や、そこから生ずるアイデンティティに人間を限定することなどできないという力強い主張」だとしています。

ここから示唆をうけ、２つの言語と文化をもつ子どもたちを、これまでの枠でとらえるのではなく、「第三の文化」をもつ子ども（third culture kids）ととらえたらどうでしょうか。つまり、自分が生まれた国の文化でも、自分が成長した国の文化でもなくそれらがミックスしたハイブリッドな新しい第三の文化を持つようになるということです。「根無し草」といった批判にあうかもしれません。しかし、こうした子どもたちには自分をとらえる新しい枠が必要です。１章でも指摘しましたが、アメリカで育つ日本の子どもたちの多くは、「日本人でよかった、日本や日本文化に誇りをもっている、でもアメリカも大好きだし、アメリカの大学に進み、将来アメリカに住んでみたい」と語っています。混淆的なアイデンティティをもつ「新しい」日本人が育ちつつあるといえますし、そうしたアイデンティティのとり方をすることで、自分の将来に新しい可能性を見つけ出すこともできます。

ただ、マーフィさんが指摘するように、混淆的なアイデンティティといっても簡単ではありません。しかも、その場に身を置くことは多くの苦労を伴います。だからこそ、それを支える仕組みが必要ですし、なによりも親・家庭の支えが不可欠です。２つの言語を獲得するための支えと同様に、子どもの混淆的なアイデンティティを支えることが大切になります。子ども自身にも、寛容、耐性といった資質が求められます。こうした力を獲得していくことで、子どもたちは成長していきます。しかも、自己を固定的で一貫したものと見なすのではなく、時間軸の中で変容するものであり、可能性としての自己を追求していくことが大切です。いわば、自己成長的なアイデンティティという視点が必要なのです。子どもたちには、周りの友だちや先生、多くの人との関わりを通して、自分を成長させていき、その中で、自分で主体的にアイデンティティを選び取っていけるようにしていくことが必要ではないでしょうか。子どもたちをこれまでの枠に押し込んだり、これまでの枠を前提に教育を構想したりするのではなく、子どもたちの発達や成長の可能性を引き出すような新しい枠組みを構想していくことが私たちに課せられているのではないでしょうか。

❑参考文献

S・マーフィ重松（2002）『アメラジアンの子供たち―知られざるマイノリティ問題』坂井純子訳、集英社新書

佐藤郡衛・吉谷武志編（2005）『ひとを分けるもの　つなぐもの』ナカニシヤ出版

おわりに

こんな本を作りませんか、と佐藤さんが声をかけてくださった時、私は一も二もなく跳び付きました。「こんな本」の必要性を以前から感じていたからです。それは、研究者としての興味からではなく、またアメリカで日本語教育と日本語教師養成に長年携わり、日本人を含めた様々な学生をみてきたから、という理由からでもありませんでした。そういう要素が全くなかったとは言えないかもしれませんが、何よりも私が二人の「アメリカにいる日本の子ども」の母親であり、彼らの教育について試行錯誤してきたからでした。そして、調査や研究に基づいていてしっかりしているけれども学術的すぎず、分かりやすくまとめられている情報を、同じように悩んでいる仲間――子どものクラスメートのお母さんやお父さんたち――と分かち合うことができたらどんなにいいだろうと考えていたからです。

実はこの本の執筆者の半数は「アメリカにいる日本の子ども」のお母さんです。その中には、補習校の校長経験者や、在住地に子どもが日本語を（あるいは日本語で）学べる学校がなかったので、自分で補習校を作ってしまった強者もいます。また、この執筆者グループにはお母さん予備軍のメンバーもいますし、自らが「アメリカにいる日本の子ども」だった人もいます。大人になってからではありますが、まだ若い時にアメリカにきてアイデンティティの問題に悩んだ者もいます。同じような経験をしている、またこれからするかもしれない方々に、私達が調べたことを分かりやすい形で伝えたいという気持ちは全員同じでした。

◆

こんななぞなぞがあります。「二つの言語が話せる人は『バイリンガル』、三つの言語が話せる人は『トライリンガル』、じゃあ、一つの言語しか話せない人はなあに？」

正解は「アメリカ人」です。確かにヨーロッパの人などと比べるとアメリカ人は英語しか出来ない人が多く、外国語がとても苦手だと言われています。

それでは、アメリカは、英語が世界の共通語のように見なされているという事実の上にあぐらをかいてふんぞり返っているのかというと、そうでもないのです。国際情勢が目まぐるしく変わる中、英語だけに頼っていたのではやっていけません。第一、世界各国との間に諸問題を抱えている大国としては、様々な外国語を駆使しなければ十分な情報が入ってきません。学校教育でも外国語に力を入れてきてはいるのですが、学校で勉強するだけでは高度な言語力はなかなか身に付きません。そこで最も速く実践力になるとして認識されたのが「継承語話者」です。

「継承語話者」の定義やタイプはいろいろあるのですが、簡単に言うと、その国の主要言語で教育を受けているけれども、別の言語を使用する家庭で生まれ育った人たちです。家庭で聞いて育った言葉を、親から受け継いだ言葉、すなわち「継承語」といっています。継承語話者は、発音や基本的文法はしっかり身についていますし、話す力、聞く力とも、日常会話は全く問題ありません。苦手なことは読み書きとフォーマルな会話、と、たいてい相場が決まっています。そして、言語に伴う文化もある程度経験しながら育っているので、一から勉強する必要がありません。

移民の国であるアメリカはこのような「継承語話者」の宝庫です。継承語話者は、語彙を増やし、読み書きの力や改まった場面での話し方を身に付ければ、2つの言語がほとんど同じレベルで使えるバイリンガルに短期間でなることができます。一般的に考えられている理想的なバイリンガルです。もっとも、「短期間」といっても、半年や1年では無理でしょう。でも、ゼロから始める場合と比べると何倍も早く、また最終的に達することができる言語レベルが高くて、専門分野で活躍できるチャンスが多いのです。政府はこのような継承語話者がアメリカにとって非常に大切な存在であることを今世紀になったころから認識し始め、継承語話者（今は特に、アラビア語や中国語などですが）を対象とした大学のプログラムに助成金を出したり、継承語話者の学生に奨学金を出したりしています。

なぜこのようなお話をここでしたかといいますと、私達がこの本でお話しした日本の子どもたちの過半数が「継承語話者」だからです。日本に帰る子どもたちが日本の将来にとって非常に大切な人材であると同様、こちらに残る日本の子どもたちもアメリカにとって大切な人材なのです。しかし、ここでは日本に帰る子どもは日本の宝であり、アメリカに残る子どもはアメリカの宝だ、とは言わないでおきましょう。二つの国で二つの言語と「第三の文化」を身につけたこの子どもたちは皆、将来、日本とアメリカだけではなく、世界中で活躍する可能性を持っています。その子どもたちの大切さに気付いて、可能性を最大限に引き出してあげる体制を整えることが、私達親や教師がしなければならないことだと思います。

◆

この本でご報告したいろいろな調査には、アメリカ中の、何百人もの日本の子どもたちや先生方、保護者の皆様が協力してくださいました。お礼を申し上げると同時に、この本が皆様のお役に立つことを願ってやみません。また、これから渡米のご予定の方々にも、子どもたちの教育を考えるにあたって大いにご参考になればと願っています。

最後になりましたが、明石書店編集部の森富士夫氏には３度にわたる校正作業を通じて、種々のご意見やアドバイスをいただきました。執筆者一同、心から感謝いたします。

片岡　裕子

編著・執筆者紹介

■編著者

佐藤郡衛（さとう ぐんえい）

東京大学大学院教育学研究科博士課程修了、博士（教育学）

東京学芸大学海外子女教育センター教授などを経て現在東京学芸大学国際教育センター教授

〈主な著書・論文〉

『海外帰国子女教育の再構築』玉川大学出版部, 1996年

『国際理解教育―多文化共生社会の学校づくり』明石書店, 2003年

『ひとを分けるもの　つなぐもの』ナカニシヤ出版, 2005年（共著）

片岡裕子（かたおか ひろこ）

イリノイ大学アーバナ・シャンペーン校教育学部博士課程修了、Ph.D.（教育学博士）

ノースカロライナ州立大学、オレゴン大学などを経て現在カリフォルニア州立大学ロングビーチ校アジア・アジアアメリカ研究学部日本語科教授

〈主な著書・論文〉

"Japanese-English language ability of students at supplementary Japanese schools in U.S." In K. Kondo-Brown and J.D. Brown (Eds.), *Teaching Chinese, Japanese and Korean Heritage Language Students: Curriculum Needs, Materials and Assessment.* New York: Lawrence Erlbaum Associates, 2007.（共著）

Workbook/Laboratory Manual for Yookoso: An Introduction to Contemporary Japanese and Continuing with Contemporary Japanese, 3rd Ed., McGraw-Hill, 2006.（共著）

「アメリカにおける補習校の児童・生徒の日本語力及び英語力の習得状況」『国際教育評論』2号（東京学芸大学）, 2005年（共著）

「継承語校と日本語補習校における学習者の言語背景調査」『国際教育評論』1号（東京学芸大学）, 2003年（共著）

■執筆者（50音順）

岸本俊子（きしもと としこ）

マサチューセッツ大学教育学部修士課程修了、教育学修士

ハワイ大学マノア校、ファーマン大学を経て現在サウスカロライナ州クレムソン大学外国語学科准教授

アメリカ南東部小規模補習授業校設立に参加、退職までの14年間校長兼務

〈主な著書・論文〉

Bilingual Forum : Background, Activities and Effectiveness. *SEATJ Proceedings,* 2007.

"In Praise of Shadows: To Appreciate the Beauty of Japan through Tanizaki's Literary Work with the Language Students." *SEATJ Proceedings,* 2006.

「継承語校と日本語補習校における学習者の言語背景調査」『国際教育評論』1号（東京学芸大学），2003年（共著）

越山泰子（こしやま やすこ）
南カリフォルニア大学大学院教育学研究科博士課程修了、Ph.D.（教育学博士）
カリフォルニア州立大学ロングビーチ校、ペパーダイン大学などを経て現在関西国際大学教育学部教授
〈主な著書・論文〉
「アメリカにおける補習校の児童・生徒の日本語力及び英語力の習得状況」『国際教育評論』2号（東京学芸大学），2005年（共著）
「小学校での英語教育に向けて－アメリカ合衆国での外国語早期教育から学べるもの」早期英語教育の指導者養成および研修の実態と将来像に関する総合的研究，神田外国語大学，2007年
"Japanese-English language ability of students at supplementary Japanese schools in U.S." In K. Kondo-Brown and J.D. Brown (Eds.), *Teaching Chinese, Japanese and Korean Heritage Language Students: Curriculum Needs, Materials and Assessment.* New York: Lawrence Erlbaum Associates, 2007.（共著）

小林聡子（こばやし さとこ）
カリフォルニア大学サンタバーバラ校教育学部教育学科応用言語学専攻、博士候補生
〈主な著書・論文〉
"'I don't talk to those Japs': Negotiation of Language and Identity among Transnational Japanese High School Students." In "Shaping Ethnographies" Edited by Angeles Clemente, Steve Marshall, Michael Higgins, La Universidad Autonoma Benito Juarez de Oaxaca, expected 2008.
"Japan" in (Ed.) *The international Education and Human Development: An Encyclopedia Part II :Systems of Education throughout the World, Section II : East Asia.* M. E. Sharpe Inc., 2008.（共著）
「アメリカにおける日本人生徒のエスニシティをめぐる位置取りの政治 －ロサンゼルス地域のA高校のELDを事例にして－」『国際教育評論』3号（東京学芸大学），2006年（共著）

柴田節枝（しばた せつえ）
サウスカロライナ大学大学院教育学研究科博士課程修了、Ph.D.（教育学博士）
カリフォルニア州立大学フラトン校外国語・文学部准教授
アメリカ北東部小規模補習授業校設立に参加
〈主な著書・論文〉
"Japanese-English language ability of students at supplementary Japanese

schools in U.S." In K. Kondo-Brown and J.D. Brown (Eds.), *Teaching Chinese, Japanese and Korean Heritage Language Students: Curriculum Needs, Materials, and Assessment.* New York: Lawrence Erlbaum Associates, 2007.（共著）

"Japanese proficiency and sociological and psychological factors among the second generation of Japanese-American college students." *Journal of Canadian Association of Japanese Language Education*, 8, 2006.

"Students' perspectives on articulation between pre-college Japanese and college Japanese." *Journal of Canadian Association of Japanese Language Education,* 7, 2005.（共著）

「アメリカにおける補習校の児童・生徒の日本語力及び英語力の習得状況」『国際教育評論』2 号（東京学芸大学), 2005年（共著）

ダグラス小川昌子（ダグラス おがわ まさこ）

南カリフォルニア大学教育学部博士課程修了、Ph.D.（教育学博士）

カリフォルニア大学ロサンゼルス校専任講師を経て現在カリフォルニア州立大学ロングビーチ校アジア・アジアアメリカ研究学部日本語科准教授

〈主な著書・論文〉

"A profile of Japanese heritage learners, individualized curriculum and its effectiveness." In D. M. Brinton, O. Kagan & S. Bucks (Eds.), *Heritage Language Acquisition: A New Field Emerging.* Mahwah, NJ: Lawrence Erlbaum, 2007.

"Curriculum design for young learners of Japanese as a heritage language." In K. Kondo-Brown & J.D. Brown (Eds.) *Teaching Chinese, Japanese, and Korean Heritage Language Students: Curriculum Needs, Materials, and Assessment.* New York: Lawrence Erlbaum Associates, 2007.

「年少者のための継承日本語教育におけるプロジェクトアプローチを使った合同授業のデザイン」*Japanese as a Heritage Language Journal,* Vol. 1. Association of Teachers of Japanese. <http://www.colorado.edu/ealld/atj/SIG/heritage/ejournal>, 2006.

「継承日本語児童の夏休み日本滞在における日本語能力の変化：ケーススタディー」*Journal of Canadian Association of Japanese Language Education,* Vol. 7, 2005.

知念聖美（ちねん きよみ）

カーネギーメロン大学現代言語学部第二言語習得科博士課程修了、Ph.D.（応用言語学博士）

カリフォルニア大学アーバイン校東アジア言語文化学部日本語科講師

〈主な著書・論文〉

「米国における継承日本語習得：エスニックアイデンティティーと補習授業校との関係」『母語・継承語・バイリンガル教育（MHB）研究』母語・継承語・バイリンガル教育（MHB）研究会, 2006年（共著）

"Heritage Language Development: Understanding the Roles of Ethnic Identity,

Schooling and Community." In K. Kondo-Brown (Ed.), *Heritage Language Development: Focus on East Asian Immigrants.* Philadelphia: John Benjamins Publishing Company, 2006.（共著）

バトラー後藤裕子（バトラー ごとう ゆうこ）

スタンフォード大学教育学大学院博士課程修了、Ph.D.（教育心理学博士）
スタンフォード大学教育研究センターのリサーチ・フェローを経て、現在ペンシルバニア大学教育学大学院言語教育学部准教授
〈主な著書・論文〉
『多言語社会の言語文化教育―英語を第二言語とする子どもへのアメリカ人教師たちの取り組み』くろしお出版, 2003年
『日本の小学校英語を考える―アジアの視点からの検証と提言』三省堂, 2005年

森美子（もり よしこ）

イリノイ大学アーバナ・シャンペーン校教育学部教育心理学科博士課程修了、Ph.D.（教育心理学博士）
ジョージタウン大学東アジア言語学部准教授
〈主な著書・論文〉
"Japanese language students' attitudes toward kanji and their perceptions on kanji learning strategies." *Foreign Language Annals,* 40, 2007.（共著）
"Japanese language students' perceptions on kanji learning and their relationship to novel kanji word learning ability." *Language Learning,* 57, 2007.（共著）
"Individual differences in the integration of information from context and word parts in interpreting unknown kanji words." *Applied Psycholinguistics,* 23, 2002.
"Integration of information from context and word elements in interpreting novel kanji compounds." *Reading Research Quarterly,* 34, 1999.（共著）

索　引

アメリカで育つ日本の子どもたち―バイリンガルの光と影

2008年3月31日　初版第1刷発行

編著者　佐　藤　郡　衛
　　　　片　岡　裕　子
発行者　石　井　昭　男
発行所　株式会社　明石書店

〒101-0021　東京都千代田区外神田6-9-5
電　話　03 (5818) 1171
FAX　03 (5818) 1174
振　替　00100-7-24505
http://www.akashi.co.jp

組版／装丁　明石書店デザイン室
印刷　株式会社文化カラー印刷
製本　協栄製本株式会社

（定価はカバーに表示してあります）　ISBN978-4-7503-2771-6